環境治理

臭氧層耗損與全球暖化

林文謙————著

推薦序

　　全球環境治理的範圍與層面很廣，舉凡地球暖化、河川污染、地層下陷、空污霾害、電磁波、碳排放、海洋資源、垃圾處理等議題都包括在內。但目前環境治理的討論多聚焦在治理實體、國際法規、環境談判、能源技術等主題，且相關的討論與文獻多屬描述性的論述，理論意涵稍嫌不足。學棣林文謙博士從國際社會化、倡議及權力等三個途徑切入，提出全球環境治理的分析架構，並以臭氧層耗損和全球暖化作為個案，期能更周延地解釋全球環境治理的成效。國際社會化途徑強調國家行為者內化國際環境制度的過程，而跨國倡議網絡和權力途徑則把個人、科學社群、企業、非政府組織等非國家行為者納入分析框架之中，有助於瞭解環境治理網絡的源起、議題建構及影響脈絡。本書清楚地指出全球環境治理網絡如何被建構成形、如何持續擴展並吸納新成員、以及在環境治理的社會化倡議過程中，國家與非國家行為者所扮演的角色及貢獻。由於本研究的文獻探討非常充份詳實，分析方法適當貼切，所提出的兩個案例具備代表性，研究發現有學術性和政策性，整體的學術貢獻相當高。

　　本書作者林博士在 2012 年間曾前往美國亞利桑那大學政府暨公共政策學院擔任研究學者，期間除了繼續搜集資料完成博士論文寫作外，他進入了 Thomas J. Volgy 的研究團隊，參與重要研究案的討論，並提出新的研究計畫案，作為將來可能的學術合作議題。作者對環境治理的關注可以從他近年來發表的期刊文章看出，其中有許多篇探討到全球環境治理的相關議題。主題包括綠色同盟、東南亞霾害、海洋漁業資源等。這些研究不但奠定了他深厚的研究基礎，也使他在這個領域中產生了理論的思維與架構。在最近的研究當中，他指出治理實體間「連結」的重要性並嘗試提出解除連結障礙的方式。基於強調橫跨水平實體如國際組織、國家、非政府組織、企業等，和垂直實體如全球、國家、地方的連結，進而嘗試建構理論以評估治理成效。另外，他對於國際衝突或失敗國家等議題也有深入的研究。例如他從政治、經濟、社會等三個層面來釐清政府體質如何影響信心建立措施（CBMs）的管制成效，並且比較美國與蘇聯、西歐國家、以及朝鮮半島等案例。從這些具體的研究成果中可以看出他有著獨立研究與創見發表的豐厚實力。

　　《環境治理》這本書為環境議題擬定了分析架構，同時針對臭氧層耗損和全球暖化進行個案分析，並且檢證國際合作理論；這是一本不可多得的優異論著。書中提供了完整的背景資料與解釋分析，我們也因此從案例中發現許多有趣的現象。例如美國是最早喚起世人重視暖化議題的主要倡議國之一，但美國政府後來卻因拒絕加入京都議定書而招致批評。有許多人稱頌歐盟國家是實踐環境永續的領導先鋒，但歐盟國家卻曾經反對大幅削減氟氯碳化物（CFCs）產品，而且從 2012 年起減少對再生能源的補貼。另外，很多人批評美國是環境議題的搭便車者，但美國政府自 1990 年代起每年皆提供數億美元的經費給予國際環境機構，以作為對抗全球暖化和臭氧層耗損的基金。透過觀察這些政治理想和政治現實相互衝突的現象，本書帶領人們瞭解治理成效的阻礙因素，同時更指出一個重點：國際關係學者們必須時常審視並且調整既有的理論思維，如此始能充份地詮釋不同的議題。

傅恆德

東海大學政治學系教授兼社會科學院院長

2013 年 9 月 5 日

推薦序

There is nothing more fundamentally important to our future than an understanding of global environmental governance, a subject of growing scholarly scrutiny in the field. Wun-Cian Lin's contribution through his dissertation and the resulting book adds importantly to the area. *Environmental Governance: A Study of the Ozone Layer Depletion and Global Warming*, by focusing on the evolution of global environmental governance network and the factors that prevent the efficacy of environmental governance, is a substantial contribution and an important read for all who are interested in this field.

Thomas J. Volgy

Professor, School of Government and Public Policy
University of Arizona
and
Executive Director, International Studies Association

August 22, 2013

〔中譯〕

對我們的未來而言，認識全球環境治理是件十分重要的事情，它是一門學術主題日漸增多的領域。林文謙透過他的論文及其成書為此研究領域提供重要的貢獻。《環境治理：臭氧層耗損與全球暖化》一書探討全球環境治理網絡的演變，以及阻礙環境治理成效的因素。對於想要瞭解環境治理領域的讀者們來說，本書是一部具有豐富貢獻且重要的必讀之作。

Thomas J. Volgy
美國亞利桑那大學政府暨公共政策學院教授
國際研究學會（ISA）執行長

2013 年 8 月 22 日

推薦序

　　面對多極全球化下的全球治理，環境議題成為國際政治學者暨政府決策者們極為關注的焦點。對此議題的研究不但突顯出國際權力結構的轉型、行為者角色的多樣化、以及國際體系結構的變遷，更代表著現今國際關係的研究視野不能只聚焦軍事和經濟議題，環境治理的相關研究也能夠為國際關係理論帶來不同的內容與啟發。

　　「全球環境治理」這個領域涉及到國際談判、大國政治、權力互動等範疇。以減緩全球暖化的一系列國際談判為例，談判結果受到文化、利害關係人、政府體制等外部環境因素，以及衝突程度、談判者的相對權力、互賴程度等直接因素的影響。但除此之外，尚有許多研究問題未獲得解答。比如，暖化治理網絡是經由什麼樣的過程而演變成當今所見之樣態？在此番變化的程序之中，有那些因素會對管制效能造成阻礙？前述問題頗具重要性，而它們即是這本書所欲探討的主軸。

　　本書作者林文謙是我在東海大學教授「國際談判」課程時的學生。文謙在書中提出「社會化倡議歷程分析架構」來解釋環境治理網絡的發展脈絡，並且藉由臭氧層耗損和全球暖化等案例的比較來發掘阻礙治理效能的諸多因素。除此之外，這本著作也評估了國際合作理論的解釋力並給予修正建議。同時，作者在末章更對全球暖化網絡的未來發展作出情境預估，頗值得參考。總而言之，文謙撰寫的這本《環境治理》論辯清晰、資料豐富、對未來國際相關議題的發展與研究極具啟發性，本人在此誠心推薦這本深具啟發的好書。

鍾從定
國立雲林科技大學企業管理系教授
2013 年 8 月 20 日

自　序

　　本書旨在探討全球環境治理的內涵，並且提出分析架構來解釋環境治理網絡的發展歷程，書中的內容是依據筆者的博士論文改寫而成。本書的撰寫與出版，受惠於各方的支持與協助，在此表示由衷感謝。

　　首先，感謝指導教授傅恆德老師對文章內容提供許多評論、想法及意見，並給予學生我經費上的支持，使我能夠完成博士班學業。同時，也感謝行政院國家科學委員會「博士生赴國外研究計畫」（千里馬計畫）的補助（核定編號：NSC101-2917-I-029-001），讓我得以在 2012 年至美國亞利桑那大學（University of Arizona, UA）的政府暨公共政策學院（School of Government and Public Policy）（原名為政治學系）進修，並且著手進行資料蒐集及論文撰寫。

　　其次，筆者在赴美期間完成論文主要章節的撰寫（本書第 3 章至第 8 章），而亞利桑那大學的 Thomas J. Volgy 教授提供了諸多案例分析與寫作方面的建議，特此感謝。另外，也向政府暨公共政策學院及其行政人員表達謝意。該院提供我專屬的研究室，而 Patricia Rhyner 與 Chelsea Tryon 兩人在研究設備及生活事務上不厭其煩地給予我莫大的協助。

　　再者，當本書初稿完成之後，感謝袁鶴齡教授、宋興洲教授、高少凡教授、鍾從定教授的審閱與評論，您們的意見讓這本著作的內容更加完備。同時，也於此感激本人就讀大學部與碩博士班時的諸位授課恩師，您們為學生我奠下學術基礎。

　　另外，筆者衷心感謝秀威資訊科技公司的鄭伊庭編輯及同仁們的辛勞，有您們的協助才使本書得以順利付梓出版。而傅恆德教授、鍾從定教授、與 Thomas J. Volgy 教授在百忙之中幫忙撰寫推薦序，讓這本稍嫌艱澀的學術專書增色不少。當然，書中的內容如有闕漏之處，責任由筆者自負。

　　最後，學術研究是條漫長的道路，感謝父親林順益先生、母親龔淑貞女士、弟弟林文就、及親友們的照顧與陪伴，讓我能夠穩健地在學術道路上邁進。謹將這本書獻給熱愛地球的人們。

林文謙

Lin, Wun-Cian

2013 年 8 月 27 日

目 次

表目次

圖目次

第一章

導論

　　在向來著重軍事、政治和經濟議題的國際關係領域中，近年來學者們對「環境」議題的關注程度明顯提升。因為環境議題涉及的地理範圍廣泛，而且與國家的外交政策、經濟發展、安全事務、社會民生等諸多層面密切相關。所以國際關係學者從全球治理的角度來思索管制方案，並發展出「全球環境治理」（Global Environmental Governance）這門新興的研究領域。

　　本文旨在釐清環境議題的全球治理內涵，探討的案例包括臭氧層耗損（Ozone Layer Depletion）與全球暖化（Global Warming）。接下來，在這一章當中將依序介紹本書的寫作動機、目的、問題、鋪陳架構、研究方法，並且說明各章節的主要內容及預期貢獻。

第一節　研究動機與目的

　　自 1990 年代初期 James N. Rosenau 及其同僚將「沒有政府的治理」（governance without government）之概念帶進國際關係領域後，全球治理的概念內涵便始終存在著模糊的特性。對諸如 Rosenau、Ernst-Otto Czempiel、K. J. Holsti 或 Oran R. Young 等學者而言，治理諭示著新秩序的出現，[1]但他們並未限定此種新型態秩序的範疇或給予其清楚且一致的定義。相反的，這些學者僅希望藉此彰顯出當代秩序所具備的特徵，[2]並且為

[1]　此秩序是一種兼具新舊制度、規範、或價值等事物的國際管理模式。
[2]　請參閱：James N. Rosenau and Ernst-Otto Czempiel, eds., 1992, *Governance Without Government: Order and Change in World Politics*. New York, NY: Cambridge University Press, pp. 1-30. James N. Rosenau, 1995, "Governance in the Twenty-First Century," *Global Governance*, Vol. 1, pp. 13-43. James N.

後續研究者留下較大的發展空間，使他們可以將全球治理的思維運用到不同的議題領域當中。但此種分析方式也使得治理研究對「各議題的治理內涵」、「治理網絡的發展歷程與阻礙因素」、以及「國際合作理論在各議題當中的解釋力」等面向缺乏足夠的認識。

　　首先，治理研究者經常透過前述模糊的概念來檢視各類議題的治理架構與互動，例如核武管制、跨國犯罪、環境保護、或國際金融等。[3]然而，此種研究範式會讓人有著以下疑問：雖然這些研究是以相同的思維作基礎，但各類議題的治理型態是否遵循著相同的脈絡？易言之，全球治理的運作內涵是否會因議題的不同而出現差異？雖然既有的文獻承認此種差異性，但其研究成果皆僅及於治理模式的歸類，並未針對特定議題的治理脈絡進行完整解釋與分析。[4]倘若可以改善此一缺陷，將對治理研究領域的發展有所裨益。[5]

Rosenau, 1997, *Along the Domestic-Foreign Frontier: Exploring Governance in a Turbulent World*. New York, NY: Cambridge University Press.

[3] 對於治理與全球治理在概念上所具有的模糊性，其他學者也曾提出批評，例如 Jon Pierre 與 B. Guy Peters 認為：「雖然被廣泛使用，但治理的概念卻不甚精確；在文獻中所使用的意涵不但多樣，甚至還有矛盾的情況」。而 Doris Fuchs 在《全球治理中的企業》一書提及：「全球治理至今仍是一個模糊且受爭議的概念」。此外，Bas Arts 主張治理的概念是有爭議的，因為它可以指涉很多涵義且學者們的分類皆不盡相同；同時，全球治理的論點也未被完整地理論化。或如，Jim Whitman 也提及：全球治理的論點不但在理論層面上未被完全釐清，而且也未必能夠解決問題。請參閱：Jon Pierre and B. Guy Peters, 2005, *Governing Complex Societies: Trajectories and Scenarios*. New York, NY: Palgrave Macmillan, pp. 1-2. Doris Fuchs, 2007, *Business Power in Global Governance*. London, UK: Lynne Rienner Publishers, Inc., p. 1. Bas Arts, 2006, "Non-State Actors in Global Environmental Governance: New Arrangements Beyond the State," in Mathias Koenig-Archibugi and Michael Zurn, eds., *New Modes of Governance in the Global System: Exploring Publicness, Delegation and Inclusiveness*. New York, NY: Palgrave Macmillan, pp. 177-200. Jim Whitman, 2003, "Global Dynamics and the Limits of Global Governance," *Global Society*, Vol. 17, No. 3, pp. 253-272.

[4] 例如 Mathias Koenig-Archibugi 在〈描繪全球治理〉（Mapping Global Governance）一文中歸納出 8 種治理方式，包括：全球政府間主義（global intergovernmentalism）、全球超國家主義（global supranationalism）、直接霸權（direct hegemony）、間接霸權（indirect hegemony）、直接的全球跨國家主義、授權的（delegated）全球跨國家主義、直接壟斷（monopoly）、間接壟斷。另外，Rosenau 於〈新全球秩序中的治理〉（Governance in a New Global Order）一文將治理的類型區分成 6 種：由上至下型（top-down）、由下而上型（bottom-up）、市場型、網絡型（network）、並行（side-by-side）型、莫比烏斯網狀（mobius-web）型。資料來源：Mathias Koenig-Archibugi, 2002, "Mapping Global Governance," in David Held and Anthony McGrew, eds., *Governing Globalization: Power, Authority and Global Governance*. Malden, MA:

其次，以前述反思為基礎將會引出第二類問題：如果每個議題的治理內涵各有特色，那麼其間的發展歷程為何？有哪些因素會促進或阻礙歷程之間的推展情況？就這些問題進行探討，有助於研究者解釋為何全球治理網絡無法發揮應有的管制功效。

最後，在理解治理發展內涵的同時，吾人可以一併審視國際合作理論在不同議題領域當中的解釋力。例如，傳統國際關係理論的國際合作論點是否能適切地說明全球環境治理的內涵及互動？經由此種反思，有助於改善理論觀點的解釋能力。

綜合而言，前述尚待釐清的主題觸發了筆者的研究動機。這本書希冀對全球環境治理的內涵進行深入探討，從而達成下列三個目的：一，提出分析框架來說明環境治理網絡的發展歷程；二，釐清阻礙治理成效的因素；三，審視國際合作理論對環境議題的解釋力。

第二節　研究問題與概念界定

壹、研究問題

本文希冀對「全球環境治理網絡的變遷歷程」、「環境治理成效的阻礙因素」、以及「國際合作理論的解釋力」等面向有更深入的認識，文章的研究問題包括以下三者：首先，全球環境治理網絡為何能得以成形、持續擴展並吸納新成員，其間需經過哪些歷程？其次，為何某些環境治理網絡能夠成功管制問題，有些卻成效不彰？這個問題牽涉到兩個層面：一、在環境網絡的各個發展階段中，治理行為者們必須達成哪些目標？二、有那些因素會對網絡的治理成效造成阻礙？最後，傳統國際關係理論（現實主義、新自由制度主義、以及社會建構主義）的國際合作論點能否適切地解釋全球環境治理的內涵？

Polity, pp. 46-69. James N. Rosenau, 2002, "Governance in a New Global Order," in David Held and Anthony McGrew, eds., *Governing Globalization: Power, Authority and Global Governance*. Malden, MA: Polity, pp. 70-86.

5　然而本文的目標並非試圖進行跨議題的比較研究，而是以環境議題為主要研究對象。

　　在後續的章節當中，筆者綜合「國際社會化」（International Socialization）、「跨國倡議網絡」（Transnational Advocacy Network）、以及「權力」等途徑的論點，進而提出五階段的分析框架來探討環境治理網絡的發展歷程。[6]此外，為了釐清各階段的內涵並且發掘阻礙治理成效的因素，本文檢視臭氧層耗損以及全球暖化等環境案例。探討這兩個案例可以帶來下述增益：一，雖然臭氧層耗損與全球暖化皆有著管制問題的治理網絡，但兩者的管制成效卻呈現出明顯差異。為何臭氧層議題的治理網絡能順利擴展並管制問題，而暖化議題的治理網絡卻成效不彰？到底是那些因素阻礙了暖化管制的成效？若能更深入地了解這些層面，將有助於改善治理網絡的缺陷。二，傳統國際合作論點是全球治理的思維基礎，但這些觀點能否為臭氧層耗損與全球暖化提供適切的解釋？有哪些層面是它們無法解釋或未作討論的？換言之，這兩個環境案例可以幫助吾人檢證國際合作理論的解釋力。

貳、概念界定

　　在本書當中經常使用到「治理研究」、「全球治理」、「全球環境治理」、「全球環境治理研究領域」、「全球環境治理網絡」、「國際社會化」、「權力」、「跨國倡議網絡」等詞彙，而它們各有著不同的涵義，接下來將說明這些詞彙的概念定義。

　　第一，**治理研究**：意指某一門研究領域，本文用這個詞彙來指稱與全球治理及治理相關的所有研究文獻。

　　第二，**全球治理**：全球治理與治理兩者的概念十分複雜，它們是管制思維轉型的象徵，同時也是描述當代變遷的一種特殊詞彙。[7]本文認為這兩個概念皆具備下述核心特徵：多層次（multi-level）、多邊合作（multilateral

---

6　此歷程包括五個階段：一，問題與規範塑造；二，國際制度構建；三，內化；四，反饋與擴散；五，再回饋等。國際社會化和跨國倡議網絡兩者與全球治理的觀念、行為、及制度等面向有關，而權力則牽涉到行為者的能力面，綜合這些要素可以完整地解釋環境治理網絡的演變，細節將在第三章當中說明。

7　請參閱 Mark Bevir, 2009, *Key Concepts in Governance*. Washington, D.C.: SAGE, pp. 1-2. Bevir 認為治理一詞同時包含著：課責性、官僚、能力、中央與地方關係、集體行動問題等概念。

cooperation）、以及行為者多樣化（diversity of actors）。而因為治理與全球治理在概念內涵上稍有差異，[8]所以在界定全球治理時必須特別注重其國際性或跨國性的特質。吾人可由「研究途徑」以及「工具性」這兩個角度來定義全球治理：一，**研究途徑式定義**（research approach definition）：全球治理是具有跨學科、國際多邊合作（international multilateral cooperation）、[9]以及批判國家中心論（criticism of state-centered）等特質的「研究途徑」。二，**工具性定義**（instrumental definition）：全球治理是一種「管制問題的工具或途徑」，目的是希望解決特定問題所造成的不良影響。其運用的手段或途徑包括制度性與思維性的事物，例如法律、國際組織、信念、價值觀等。

第三，**全球環境治理**：（採取工具性定義）是一種綜合了多層次、國際多邊合作、以及行為者多樣化等特質的「環境問題管制途徑」。[10]

第四，**全球環境治理研究領域**：（採研究途徑式定義）此領域的研究者為了因應全球環境問題的管制需求，而採用具有跨學科、國際多邊合作、以及批判國家中心論等特質的研究途徑。其研究範疇涵蓋社會科學與環境科學等領域，並試圖整合這些學科的論點以達到政策制定、設計管制途徑、及改善既有途徑之缺陷等目的。同時，學者們在研究時一併重視國家與非國家行為者的角色與貢獻，並認為唯有將這些行為者加以整合才能夠有效管制環境問題。

第五，**全球環境治理網絡**：此網絡的組成元素包括治理行為者、倡議行為者、國際制度、以及環境規範等。這些行為者認定某項環境問題會造成極大傷害，因此推行特定的國際制度及環境規範希望能夠管制問題。

8　治理與全球治理在概念意涵上存在著差異，最主要的差別在於「治理」的概念範疇比較狹隘，指的是國家疆域之內的事務。因為在國家之內有一最高權威「政府」的存在，所以可以透過其強制力來達成目標。而「全球治理」的概念範疇則較為寬廣，同時包含了跨越國家疆界的諸多事務與行為者。另外，因為國際政治的本質是無政府狀態，所以全球治理無法如國內治理一般能夠依靠政府的強制力來處理問題。

9　所謂的「國際」只是為了突顯全球治理的概念範疇較寬廣，並不是指全球治理的合作對象僅及於國與國之間。此種用法與「國際關係」或「國際合作」等概念相同，雖然是以國際來作指稱，但其內涵同時也包括非政府組織、區域組織、科學社群等非國家行為者。

10　因為本文係針對「環境治理管制途徑」的內涵作分析，故此處採取工具性定義。

第五，**國際社會化**：這個概念同時包含兩個內涵。一，它是一種「過程」（process）；二，透過此種過程，國家行為者內化某項國際規範或制度並且產出相應的行動。所謂的「行動」是指諸如：外交政策、國內政策、法律規範、或其他具體的實踐等。

第六，**權力**：權力是一種影響與支配的能力，可分為強制、制度、結構以及產出等四種形式。行為主體運用這四種類型的權力來追求自身所欲的目標，但每個行為主體擁有的權力稟賦各有不同。

第七，**跨國倡議網絡**：這個跨國性質的網絡是由一群非國家形式的倡導者所組成，它們的目標是為了提倡某種道德觀念或規範，進而希望能夠：改變國家的政策、使此規範在國內與國際層次中被正式制度化、或讓國家願意批准與規範相關的國際制度等。

第三節　研究架構與方法

在這個章節當中將介紹本書的研究架構，使讀者了解文章的論述脈絡。接著，再說明本文運用的研究方法。

壹、研究架構

本文的論述結構如下：首先，在釐清當前全球環境治理研究的侷限之後，筆者補充並綜合三個分析途徑的論點（權力、國際社會化、與跨國倡議網絡），藉此擬定分析架構來說明環境治理網絡的擴展歷程以及行為者的權力互動。其次，為了論證此分析架構的細部運作內涵以及阻礙治理網絡成效的因素，故於後檢視臭氧層耗損與全球暖化等案例。同時，也利用這兩個環境案例來驗證傳統國際合作理論的解釋能力。最後，透過本書的研究將能深入了解環境治理網絡的內涵並且發掘新的研究議題（見圖 1-1）。

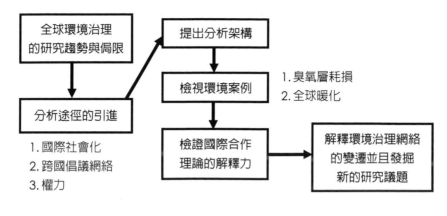

圖 1-1：研究架構

資料來源：筆者繪圖。

貳、研究方法

　　本書採取的研究方法如下：第一，**次級資料分析法**（Secondary Data Analysis）：透過政府報告、新聞、學術期刊或書籍等資料的檢閱，將能夠認識全球環境治理領域的研究現況，並且了解臭氧層與全球暖化問題的發展經過。雖然部分資料所持有的科學觀點存在著不確定性，但是為求完整呈現環境治理網絡的內涵，所以它們仍是本文檢閱與分析的對象之一。

　　第二，**歷史分析法**（Historical Analysis）：透過歷史資料的回顧，本研究可以從中了解：環境問題的倡議背景、國家或非國家行為者間的互動關係、環境規範或國際制度的推動過程等。

　　第三，**比較研究法**（Comparative Study）：比較研究法的功用是幫助研究者察覺案例之間非預期的差異或相似性，[11]本文將運用此方法來檢視治理網絡的發展情況。就治理成效而言，臭氧層耗損與全球暖化這兩個案例有著明顯差異，透過比較研究法將能夠對比這兩個案例的相同與相異之處，藉此發掘阻礙治理成效的因素。

---

[11] David Marsh and Gerry Stoker, eds., 2002, *Theory and Methods in Political Science*. New York, NY: Palgrave Macmillan, p. 249.

　　第四，**同步**（synchronic）**及歷時**（diachronic）**分析法：**同步與歷時這兩種方法經常被用來探討政治變遷。所謂同步分析是指：將歷史脈絡凍結在某個時間點，專注分析研究主體於此時期的社會結構或政治關係。以 T1、T2、T3 這三個時間點為例，同步分析僅選擇其中一個時間點進行研究。其缺點是無法完整了解變化過程的發展脈絡。另外，歷時分析則強調研究主體隨時間變動的特性，因此可以描繪出該主體在 T1、T2、T3 三者之間的變化過程。[12]本文運用這兩種方法來探究全球環境治理網絡的變遷以及其中的互動關係。歷時分析法用於說明環境治理網絡的變遷歷程，而在討論特定階段的事例時則使用同步分析法。

第四節　章節安排

　　本書共分為八章，除第一章外，其餘章節安排如下。第二章介紹國際環境合作的理論思維及管制途徑，並且回顧全球環境治理研究領域的相關文獻，進而探討這個領域需要補強之處。第三章則說明國際社會化、跨國倡議網絡、以及權力等分析途徑的概念定義及基礎論點。接著，在第四章本文將提出環境治理網絡的社會化倡議歷程分析架構，[13]並且簡述案例的分析方式及觀察焦點。

　　第五章與第六章則探討實際的環境個案，本書以臭氧層耗損及全球暖化等案例作為分析對象，檢視治理網絡的發展經過與行為者的權力互動關係。其後，第七章將釐清社會化倡議歷程之細部運作機制以及阻礙暖化治理成效的因素。另外，此處也透過環境案例來檢證國際合作理論（現實主義、新自由制度主義、以及社會建構主義）的解釋力並反思其中的缺

---

[12] Colin Hay, 2002, *Political Analysis: A Critical Introduction.* New York, NY: Palgrave, pp. 143-150.

[13] 此分析架構的性質屬於「邏輯模型」（Logic Model），是由一連串事件相互鏈結而成並分成數個階段。在所謂的邏輯模型當中，事件與事件之間呈現出「原因－結果－原因－結果」式的脈絡，意即前一階段的某個事件（依賴變項）在下一個階段中成為另一個事件的成因（獨立變項）。相關文獻及研究範例請參閱以下著作：Robert K. Yin, 2003, *Case Study Research: Design and Methods.* London, UK: SAGE Publications, pp. 127-137. Robert K. Yin, 2003, *Applications of Case Study Research.* London, UK: SAGE Publications, chaps. 6-10.

陷。[14]最後，第八章結論則統整本文的研究發現與後續研究方向，並且評估全球暖化治理網絡的未來發展情況。

第五節　預期貢獻與研究限制

本文旨在研析全球環境治理的發展及運作內涵，這方面的主題是目前治理研究領域較疏於關注的，因此預期能夠提供下列貢獻：第一，釐清治理網絡管制效用不彰的成因。第二，提出分析框架來解釋治理網絡的發展歷程及其間的互動關係，並且整合規範面與物質面的要素。第三，藉由環境案例的驗證來重新思考國際合作理論的解釋力。

另外，本書的研究範圍有著以下限制：**研究主題僅聚焦於環境議題。**雖然針對不同的議題來進行發展脈絡比較可以釐清更多問題，例如金融與環境議題的發展情況有何差異？是什麼因素導致這些差異？但因為時間與資金有限，所以本文並未進行跨議題比較研究。然而，即使僅就單一議題作深入分析也有其價值，因為所得的成果可以成為未來跨議題比較之基礎。

---

[14] 針對國際合作這個主題，現實主義、新自由制度主義、以及社會建構主義等三個國際關係理論各有其不同的論點。首先，本文將整理出數個以這些論點為基礎的環境治理命題。其後，再透過環境案例觀察這些命題是否成立，進而評估該論點的解釋力。最後，則統整出這些論點的缺陷並說明本書提出的觀點將對此有何增益。

環境治理：臭氧層耗損與全球暖化

第二章

文獻回顧

　　雖然科技與經濟的大幅進展為生活帶來便利與富足，但同時也使得人類賴以生存的地球環境遭受嚴重破壞。時至今日，各國的決策者或民眾對於「環境永續」（environmental sustainability）的概念已有普遍認知，並同意應持續為此目標共同努力。[1]例如，聯合國大會在 2000 年通過《千禧年宣言》（United Nations Millennium Declaration）並且把環境保護列為 21 世紀重要的國際價值。[2]

　　在此股趨勢之下，政治學者們對環境議題到底進行過那些研究？這是本章所欲處理的主要問題。後續章節將分成三大部分，個別介紹環境合作的理論思維、跨國管制途徑的內涵與演變、以及當前全球環境治理研究領域的侷限。

第一節　跨國環境合作的理論思維

　　傳統國際關係理論當中的國際合作觀點是環境管制途徑的思維基礎，本節將介紹這些論點及相關文獻，並且說明如何檢驗理論的解釋力。

---

[1]　「永續」這個概念是從 1980 年代起開始成形，其基本的界定如下。在「世界環境與發展委員會」（World Commission on Environment and Development）發表的《我們共同的未來》（Our Common Future）（又稱 Brundtland Report）報告中採用的定義是：「既滿足當代人類的需求，同時又不對後代人類滿足其需求的能力造成危害」。而《里約宣言》（Rio Declaration on Environment and Development）則將其定義為：「人類享有以自然和諧的方式過健康且富有成果生活的權利，並應公平地滿足後代在發展和環境方面的需要」。參考資料：James Gustave Speth and Peter M. Haas, 2006, *Global Environmental Governance*. Washington D.C.: Island Press, p. 67.

[2]　Resolution Adopted by the General Assembly, 2000, "United Nations Millennium Declaration," A/55/L.2, United Nations, http://www.un.org/millennium/declaration/ares552e.htm/.

　　自 20 世紀上半葉開始，「國際合作」便是國際關係學者們關注的議題。然而，此時期的研究焦點大多著重在案例介紹以及外交政策層面上，例如金融、科學研究、安全、糧食等。[3]直至 1960 年代以後，始有學者從賽局理論或國際關係理論等角度來進行分析，使其論述更具解釋力。即使時至今日，國際合作依然是重要的研究主題。

　　在國際關係領域中，國際合作的基本理論包括：現實主義、新自由制度主義、及社會建構主義。首先，現實主義者認為國際合作的前景是短暫、悲觀且必然失敗的。它們將國際體系的無政府狀態以及國家的相對獲益（relative gains）置於首位，認為國家必然服膺於安全和自我利益的考量而選擇背叛集體利益。因此，雖然不否認國際法、區域組織或國際制度等合作模式的存在，但現實主義者認為它們是不穩定且終將難以成功的。[4]

---

[3]　例如以下文獻：Arthur Schuster, 1913, "International Cooperation in Research," *Science*, Vol. 37, No. 958, pp. 691-701. Roger W. Babson, 1915, "International Cooperation for the Standardization of Statistical Work," *Publications of the American Statistical Association*, Vol. 14, No. 109, pp. 462-466. Edward A. Filene, 1919, "International Business Cooperation," *Annals of the American Academy of Political and Social Science*, Vol. 82, pp. 135-142. John E. Rovensky, 1919, "Cooperation in International Banking," *Annals of the American Academy of Political and Social Science*, Vol. 83, pp. 179-185. Pitman B. Potter, 1935, "Progress in International Cooperation," *Political Science Quarterly*, Vol. 50, No. 3, pp. 377-404. Kenyon E. Poole, 1947, "National Economic Policies and International Monetary Cooperation," *The American Economic Review*, Vol. 37, No. 3, pp. 369-375. Lincoln P. Bloomfield, 1965, "Outer Space and International Cooperation," *International Organization*, Vol. 19, No. 3, pp. 603-621.

[4]　在 Hans J. Morgenthau 與 Kenneth N. Waltz 兩人的著作中皆採此種觀點來看待國際合作或國際組織。Morgenthau 認為無論是國際法、國際聯盟或聯合國都無法消除國家之間衝突的動機，因而未能保障和平。請參閱：Hans J. Morgenthau, 1948, *Politics among Nations: The Struggle for Power and Peace*. New York, NY: Alfred A. Knopf, chaps. 2-7. 另外，Waltz 認為國際體系結構將會使國際合作的有效性受到限制。在此結構中，國家面臨著相對獲益與不確定性等問題，並且懼怕因為合作而加深對他國的依賴。請參閱：Kenneth N. Waltz, 1979, *Theory of International Politics*. New York, NY: McGraw-Hill, Inc., pp. 105-107. 其餘如：Carlisle Ford Runge、R. Harrison Wagner、Joseph M. Grieco、Robert Powell、Duncan Snidal 等學者亦從賽局理論或國際關係理論等角度，來說明國家之間因為搭便車、安全困境、囚徒困境、相對獲益等問題而無法進行國際合作。請參閱：R. Harrison Wagner, 1983, "The Theory of Games and the Problem of International Cooperation," *The American Political Science Review*, Vol. 77, No. 2, pp. 330-346. Carlisle Ford Runge, 1984, "Institutions and the Free Rider: The Assurance Problem in Collective Action," *The Journal of Politics*, Vol. 46, No. 1, pp. 154-181. Duncan Snidal, 1985, "Coordination versus Prisoners' Dilemma: Implications for International Cooperation and Regimes," *The American Political*

其次，與現實主義不同，新自由制度主義者對國際合作的看法是樂觀的。這些研究者認為即使在無政府狀態、自利等條件之下，國家間依然存在著合作的可能性。[5]透過國際建制可以減緩集體行動時的搭便車問題，進而提升國際合作的持續性與成效。因為這些機制確立了基本的法律框架、減少資訊不對稱及交易成本、以及提高背叛的成本，使得國家願意參與國際合作。[6]

最後，社會建構主義研究者重視的是國際合作當中的文化、認同（identity）、價值、或信念等事物。它們認為諸如自我利益、無政府狀態、制度等，皆是在行為者的互動中被建構出來的。[7]國家行為者經由社會學習

Science Review, Vol. 79, No. 4, pp. 923-942. Joseph M. Grieco, 1988, "Realist Theory and the Problem of International Cooperation: Analysis with an Amended Prisoner's Dilemma Model," _The Journal of Politics_, Vol. 50, No. 3, pp. 600-624. Duncan Snidal, 1991, "Relative Gains and the Pattern of International Cooperation," _The American Political Science Review_, Vol. 85, No. 3, pp. 701-726. Joseph M. Grieco, Robert Powell and Duncan Snidal, 1993, "The Relative-Gains Problem for International Cooperation," _The American Political Science Review_, Vol. 87, No. 3, pp. 727-743.

5 請參閱：Ernst B. Haas, 1980, "Why Collaborate? Issue-Linkage and International Regimes," _World Politics_, Vol. 32, No. 3, pp. 357-405. Arthur A. Stein, 1982, "Coordination and Collaboration: Regimes in an Anarchic World," _International Organization_, Vol. 36, No. 2, pp. 299-324. Kenneth A. Oye, 1986, "Explaining Cooperation under Anarchy: Hypotheses and Strategies," in Kenneth A. Oye, ed., _Cooperation under Anarchy_. Princeton, NJ: Princeton University Press, pp. 1-24.

6 關於國際建制之文獻，請參閱：Robert O. Keohane, 1982, "The Demand for International Regimes," _International Organization_, Vol. 36, No. 2, pp. 325-355. Robert O. Keohane, 1984, _After Hegemony: Cooperation and Discord in the World Political Economy_. Princeton, NJ: Princeton University Press. Robert Axelrod and Robert O. Keohane, 1985, "Achieving Cooperation under Anarchy: Strategies and Institutions," _World Politics_, Vol. 38, No. 1, pp. 226-254. Robert O. Keohane and Joseph S. Nye, 1989, _Power and Interdependence: World Politics in Transition_. Glenview, IL: Scott, Foresman and Company.

7 「制度」反映出群體的認同與利益。制度與行為者之間存在著相互建構的關係，制度約束著行為者的行動，但行為者彼此的互動亦同時重塑著制度的本質。請參閱：Alexander Wendt, 1992, "Anarchy is what States Make of It: The Social Construction of Power Politics," _International Organization_, Vol. 46, No. 2, pp. 391-425. Alexander Wendt, 1994, "Collective Identity Formation and the International State," _The American Political Science Review_, Vol. 88, No. 2, pp. 384-396. Jeffrey W. Legro, 1996, "Culture and Preferences in the International Cooperation Two-Step," _The American Political Science Review_, Vol. 90, No. 1, pp. 118-137. Alexander Wendt, 1999, _Social Theory of International Politics_. New York, NY: Cambridge University Press.

或模仿等途徑來設定自身的偏好與認同，[8]並且依據他國的回應來決定自身的行動。[9]倘若彼此的互動情況是友好的，則國家便會自我約束（self-restraint）其自利的行為，進而塑造出「合作」的集體認同（collective identity）並產生國際合作。相反地，若互動關係是敵對的，或該國對此關係產生不安全感，則國家會尋求保障自我利益並且拒絕參與國際合作。易言之，無政府狀態所導致的衝突並不是一種命定的邏輯，[10]按國家間互動的情況會發展出霍布斯式、洛克式、及康德式等三種無政府狀態文化。[11]

另一方面，這三種理論在行為者及分析要素的層面上也各有差異。現實主義僅以國家作為主要行為者，並從國際體系結構、權力、國家安全、自利等角度來詮釋國際合作。而新自由制度主義則同時關注國家與非國行為者的角色，其分析的要素是以共同利益、有限理性、及國際建制為主。最後，建構主義亦強調國家與非國家行為者的貢獻，但其研究則是以文化、認同、相互建構等要素為基礎。

綜合而論，前述三種國際合作理論是當代治理研究的基礎。學者們憑藉著這些論點來分析各種議題的治理內涵，例如 Keohane、Nye、Waltz 等。[12]而在本書當中，將透過環境案例來檢視這三大理論的解釋力。本文係遵循

---

[8] 相關討論請參閱：Alexander Wendt, 1999, *Social Theory of International Politics*. op. cit., pp. 324-336.

[9] Alexander Wendt, 1999, *Social Theory of International Politics*. op. cit., pp. 342-364. Peter J. Katzenstein, ed., 1996, *The Culture of National Security: Norms and Identity in World Politics*. New York, NY: Columbia University Press, chap. 2.

[10] 請參閱：Dale C. Copeland, 2006, "The Constructivist Challenge to Structural Realism: A Review Essay," in Stefano Guzzini and Anna Leander, eds., 2006, *Constructivism and International Relations: Alexander Wendt and his Critics*. New York, NY: Routledge, pp. 1-20.

[11] 霍布斯式文化：國家間彼此懷有敵意，只有透過外力強迫的方式才能使各國遵守規範。洛克式文化：國家間彼此是競爭對手，只要規範符合自我利益，則各國便會遵守。康德式文化：各國將他國的利益視作是自我利益的一部分，並且基於正當性而遵守規範。請參閱：Alexander Wendt, 1999, *Social Theory of International Politics*. op. cit., pp. 246-312.

[12] Robert O. Keohane, 2002, *Liberalism Power and Governance in a Partially Globalized World*. New York, NY: Routledge. Kenneth N. Waltz, 1999, "Globalization and Governance," *PS: Political Science & Politics*, Vol. 32, No. 4, pp. 693-700. Joseph S. Nye and John D. Donahue, eds., 2000, *Governance in a Globalizing World*. Washington, D.C.: Bookings Institution Press.

以下步驟來進行理論檢驗：[13]一、介紹理論的核心觀點。二、預先說明可觀察到的現象：如果理論具有解釋力，吾人應可以在案例中觀察到哪些現象？若其缺乏解釋力，則又有哪些現象出現？三、觀察實際案例是否與理論所預見的現象吻合。四、說明這個理論的解釋力缺陷。

第二節　環境管制途徑

壹、國際環境管理

雖然自 19 世紀末開始人們即已關注到環境問題的重要性，例如 George Perkins Marsh、Henry David Thoreau、或 John Muir 等學者。但至 1960 年代為止，各國在處理環境問題時大多仍採取中央政府頒布法規的管理方式，其管轄的範圍也僅限於國家疆域之內。例如，英國政府在 1956 年通過《清潔空氣法案》（Clean Air Act）來處理國內的煙霾問題，或美國政府於 1948 年訂立的《水汙染控制法案》（Water Pollution Control Act）。

直至 1970 年代，「國際環境管理」（International Environmental Management）途徑始成為決策者的另一項選擇。[14]此途徑是由國家控制環境問題的管理權力，並透過國際建制（international regime）來協調各國的政策作為，其間的權力互動類型係以「上對下」的樣態為主。易言之，國家掌握國內環境法規的制定權、國際環境談判的代表權、國際環境建制的創設權、以及國際環境規範的制定權。

例如，1972 年 6 月聯合國會員國在斯德哥爾摩召開「人類環境會議」，並於會後發表《聯合國人類環境會議宣言》（Declaration of the United

---

[13] 這個檢驗程序主要是參酌 Stephen Van Evera 提出的分析方法，請參閱：Stephen Van Evera, 1997, *Guide to Methods for Students of Political Science*. Ithaca, NY: Cornell University Press, p. 55. 類似的分析方式另可參閱以下著作：Dale C. Copeland, 2000, *The Origins of Major War*. Ithaca, NY: Cornell University Press. Stephen Van Evera, 1999, *Causes of War: Power and the Roots of Conflict*. NY: Cornell University Press.

[14] 而自 1960 年代以後，國際社會針對環境問題所採取的活動數量也大幅增加。請參閱：John W. Meyer, David John Frank, Ann Hironaka, Evan Schofer and Nancy Brandon Tuma, 1997, "The Structuring of a World Environmental Regime, 1870-1990," *International Organization*, Vol. 51, No. 4, pp. 623-651.

Nations Conference on the Human Environment），呼籲各國應積極強化國際合作並為後代子孫的利益共同努力。[15]其後更於同年 12 月成立「聯合國環境署」（United Nations Environment Programme, UNEP），來統籌聯合國對環境議題的規劃及行動。另外或如，為解決領海劃定及海洋資源養護等問題，各國在 1973 年召開第三次聯合國海洋法會議，並於 1982 年通過《聯合國海洋法公約》（United Nations Convention on the Law of the Sea）。[16]

　　然而，在此類國際環境管理的架構當中，諸如非政府組織、公民社會、或企業等非國家行為者皆被排除在正式的決策體制之外。雖然自 1970 年代起人們已體認到國家與公民社會合作的必要性，例如《聯合國人類環境會議宣言》提及：要實現環境保護的目標，將有賴於公民、社群、企業、以及各層次的機構等行為者一同承擔責任。[17]但截至 1980 年代中期以前，非國家行為者在國際環境管制的實際運作當中僅能被動接受政府的指揮。以 1972 年人類環境會議為例，雖然許多非政府組織獲邀參加，但因發言權受到限制而無法影響官方的決策。[18]

　　總而言之，國際環境管理途徑的出現具有以下幾點意涵：首先，環境問題的惡化程度已經對人們的經濟、健康、或生活等層面造成極大影響，因此有必要透過國際合作來共同防治。其次，環境問題不再僅被視為是國內問題，而是所有國家都必須關心的國際問題。再者，透過國際建制來擔任媒介，國家之間開始有意願採行環境合作。最後，承繼傳統的主權與統治思維，政府在此類環境管理途徑當中掌握著主控權。

---

[15] United Nations Conference on the Human Environment, 1972, "Declaration of the United Nations Conference on the Human Environment," in United Nations Environment Programme Website: http://www.unep.org/Documents.Multilingual/Default.asp?documented=97&articleid=1503.

[16] United Nations, 1982, "United Nations Convention on the Law of the Sea," in United Nations Website: http://www.un.org/Depts/los/convention_agreements/texts/unclos/unclos_e.pdf.

[17] United Nations Conference on the Human Environment, 1972, "Declaration of the United Nations Conference on the Human Environment," op. cit.

[18] 請參閱：Ann Marie Clark, Elisabeth J. Friedman and Kathryn Hochstetler, 1998, "The Sovereign Limits of Global Civil Society: A Comparison of NGO Participation in UN World Conferences on the Environment, Human Rights, and Women," *World Politics*, Vol. 51, No. 1, pp. 1-35.

貳、全球環境治理

因為科技進步與議題的影響強度、範圍、及多樣性提升，使得國際管理途徑開始無力回應環境管制的需求。以鮪魚濫捕問題為例，受到諸如衛星定位系統、漁具改良、漁船性能提升等因素的影響，當代漁民對海洋生態的破壞程度大幅提升。而各國政府因面臨人力、主權、或資源的限制，所以常無法監控漁船的違法捕撈行為，嚴重阻礙海洋漁業資源管制的成效。為改善此類困境，決策者及研究者開始將非國家行為者納入管制的架構當中，進而發展出全球環境治理的思維與途徑。本節將說明全球治理的概念定義與內涵，至於全球環境治理的相關文獻將於下一節當中介紹。

近二十年來，「治理」與「全球治理」兩者在政治學領域中成為廣受學者關注的重要概念。舉凡政府部門的體制架構、執政者的決策思維、甚至是國際合作途徑的擬定等，皆可見到這兩個概念的運用。易言之，「治理研究」的重要性不但日益提升，其所涉及的議題領域亦不斷擴增。

首先，治理概念的出現象徵著國際秩序的本質已經不同以往，同時也提醒著研究者們應調整既有的理論觀點，以期對當代世界提供更適切的詮釋。前述看法自 1990 年代開始大量出現在國際政治領域，例如 Rosenau 的《世界政治的動盪》（Turbulence in World Politics）一書指出，美蘇冷戰結束之後，國際政治逐漸從以國家為中心的世界轉變成：「國家中心」及「多中心」（multi-centric）兩者混同共存的世界。[19]此種混同式的世界是由許多「權威領域」（Spheres of Authority, SOAs）所構成，[20]而國家只是其中一種權威來源，其他非國家行為者也扮演著施展權威的角色。因此，當代研究者應超越傳統的國家視角，將地方、個人等層次的行為者納進分析框架當中。[21]

---

[19] James N. Rosenau, 1990, *Turbulence in World Politics: A Theory of Change and Continuity*. Princeton, NJ: Princeton University Press, p. 14.

[20] James N. Rosenau, 1997, *Along the Domestic-Foreign Frontier: Exploring Governance in a Turbulent World*. op. cit., pp. 29-52. James N. Rosenau, 1999, "Toward an Ontology for Global Governance," in Martin Hewson and Timothy J. Sinclair, eds., *Approach to Global Governance Theory*. Albany, NY: State University of New York Press, pp. 287-301.

[21] James N. Rosenau, 1990, *Turbulence in World Politics: A Theory of Change and Continuity*. op. cit., p. xiv.

　　或如 Susan Strange 主張當代世界在安全、生產、知識、及金融等結構面上發生變化，進而限縮國家的權威與管制能力。[22]國家在面對諸如經濟、安全或環境等議題的挑戰時無力提供有效的管制，而必須與其他行為者合作。易言之，過去由國家獨佔的權威，如今已逐漸分散並為許多行為者所共享。當代國際關係研究者應正視此種「權力流散」（diffusion of power）的現象，如此才能夠讓理論詮釋更貼近世界的真實樣貌。[23]

　　其次，學者們對全球治理或治理所作的概念定義十分多樣，本文認為這些界定主要可區分成「工具性」（instrumental definition）以及「研究途徑式」（research approach definition）等兩種類型。第一，工具性定義：此類界定主要是把全球治理視為管制特定問題的途徑。例如，Rosenau 認為治理是一種「控制」（control）或「領航」（steering）機制，目的是為了回應諸多複雜的問題。但吾人不能從「命令」（command）的角度來理解治理，因為在這套機制之中除了中央權威所設定的管理制度之外，尚包括由公民或其他團體下對上推動所形成的制度。[24]另外，Oran R. Young 主張治理的興起是為了處理日益增多的集體行動問題（collective action problem）。廣義而言，治理涉及社會制度的建立與運作，但治理不必然需仰賴物質性的實體或組織才能存在。[25]

　　或如，聯合國「全球治理委員會」（Commission of Global Governance）在 1995 年發表的《我們的全球芳鄰》（Our Global Neighborhood）報告中所作的定義：

---

[22] Susan Strange, 1994, *States and Markers*. New York, NY: Continuum, pp. 43-138. Susan Strange, 1999, "The Westfailure System," *Review of International Studies*, Vol. 25, No. 3, pp. 345-354.

[23] Susan Strange, 1992, "States, Firms and Diplomacy," *International Affairs*, Vol. 68, No. 1, pp. 1-15. Susan Strange, 1995, "The Defective State," *Daedalus*, Vol. 124, No. 2, pp. 55-74. Susan Strange, 1994, "Wake up, Krasner! The World Has Changed," *Review of International Political Economy*, Vol. 1, No. 2, pp. 209-219. Susan Strange, 1996, *The Retreat of the State: The Diffusion of Power in World Economy*. Cambridge, UK: Cambridge University Press.

[24] James N. Rosenau, 1995, "Governance in the Twenty-first Century," op. cit., pp. 13-43. James N. Rosenau, 1997, *Along the Domestic-Foreign Frontier: Exploring Governance in a Turbulent World*. op. cit., p. 146. James N. Rosenau and Ernst-Otto Czempiel, eds., 1992, *Governance Without Government: Order and Change in World Politics*. op. cit., pp. 4-5.

[25] Oran R. Young, 1997, "Rights, Rules, and Resources in World Affairs" in Oran R. Young, ed., *Global Governance: Drawing Insights from the Environmental Experience*. Cambridge, MA: The MIT Press, pp. 1-23.

治理是在管理共同事務時諸多途徑的總和，包括個人的與機構的、公共的與私人的等方式。它是一種持續的過程，透過治理可以調和相互衝突或不同的利益並使合作行動得以出現。它既包含能迫使人們服從的正式制度與建制，同時也包括各種經人們同意或符合他們利益的非正式安排。[26]

第二，研究途徑式定義：採用此種界定的學者們把全球治理當成一種理論思維或分析架構，藉此來釐清當代世界的本質。例如，David Held 與 Anthony McGrew 在《治理全球化》（Governing Globalization）一書主張全球治理的概念不僅是一種描述辭彙，更是用來分析全球化世界的研究途徑。全球治理駁斥傳統國家中心式的世界秩序概念，其分析的主要單元納入了全球、區域、或跨國體系當中的行為者。[27]另外，Martin Hewson 和 Timothy J. Sinclair 認為全球治理是幫助人們理解全球變遷（global change）的工具，而治理的出現與專業知識、市場化制度（marketized institutions）、以及基礎科技等要素有關。[28]

或如，Gerry Stoker 認為治理為人們提供了認識世界的框架，其內涵包括：

一、治理指一連串來自於政府卻又不僅限政府的制度和行為者。

二、透過治理可以發現因社會與經濟議題之間的糾結而使得邊界和責任趨於模糊。

三、治理可以認清集體行動時制度之間所存在的權力依賴特質。

四、治理與行為者們所構成的自我治理網絡有關。

---

[26] Commission of Global Governance, 1995, *Our Global Neighborhood: The Report of the Commission on Global Governance*. Oxford, UK: Oxford University Press, chap. 2.

[27] David Held and Anthony McGrew, 2002, "Introduction," in David Held and Anthony McGrew, eds., *Governing Globalization: Power, Authority and Global Governance*. Malden, MA: Polity, pp. 8-9.

[28] Martin Hewson and Timothy J. Sinclair, 1999, "The Emergence of Global Governance Theory," in Martin Hewson and Timothy J. Sinclair, eds., *Approach to Global Governance Theory*, pp. 3-22, Albany, NY: State University of New York Press.

五、治理認為完成一件事情並不一定要依賴政府的權力來指揮
或施行權威。它認為政府能夠運用新的工具和技術來進行領
航（steer）與指引（guide）。[29]

再者，就全球治理與治理的概念內涵而論，本文認為它們具備以下三
個核心特徵。第一，多層次（multi-level）：治理研究領域的學者們主張應
由水平式（跨越同層次的各個機構或部門）及垂直式（跨越不同層次）的
角度來構思管制架構。第二，多邊合作（multilateral cooperation）：強調當
代問題已非單一或數個國家行為者所能處理，人們應採取範圍更廣泛（如
區域或全球等）且非中央指導的合作模式來管制問題。以及，第三，行為
者多樣化（diversity of actors）：參與管制的行為主體包括國家與非國家行
為者。這些特徵在 Rossnau、Young、Jon Pierre、B. Guy Peters 等學者的文
獻中皆可見到。[30]

最後，從議題的角度觀之，治理研究領域所討論的主題含括政治、經
濟、軍事、跨國犯罪、疾病等諸多層面。[31]與此同時，針對諸如全球暖化、
霾害、森林資源濫用、海洋漁業資源濫捕、或生物多樣性破壞等環境問題，
學者們亦發展出全球環境治理的管制途徑與分析範式來加以探討。而因為

---

[29] Gerry Stoker, 1998, "Governance as Theory: Five Propositions," *International Social Science Journal*, Vol. 50, Issue 155, pp. 17-18.

[30] Oran R. Young, ed., 1997, *Global Governance: Drawing Insights from the Environmental Experience*. Cambridge, MA: The MIT Press. James N. Rosenau, 1995, "Governance in the Twenty-First Century," op. cit., pp. 13-43. Jon Pierre and B. Guy Peters, 2005, *Governing Complex Societies: Trajectories and Scenarios*. op. cit.

[31] 例如：Keith Griffin, 2003, "Economic Globalization and Institutions of Global Governance," *Development and Change*, Vol. 34, No. 5, pp. 789-807. Christof Parnreiter, 2010, "Global Cities in Global Commodity Chains: Exploring the Role of Mexico City in the Geography of Global Economic Governance," *Global Networks*, Vol. 10, No. 1, pp. 35-53. Emilian R. Kavalski, 2008, "The Complexity of Global Security Governance: An Analytical Overview," *Global Society*, Vol. 22, No. 4, pp. 423-443. Hakan Seckinelgin, 2005, "A Global Disease and Its Governance: HIV/AIDS in Sub-Saharan Africa and the Agency of NGOs," *Global Governance*, Vol. 11, No. 3, pp. 351-368. Andrea Birdsall, 2010, "The Monster That We Need to Slay? Global Governance, the United States, and the International Criminal Court," *Global Governance*, Vol. 16, No. 4, pp. 451-469. 袁鶴齡，2004，《全球化世界的治理》。台中：若水堂。曹俊漢，2009，《全球化與全球治理：理論發展的建構與詮釋》。台北：韋伯。

本文旨在析論環境管制網絡的成形與變遷，故從工具性的角度來界定「全球環境治理」這個概念。易言之，**在本書當中全球環境治理是一種綜合了多層次、國際多邊合作、以及行為者多樣化等特質的「環境問題管制途徑」**。

　　綜上所述，透過全球治理的概念來思索環境問題的解決之道，這樣的趨勢反映出幾點意涵：第一，國家認識到自身能力的侷限以及單一權威控管模式的不足，因此願意與非國家行為者共享管制權。第二，人們開始體認到環境問題的成因和影響極為複雜，所以需要納入更多行為者來承擔管制工作。第三，此類環境治理途徑尚在持續發展的過程中，行為者們需針對各項議題擬定不同的管制機制，所以機制的種類亦趨於多元。

第三節　全球環境治理領域的研究現況

　　以下將回顧全球環境治理領域的相關文獻，按國內外全球環境治理文獻的研究主題來區分，其中包括：公共政策、制度、經濟、規範、非國家行為者等類別，接下來將個別說明。[32]

壹、公共政策層面

　　與公共政策相關的環境治理文獻主要是以環境問題造成的損失為背景，[33]進而探討國家或國際組織的環境政策制定過程、政策選擇結果、以

---

[32] 這五種類別的研究範疇可能互有重疊，例如經濟面文獻希望改善環境制度的效能；規範面文獻對環境制度或政策提出批判；或者制度面文獻亦會討論到非國家行為者等。此處的分類標準係以該文獻探討的「主要題材」或「研究主軸」來作區分，例如某些文獻透過對環境制度的批判來探討課責性之議題，因其研究題材是以「課責性」此一規範面事物為主，所以此文獻屬於規範面之類別。或如有些文獻的目標是欲強化環境制度的效用，但其討論的主軸是利用經濟學理論來達到其研究目標，則此類文獻將被歸入經濟面當中。

[33] 「公共政策」的定義很多，例如 B. Guy Peters 將其定義為：「公共政策是政府行動的總和，無論其行動是直接地或是透過其他行動者，皆會對公民的生活產生影響」。請參閱：B. Guy Peters, 1999, *American Public Policy: Promise and Performance*. Chappaqua, NY: Chatham House/Seven Rivers. 或如 Thomas A. Birkland 認為：公共政策是由政府推動並制定；該政策由公共或私人行為者所履行；政策指出政府想做的事以及選擇不去做的事。請參閱：Thomas A. Birkland, 2001, *An Introduction to the Policy Process: Theories, Concepts, and Models of Public Policy Making*. Armonk, NY: M. E. Sharpe, p. 20. 總而言之，公共政策是用來指引政府行動的綱領，它指出政府想要做的事以及選擇不做的事。

及在此過程中利益團體的互動關係。此類文獻除了說明各國對某環境問題的政策立場外，更分析其政策制定經驗的優劣點以供他國作為參考。

然而，雖然「政策工具」（policy instruments）之主題與政策面有著密切相關。但因為其涉及的範疇較偏向制度層面，為了在分類上有所區別，所以本節不包含此類文獻。另外，雖然在政策面的文獻當中也會提及環境協定或法規等制度面事物，但它們主要是用來說明政策制定之後所產出的「結果」（output）。易言之，政策面的研究主要是探討環境政策的制定過程、政策產出與履行等議題，其涉及的研究範疇與制度面有所差異。這類文獻分析的焦點不是特定制度，而是國家或國際組織的決策脈絡。

首先，某些學者選擇由特定環境議題切入，來檢視各國的環境政策制定過程與政策選擇。例如，G. Bruce Doern 與 Thomas Conway 兩人研析 1970 至 1980 年代加拿大的環境政策，詳細地說明該國的政策制定過程、利益團體間的合作與衝突、以及制度的變革。[34]或如，Arild Underdal 與 Kenneth Hanf 合編之《國際環境協定與國內政治》（International Environmental Agreements and Domestic Politics）書中以酸雨問題作為案例，進而分析國際管制協定與歐洲各國之國內政策這兩者間的互動情況。[35]另外，Paul G. Harris 主編的《歐洲與全球氣候變遷》（European and Global Climate Change）一書，則針對德國、英國、荷蘭、波蘭等歐洲國家的氣候變遷政策進行探討，並說明各國的政策制定背景、考量以及決策。[36]其他如：Hanns W. Maull、Steven Bernstein、Elpida Kolokytha、David Potter、陳世榮、林子倫等學者亦發表過相關的研究成果。[37]

---

[34] G. Bruce Doern and Thomas Conway, 1994, *The Greening of Canada: Federal Institutions and Decisions*. Toronto, Canada: University of Toronto Press.

[35] Arild Underdal and Kenneth Hanf, eds., 2000, *International Environmental Agreements and Domestic Politics: The Case of Acid Rain*. Burlington, VT: Ashgate.

[36] Paul G. Harris, ed., 2007, *European and Global Climate Change: Politics, Foreign Policy and Regional Cooperation*. Northampton, MA: Edward Elgar.

[37] Hanns W. Maull, 1992, "Japan's Global Environmental Policies," in Andrew Hurrell and Benedict Kingsbury, eds., *The International Politics of the Environment: Actors, Interests, and Institutions*. New York, NY: Oxford University Press, chap. 13. Steven Bernstein, 2002, "International Institutions and the Framing of Domestic Policies: The Kyoto Protocol and Canada's Response to Climate Change," *Policy Sciences*, Vol. 35, pp. 203-236. Elpida Kolokytha, 2010, "European Policies for Confronting the Challenges of Climate Change in Water Resources," *Current Science*, Vol. 98,

其次，部分文獻則是著眼在環境決策的理論面，試圖強化論點的解釋力。例如，Dennis L. Meadows 與 Jorgen Randers 透過 DDT 殺蟲劑、以及固體廢棄物等污染案例，來說明「環境政策」與「污染存續」這兩者之間所存在的時間差。他們認為環境政策的規劃不應只考慮短期的影響，應由長期（至少 50 年）的角度來進行政策規劃，如此才能有效處理問題。[38]或如，Detlef Sprinz 與 Tapani Vaahtoranta 兩人在〈國際環境政策之利益基礎解釋〉（The Interest-Based Explanation of International Environmental Policy）一文中，[39]認為國家的「生態脆弱度」（ecological vulnerability）與「經濟能力」將會影響到其對國際環境管制的支持程度。[40]並進而可以區分出四種政策立場：旁觀者（bystanders）、推動者（pushers）、拖延者（draggers）、及「居間者」（intermediates）等。[41]

No. 8, pp. 1069-1076. David Potter, 1994, "Assessing Japan's Environmental Aid Policy," *Pacific Affairs*, Vol. 67, No. 2, pp. 200-215. 陳世榮，2007，〈探究環境治理中的知識溝通：台灣氣候變遷研究的網絡分析〉，《公共行政學報》，第 25 期，頁 1-30。林子倫，2008，〈台灣氣候變遷政策之論述分析〉，《公共行政學報》，第 28 期，頁 153-175。林文謙，2011，〈經濟發展與環境永續：東南亞霾害治理之困境與展望〉，《亞太研究通訊》，第 9 期，頁 59-86。林文謙，2011，〈全球環境治理與國內政治之互動：以 ICCAT 削減台灣大目鮪配額案為例〉，《政治科學論叢》，第 50 期，頁 141-180。

[38] Dennis L. Meadows and Jorgen Randers, 1972, "Adding the Time Dimension to Environmental Policy," *International Organization*, Vol. 26, No. 2, pp. 213-233.

[39] 它們的研究問題是：在進行國際環境管制時，有哪些因素會影響到各國環境政策的擬定？如何解釋管制行動的成敗？各國對環境管制所採取的政策立場又可分成哪幾種類別？請參閱：Detlef Sprinz and Tapani Vaahtoranta, 1994, "The Interest-Based Explanation of International Environmental Policy," *International Organization*, Vol. 48, No. 1, pp. 77-105.

[40] Sprinz 與 Vaahtoranta 假定國家是自利且理性的行為者，倘若該國受到的環境威脅越嚴重，則越有可能透過政策行動來支持國際環境管制。另外，該國在國際管制中需付出的成本越高，則其支持度會相對降低。

[41] 其他文獻可參閱：Bryan G. Norton, 1998, "Improving Ecological Communication: The Role of Ecologists in Environmental Policy Formation," *Ecological Applications*, Vol. 8, No. 2, pp. 350-364. David M. Konisky, Jeffrey Milyo and Lilliard E. Richardson, Jr., 2008, "Environmental Policy Attitudes: Issues, Geographical Scale, and Political Trust," *Social Science Quarterly*, Vol. 89, No. 5, pp. 1066-1085. Erik W. Johnson, Jon Agnone and John D. McCarthy, 2010, "Movement Organizations, Synergistic Tactics and Environmental Public Policy," *Social Forces*, Vol. 88, No. 5, pp. 2267-2292.

貳、制度層面

　　將自然環境視作政治學研究必須考量的變項，此方面的論點並非近年特有，例如在地緣政治學或國際關係理論中便已關注到這個因素的重要性。[42]然而，把自然環境因素本身當成政治學者必須處理的問題，並希望透過跨國制度的設立來管制問題所造成的負面影響，此類研究至 1970 年代以後才逐漸蓬勃發展。[43]

　　以「制度」（institutions）作為討論核心的環境治理文獻，基本上是將制度視為改善集體行動問題的關鍵要素。[44]環境制度導引著行為者的利

---

[42] 諸如，麥金德（Halford John Mackinder）、Zbigniew Brzezinski、George Friedman 等地緣政治學者將國家的地理位置、自然資源、氣候環境等，視為是決定該國力量、利益與發展的要素。另外，在 Hans J. Morgenthau、Kenneth N. Waltz 的著作中，也將自然資源視為估算國家權力強弱的變數之一。請參閱：Halford John Mackinder, 1904, "The Geographical Pivot of History," *The Geographical Journal*, Vol. 23, No. 4, pp. 421-437. Zbigniew Brzezinski, 1997, *The Grand Chessboard: American Primacy and Its Geostrategic Imperatives*. New York, NY: Basic Books. George Friedman, 2009, *The Next 100 Years: A Forecast for the 21st Century*. New York, NY: Doubleday. Hans J. Morgenthau, 1948, *Politics among Nations: The Struggle for Power and Peace*. op. cit., chap. 9. Kenneth N. Waltz, 1979, *Theory of International Politics*. op. cit., pp. 129-131.

[43] 這方面研究的興起，主要是由於政治學者開始從「國際建制」（international regime）的角度來思索跨國問題的解決途徑。諸如 Ernst B. Haas、Arthur A. Stein 或 Kenneth A. Oye 等學者認為，即使在無政府狀態與自利的假定之下，只要藉助國際建制來降低不確定性及提供資訊，則國家間依然存在著合作的動機。請參閱：Ernst B. Haas, 1980, "Why Collaborate? Issue-Linkage and International Regimes," op. cit., pp. 357-405. Arthur A. Stein, 1982, "Coordination and Collaboration: Regimes in an Anarchic World," op. cit., pp. 299-324. Kenneth A. Oye, 1986, "Explaining Cooperation under Anarchy: Hypotheses and Strategies," in Kenneth A. Oye, ed., *Cooperation under Anarchy*. op. cit., pp. 1-24.

[44] 廣義而言，制度同時包含各種正式與非正式的事物，例如：規則、規範、慣例、或組織等。另外，諸如「國際建制」或者是用來實現政策目標的「環境政策工具」等，也屬於制度的範疇。與制度主義相關的文獻請參閱：Jan-Erik Lane and Svante Ersson, 2000, *The New Institutional Politics: Performance and Outcomes*. London, UK: Routledge. Douglass C. North, 1990, *Institutions, Institutional Change and Economic Performance*. New York, NY: Political Economy of Institutions and Decisions. B. Guy Peters, 2005, *Institutional Theory in Political Science: The New Institutionalism*. London, UK: Continuum, pp. 139-153. 另外，國際建制相關的討論請參閱：Stephen D. Krasner, 1982, "Structural Causes and Regime Consequences: Regimes as Intervening Variables," *International Organization*, Vol. 36, No. 2, pp. 185-205.

益、約束其行動、並且降低資訊不對稱及交易成本，進而增強行為者們合作的動機以及達成政策目的。這類文獻討論的焦點包括：全球環境治理架構的介紹與評估、環境政策工具（policy instruments）、國際環境建制（international environmental regime）、及新制度的籌畫與設計等。

　　首先，介紹且評估環境治理的制度架構：在論述這個主題時，研究者常以多層次分析架構作為基本框架，進而介紹特定環境議題之治理架構、各層次行為者間的互動情況、以及評估需改進之處。例如，Jenny Fairbrass 與 Andrew Jordan 透過歐盟在生物多樣性與土地利用規劃（land use planning）等案例中的制度規範，進而分析多層次治理概念的解釋力。[45]或如，Norichika Kanie 從國際與國內兩層次之「垂直連結」的角度著手，分析全球環境治理當中存在的跨層次障礙。他認為在層次之間存在著許多障礙，例如：資訊障礙、語言障礙、過多需求所致的障礙等。若能改善這些問題，則可以減少資源浪費並且保障政策的履行程度。[46]另外，在 W. Bradnee Chambers 與 Jessica F. Green 合編之《改進國際環境治理》（Reforming International Environmental Governance）一書，[47]則檢視聯合國永續發展治理體系當中的多層次環境協定、世界環境組織、環境司法制度等層面，並且分析其中的缺陷。[48]

Robert O. Keohane, 1982, "The Demand for International Regimes," op. cit., pp. 325-355. Stephen D. Krasner, ed., 1983, *International Regimes*. Ithaca, NY: Cornell University Press. Robert O. Keohane, 1984, *After Hegemony: Cooperation and Discord in the World Political Economy*. op. cit.

[45] Jenny Fairbass and Andrew Jordan, 2004, "Multi-Level Governance and Environmental Policy," in Ian Bache, ed., *Multi-Level Governance*. New York, NY: Oxford University Press, chap. 9.

[46] Norichika Kanie, 2004, "Global Environmental Governance in terms of Vertical Linkages," in Norichika Kanie and Peter M. Haas, eds., *Emerging Forces in Environmental Governance*. New York, NY: United Nations University Press, pp. 86-114.

[47] W. Bradnee Chambers and Jessica F. Green, eds., 2005, *Reforming International Environmental Governance: From Institutional Limits to Innovative Reforms*. New York, NY: United Nations University Press.

[48] 也可參閱以下著作：Michael Faure 等學者研析用來處理氣候變遷問題的各種管制工具。而 Clark C. Gibson 等學者則以森林濫伐問題作為分析對象，檢視人們為了解決此問題而設定的各項治理制度。請參閱：Michael Faure, Joyeeta Gupta and Andries Nentjes, eds., 2003, *Climate Change and the Kyoto Protocol: The Role of Institutions and Instruments to Control Global Changes*. Northampton, MA: Edward Elgar. Clark C.

其次，環境政策工具：所謂政策工具係指「用來實現政策目標的各種技術」，[49]其中包含：稅收、環境標章、配額、補貼、環境影響評估等。因為這類技術皆屬制度層面之範疇，故於此作討論。例如，Andrew Jordan 等學者在《環境治理的新工具？》（New Instruments of Environmental Governance?）一書中將歐洲各國的環境政策工具加以比較，從而了解國家在進行環境治理時，其政策工具的變遷情況。[50]另外，近年來也有學者將主題聚焦在政策制定程序上，希望透過制度途徑的補強，使得決策過程能夠兼顧到環境保護的考量。例如，Alessandra Goria、Alessandra Sgobbi 等學者在《環境治理》（Governance for the Environment）一書，針對「環境政策整合」（Environmental Policy Integration, EPI）技術在區域、國家及地方層次當中的運用情況進行比較分析。[51]或如 Kulsum Ahmed 等學者認為透過「策略環境評估」（Strategic Environmental Assessment, SEA）技術之運用，將可以有效地檢視某項決策所造成的環境效應。[52]

再者，國際環境建制：此類研究討論的範疇主要聚焦在由國家行為者組成的國際建制上。例如 Oran R. Young 主編的《全球治理》（Global Governance）一書便針對國際河川管理、大湖區生態體系、以及聯合國環境治理等案例的國際建制作介紹。[53]其後，Young 在《創造建制》（Creating

---

Gibson, Margaret A. McKean and Elinor Ostrom, eds., 2000, *People and Forest: Communities, Institutions, and Governance*. Cambridge, MA: The MIT Press.

[49] M. Howlett, 1991, "Policy Instruments, Policy Styles and Policy Implementation," *Policy Studies Journal*, Vol. 19, No. 2, pp. 1-21.

[50] Andrew Jordan, Rudiger K. W. Wurzel and Anthony R. Zito, eds., 2003, *'New' Instruments of Environmental Governance? National Experiences and Prospects*. London, UK: Frank Cass Publishers.

[51] 所謂的「環境政策整合」（EPI）是一種程序或原則，用來確保在政策制定過程中能夠同時考慮到環境保護的目標。請參閱：Alessandra Sgobbi, 2003, "Environmental Policy Integration and the Nation State: What Can We Learn from Current Practices?" in Andrew Jordan, Rudiger K. W. Wurzel and Anthony R. Zito, eds., 2003, *'New' Instruments of Environmental Governance? National Experiences and Prospects*. London, UK: Frank Cass Publishers, chap. 2.

[52] Kulsum Ahmed and Ernesto Sanchez-Triana, eds., 2008, *Strategic Environmental Assessment for Policies: An Instrument for Good Governance*. Washington, D.C.: The World Bank. 另可參閱以下著作：Pietro Caratti, Holger Dalkmann and Rodrigo Jiliberto, eds., 2004, *Analysing Strategic Environmental Assessment: Towards Better Decision-Making*. Northampton, MA: Edward Elgar.

[53] Oran R. Young, ed., 1997, *Global Governance: Drawing Insights from the Environmental Experience*. op. cit.

Regimes）與《環境變遷的制度層面》（The Institutional Dimensions of Environmental Change）這兩本著作中，對國際環境建制的形成階段、以及制度研究途徑的改善作了更深入的探討。[54]另外，有些學者則是關注到國際建制之間的互動關係。例如 Sebastian Oberthur 與 Thomas Gehring 合編之《全球環境治理中的制度性互動》（Institutional Interaction in Global Environmental Governance）一書針對氣候變遷、生物多樣性、西北大西洋保護、責任漁業等數個案例進行研究，藉此統整出建制互動的四種機制。[55]

　　最後，新制度的規畫與設計：為了使環境管制更具有效率，部分學者近年來提議設立「世界環境組織」（World Environmental Organization, WEO）來管理全球環境事務，[56]例如 Frank Biermann、Peter Haas、John Whalley、Ben Zissimos、Steve Charnovitz 等。[57]但如 Calestous Juma 和 Konrad von Moltke

---

[54] Oran R. Young, 1998, *Creating Regimes: Arctic Accords and International Governance*. Ithaca, NY: Cornell University Press. Oran R. Young, 2002, *The Institutional Dimensions of Environmental Change: Fit, Interplay and Scale*. Cambridge, MA: The MIT Press. 在《環境變遷的制度層面》一書中，Young 認為當前的環境制度研究必須致力解決以下三個問題。一、「適用」（fit）問題：相同的制度途徑未必能夠用來處理所有的環境問題。二、「相互作用」（interplay）問題：應全面探討各種制度之間的水平與垂直互動關係。以及，三、「範圍」（scale）問題：雖然某些制度的性質相似，但因處於不同的空間層次會使其運作情況出現差異，而這方面的差異性常為學者們所忽略。另外，也可參閱：Oran R. Young, 2001, "Inferences and Indices: Evaluating the Effectiveness of International Environmental Regimes," *Global Environmental Politics*, Vol. 1, No. 1, pp. 99-121.

[55] 包括認知的互動、透過承諾的互動（interaction through commitment）、行為上的互動、以及因影響（impact）而產生的互動等。請參閱：Sebastian Oberthur and Thomas Gehring, eds., 2006, *Institutional Interaction in Global Environmental Governance: Synergy and Conflict among International and EU Policies*. Cambridge, MA: The MIT Press, chap. 2.

[56] 這些學者皆認為應成立世界環境組織來負責蒐集資料、研究、或分配資源。而 Steve Charnovitz 更明確指出，世界環境組織的成立有助於：改善當前的治理途徑、強化科學與政治之間的互動、改善資金問題、增加參與度、增強政策影響力等。請參閱：Frank Biermann, 2001, "The Emerging Debate on the Need for a World Environmental Organization: A Commentary," *Global Environmental Politics*, Vol. 1, No. 1, pp. 45-55. Peter M. Haas, 2001, "Environment: Pollution," in P. J. Simmons and Chantal de Jonge Oudraat, eds., *Managing Global Issues: Lessons Learned*. Washington, D.C.: Carnegie Endowment for International Peace, pp. 310-353. John Whalley and Ben Zissimos, 2001, "What could a World Environmental Organization do?" *Global Environmental Politics*, Vol. 1, No. 1, pp. 29-34. Steve Charnovitz, 2005, "A World Environment Organization," in W. Bradnee Chambers and Jessica F. Green, eds., *Reforming International Governance: From Institutional Limits to Innovative Reforms*. New York, NY: United Nations University Press, pp. 93-123.

[57] 但有些學者認為「區域環境組織」（Regional Environmental Organization, REO）才是治理體系最重要的單元。例如 Jonathan R. Strand 主張區域環境組織可以居中擔任輔助、

等學者則反對前述看法，他們認為基於經濟、資金和效能等考量，世界環境組織未必能夠順利運作，甚至會造成更多問題。[58]

參、經濟層面

在思考環境問題的解決方案時，經濟學論點是政治學者常用的分析途徑之一。同時，經濟方面的主題也是全球環境治理當中的重要面向。自 20 世紀中期起，經濟學界即開始探討環境問題，並發展出「環境經濟學」（Environmental Economics）研究領域，希望能夠釐清人類的經濟活動對環境造成的衝擊，以及環境對經濟活動與人類福利產生的影響。[59]

從經濟學的角度而論，自然環境是一種「財貨」（asset）或商品（commodity），因此具有「價值」（values）。[60]學者們由此出發，著眼於環境汙染（水污染、空氣污染、化學藥物污染等）、自然資源耗竭或地球暖化等議題，透過諸如：成本效益分析、外部性（externality）、邊際效用（side effect）、公共財、稀缺性（scarcity）、市場失靈等途徑或概念，來解釋環境問題的成因與損失、界定環境問題的價值、衡量管制行動的成本與效益、

協調、溝通的角色，使全球環境治理體系的運作更為順暢。請參閱：Jonathan R. Strand, 2004, "The Case for Regional Environmental Organizations," in Norichika Kanie and Peter M. Haas eds., *Emerging Forces in Environmental Governance*. New York, NY: United Nations University Press, pp. 71-85.

58 Calestous Juma 認為環境治理不適宜採用「集權式」的做法，因為此舉反而會使得組織過於龐大，並且出現缺乏效率或資金不足等問題。另外，Konrad von Moltke 認為當代人們依舊將經濟考量視為優先，因此即使設立世界環境組織也無法發揮太多實質的效用。請參閱：Calestous Juma, 2000, "The Perils of Centralizing Global Environmental Governance," *Environment*, Vol. 42, No. 9, pp. 44-45. Konrad von Moltke, 2001, "The Organization of the Impossible," *Global Environmental Politics*, Vol. 1, No. 1, pp. 23-28.

59 Clem Tisdell, 1993, *Environmental Economics: Policies for Environmental Management and Sustainable Development*. Cheltenham, UK: Edward Elgar, pp. 3-4.

60 相關介紹請參閱：Michael Jacobs, 1994, "The Limits to Neoclassicism: Towards an Institutional Environmental Economics," in Michael Redclift and Ted Benton, eds., *Social Theory and the Global Environment*. New York, NY: Routledge, pp. 78-82. Jonathan A. Lesser, Daniel E. Dodds and Richard O. Zerbe, Jr., 1997, *Environmental Economics and Policy*. New York, NY: Addison-Wesley, pp. 5-37.

以及制定政策工具等。[61]進而達到兼顧環境永續與經濟發展兩者的最適點，[62]並且藉由環境政策來管制人類行為所造成的環境破壞。

其後，這個領域發展出更多新的概念與政策工具。例如：環境財產權（environmental property right）、環境補貼（environmental subsidy）、環境風險、環境顧志耐曲線（environmental kuznets curve）、污染者付費原則、排放權交易（emission trading）、碳稅（carbon tax）等。並且實際運用在跨界空氣污染、森林資源濫墾、酸雨、全球暖化等問題的管制上。

近年來，許多環境經濟學者更透過經濟模型與理論，來檢視環境政策或法規的效益並給予建議。例如，Hirofumi Uzawa 的《經濟理論與全球暖化》（Economic Theory and Global Warming）一書對碳稅、排放量交易、永續性等主題進行經濟效益分析。[63]或如，Bjorn Lomborg 由批判的角度呼籲人們應重新檢討當前暖化管制的政策。他認為京都議定書和碳稅是極差的解決方案，不但付出龐大成本卻效益甚微，更會剝奪其他更急迫問題的資源。[64]此外，William D. Nordhaus 則在《均衡的問題》（A Question of Balance）一書中透過「氣候與經濟動態整合模型 2007 年版」（Dynamic Integrated Model of Climate and the Economy – 2007, DICE Model），[65]來評估各項暖化管制方案的效益。[66]

---

[61] 請參閱：Orris C. Herfindahl and Allen V. Kneese, 1965, *Quality of the Environment: An Economic Approach to Some Problems in Using Land, Water, and Air.* Washington, D.C.: Resources for the Future, Inc. Donald N. Thompson, 1973, *The Economics of Environmental Protection.* Cambridge, MA: Winthrop Publishers, Inc., pp. 8-18. Alan Randall, 1987, *Resource Economics: An Economic Approach to Natural Resource and Environmental Policy.* New York, NY: John Wiley & Son, chaps. 13-14. Per-Olov Johansson, Bengt Kristrom and Karl-Goran Maler, eds., 1995, *Current Issues in Environmental Economics.* New York, NY: Manchester University Press.

[62] 意即花費最少的經濟成本，同時達到最大的環境保護收益。

[63] Hirofumi Uzawa, 2003, *Economic Theory and Global Warming.* Cambridge, UK: Cambridge University Press.

[64] 例如愛滋病、瘧疾或貧窮等問題。請參閱：Bjorn Lomborg, 2007, *Cool It: The Skeptical Environmentalist's Guide to Global Warming.* New York, NY: Goodness Publishing House. 另外，Nigel Lawson 也對當前的管制行動持有相同的批評。請參閱：Nigel Lawson, 2009, *An Appeal to Reason: A Cool Look at Global Warming.* New York, NY: Overlook Duckworth.

[65] DICE 模型綜合了經濟學、生態學以及地球科學之研究成果，將影響經濟成長的相關因素、二氧化碳排放、碳循環、氣候災害、氣候政策等面向予以整合，進而作為政策評估與規劃

　　另一方面，對政治學者而言，其主要關心的範疇在於政治行動所產生的經濟結果。因此在進行環境管制時，倘若面臨到諸如：集體行動的策略、國際制度的運作成本、政策優先次序的設定及選擇、環境效益評估、環境管制的社會成本等問題時，政治學者們皆需藉助經濟學者之分析模型與理論觀點，才能進行制度設計以及缺陷釐清等工作。例如，Eyal Benvenis 運用賽局理論及交易成本理論，來探討國家間進行水資源管理時可能遭遇的集體行動問題，以及國際法發揮的潛在貢獻。[67]或如 Carlisle Ford Runge 透過經濟學家 Paul A. Samuelson 以及 Mancur Olson 的論點，[68]來解釋企業為何不遵守環境規範而選擇採取污染環境之搭便車行為。[69]

之用。請參閱：William D. Nordhaus, 2008, *A Question of Balance: Weighing the Options on Global Warming Polices*. New Haven, CT: Yale University Press.

[66] 其他相關文獻可參閱：Frank J. Dietz, Frederick van der Ploeg and Jan van der Straaten, eds., 1991, *Environmental Policy and the Economy*. New York, NY: North-Holland. Michael Faure and Goran Skogh, 2003, *The Economic Analysis of Environmental Policy and Law*. Northampton, MA: Edward Elgar. Mario Cogoy and Karl W. Steininger, eds., 2007, *The Economics of Global Environmental Change: International Cooperation for Sustainability*. Northampton, MA: Edward Elgar. Nicholas Stern, 2009, *A Blueprint for a Safer Planet: How to Manage Climate Change and Create a New Era of Progress and Prosperity*. London, UK: Bodley Head. Sebastian R. Goers, Alexander F. Wagner and Jürgen Wegmayr, 2010, "New and Old Market-Based Instruments for Climate Change Policy," *Environmental Economics and Policy Studies*, Vol. 12, pp. 1-30.

[67] Eyal Benvenisti, 1996, "Collective Action in the Utilization of Shared Freshwater: The Challenges of International Water Resources Law," *The American Journal of International Law*, Vol. 90, No. 3, pp. 384-415.

[68] 在公共財的情境之中或者在進行集體行動時，理性且自利的行為者將會選擇搭便車以極大化自我利益。請參閱：Carlisle Ford Runge, 1984, "Institutions and the Free Rider: The Assurance Problem in Collective Action," *The Journal of Politics*, Vol. 46, No. 1, p. 156. 而 Runge 本篇文章則是希望從「保證問題」（Assurance Problem, AP）的角度來說明行為者之間仍存在著提供公共財的動機。

[69] 另外，雖然討論的主題與環境議題沒有直接關係，但在 Robert O. Keohane 的《霸權之後》（After Hegemony）一書中，也可以發現 Keohane 將經濟學的集體行動困境、交易成本、市場失靈、資訊不對稱等理論運用到國際建制的討論中。由此可見，政治學者採用經濟學理論來進行分析是十分普遍的情況。請參閱：Robert O. Keohane, 1984, *After Hegemony: Cooperation and Discord in the World Political Economy*. op. cit. 與環境永續相關的文獻另可參閱：William J. Baumol and Wallace E. Oates, 1979, *Economics, Environmental Policy, and the Quality of Life*. Englewood Cliffs, NJ: Prentice-Hall, Inc.

　　總而言之，就全球環境治理領域的經濟面研究而論，必須倚賴政治學者與經濟學者之間的共同合作。政治學者處理環境政策之政治議題，至於經濟層面的模型建構及運用則由經濟學者負責。

肆、規範層面

　　對部分研究者而言，其所關注的重點不是物質面的事物（經濟利益、制度），而是環境運動或管制途徑本身的「規範性」議題。這類研究較具哲學與批判的色彩，為環境治理研究奠下深層的思維基礎並引發許多反思，其中包括環境主義（Environmentalism）、環境（綠色）政治思想（Environmental or Green Political Thought）、環境正義（Environmental Justice）、透明度（Transparency）、課責性（Accountability）、或正當性（Legitimacy）等主題。

　　首先，「環境主義」的相關論述源自 19 世紀 60 年代，這些學者基本上是從人類活動與自然之間的關係出發，衍生出一系列保護森林、河流、以及野生動物等反思，例如 George Perkins Marsh、[70]Henry David Thoreau、[71]及 John Muir 等。[72]它們的著作喚起人們對森林資源保育的重視。[73]此外，在 20 世紀中葉，諸如 Aldo Leopold、[74]以及 Rachel Carson 等學者的著作，[75]又

---

[70] Marsh 在 1864 年出版《人與自然》（Man and Nature）一書，他認為因人類行動而導致的林木耗竭會對土壤肥沃度、當地氣候、水資源等方面造成不良影響。請參閱：George Perkins Marsh, 1864, *Man and Nature; or Physical Geography as Modified by Human Action*. New York, NY: Charles Scribner.

[71] 著作如：《湖濱散記》（Walden）（1854 年出版）和《緬因森林記遊》（The Maine Woods）（1864 年出版）。請參閱：Henry David Thoreau, 1899, *Walden; or Life in the Woods*. New York, NY: T. Y. Crowell & Company. Henry David Thoreau, 1864, *The Maine Woods*. Boston, MA: Ticknor & Fields.

[72] 著作如：《加利福尼亞的群山》（The Mountains of California）（1894 年出版）、《我們的國家公園》（Our National Parks）（1910 年出版）。請參閱：John Muir, 1894, *The Mountains of California*. New York, NY: The Century Co. John Muir, 1910, *Our National Parks*. Boston, MA: Houghton Mifflin Company.

[73] 同時，也促使政府開始設置環境管制措施。例如世界上第一個國家公園：優勝美地國家公園（Yosemite National Park）便於 1890 年成立。

[74] Leopold 在《沙郡年記》（A Sand County Almanac）（1949 年出版）一書提出「土地倫理」的概念。他將土壤、水和動植物都統稱為「土地」，認為人類對土地必須演進成尊重與愛護的倫理關係。人們應擺脫過去以「經濟」來決定事物價值的思維，而從哲學角度來

將環境主義關心的範疇拓展至：污染、海洋保育、土地倫理（land ethic）等議題上。

而在 1970 年代，隨著國際上對於環境議題的關注度提高，學者們開始重視環境限度以及解決方案擬定等問題，這使得環境主義出現新的內涵。例如 E. F. Schumacher 的《小即是美》（Small is Beautiful）（1973 年出版）、[76] 羅馬俱樂部（The Club of Rome）的《成長的極限》（The Limits to Growth）（1972 年出版）、[77]以及世界環境與發展委員會（World Commission on Environment and Development）的《我們共同的未來》（Our Common Future）（1987 年出版）等。[78]後兩本著作所提出的警訊及概念，更是當代環境治理研究重要的思維基礎。[79]

衡量土地的價值。請參閱：Aldo Leopold, 1949, *A Sand County Almanac and Sketches Here and There*. New York, NY: Oxford University Press, pp. 214-226.

[75] Carson 的作品包括：《海風下》（Under the Sea Wind）（1941 年出版）、《大藍海洋》（The Sea around Us）（1951 年出版）、《海之濱》（The Edge of the Sea）（1955 年出版）、以及《驚奇之心》（The Sense of Wonder）（1956 年出版）。她最為人熟知的一本書是《寂靜的春天》（Silent Spring）（1962 年出版），書中極力陳言殺蟲劑和化學藥品對動植物及人體造成的傷害。請參閱：Rachel Carson, 1941, *Under the Sea Wind: A Naturalist's Picture of Ocean Life*. New York, NY: Oxford University Press. Rachel Carson, 1951, *The Sea around Us*. New York, NY: Oxford University Press. Rachel Carson, 1955, *The Edge of the Sea*. New York, NY: Houghton Mifflin Company. Rachel Carson, 1956, *The Sense of Wonder*. New York, NY: Harper & Row. Rachel Carson, 1962, *Silent Spring*. New York, NY: Houghton Mifflin Company.

[76] 本書認為當代世界在科學與傳統經濟理論的影響下，人們僅由國民生產毛額（GNP）的高低來衡量國家的發展成敗，並認為只要憑藉著科學技術便能使經濟、生產力、資源利用等事物無限成長，進而解決政治或安全問題。然而，Schumacher 認為這些觀點忽略了人性的本質，而且對科學技術的解決問題能力過度樂觀。他主張經濟學者應該發展出「以人為主」的分析架構，如此才能有效地解決複雜的社會問題。請參閱：E. F. Schumacher, 1973, *Small is Beautiful: Economics as if People Mattered*. New York, NY: Harper & Row.

[77] 羅馬俱樂部是由多位經濟學家、社會學家、科學家組成的研究小組，而《成長的極限》一書是他們針對人口、農業生產、天然資源、工業製造、及環境污染等五大問題進行分析後，所發表的研究成果報告。請參閱：Donella H. Meadows, Dennis L. Meadows, Jorgen Randers and William W. Behrens III, 1972, *The Limits to Growth*. New York, NY: Universe Books.

[78] 又稱作：布蘭特報告（Brundtland Report）。在此份報告中，學者們認為必須透過「多邊合作」途徑來解決環境與安全問題。並對「永續發展」（sustainable development）的概念作出以下界定：「既滿足當代人類的需求，同時又不損及未來世代滿足其需求的能力」（meets the needs of the present without compromising the ability of future generations to meet their own needs）。請參閱：World Commission on Environment and Development, 1987, "Our Common Future," UN Documents Website, http://www.un-documents.net/wced-ocf.htm.

[79] 常被引用的觀點例如：成長的極限、永續發展的概念定義、以及人類需解決的共同問題等。

其次，前述環境主義的觀點主要強調哲學反思與科學發現，它們並非專屬特定學門。然而，無論是在政治學或社會學等學門，皆可發現學者們將這類環境主義思維納入自身討論的範疇中，進而發展出「環境（綠色）政治思想」及「環境社會學」等研究領域。[80]環境政治思想的學者們致力於建構環境議題的政治理論，涉及的層面包括：環境政治意識形態、環境倫理（environmental ethics）、永續社會（sustainable society）、或綠色民主（green democracy）等。它們十分強調環境政治思想的獨特性，[81]並且希望重新塑造人們對特定環境議題的價值觀與認知。[82]

再者，「環境正義」的主題在 1980 年代中期之後受到人們關注。所謂環境正義係指：某些國家或社會當中的群體，因其居於相對弱勢或貧窮，所以承受著較高的環境威脅風險。例如污染、有毒廢棄物傾倒、生物多樣性破壞、或資源耗竭等問題，常對第三世界國家或貧窮地區人民的生活造成嚴重危害，而它們卻無力應對。[83]這意味環境管制存在著「不正義」

---

[80] 在社會學領域中，自涂爾幹（Emile Durkheim）、韋伯（Max Weber）或馬克思（Karl Marx）等學者時期開始便曾討論過環境議題。而「環境社會學」（Environmental Sociology）一詞的提出最早首見於 1971 年代 Samuel Z. Klausner 出版的《論環境中的人》（On Man in His Environment）一書。請參閱：John A. Hannigan, 2006, *Environmental Sociology: A Social Constructionist Perspective.* New York, NY: Routledge, pp. 5-11. Samuel Z. Klausner, 1971, *On Man in His Environment: Social Scientific Foundations of Research and Policy.* San Francisco, CA: Jossey-Bass. 該領域的研究主題包括：風險社會、環境話語、生物多樣性、糧食短缺、綠黨等，詳細資料可參閱：Steven Yearley, 1991, *The Green Case: A Sociology of Environmental Issues, Arguments and Politics.* New York, NY: Routledge.

[81] 例如 Andrew Dobson 由生態主義的角度來建構綠色政治思想，並說明其獨特性。請參閱：Andrew Dobson, 1990, *Green Political Thought.* New York, NY: Routledge, pp. 1-72. 此外，另可參閱以下著作：Andrew Dobson and Paul Lucardie, eds., 1993, *The Politics of Nature: Explorations in Green Political Theory.* New York, NY: Routledge. John S. Dryzek, 1997, *The Politics of the Earth: Environmental Discourses.* New York, NY: Oxford University Press. Jouni Paavola and Ian Lowe, eds., 2005, *Environmental Values in a Globalising World: Nature, Justice and Governance.* New York, NY: Routledge.

[82] 例如 Anthony Giddens 與 Michael S. Northcott 兩人重新詮釋氣候變遷問題的內涵，並引進其他規範面的思維元素。請參閱：Anthony Giddens, 2009, *The Politics of Climate Change.* Cambridge, MA: Polity Press. Michael S. Northcott, 2007, *A Moral Climate: The Ethics of Global Warming.* Maryknoll, NY: Orbis Books.

[83] 按 Bunyan Bryant 的定義，環境正義泛指：為達成永續社群之目標，而採行的文化規範與價值、規則、管制、行為、政策和決策，藉此使人們相信他們擁有的環境是安全、豐饒、及富有生產力的。請參閱：Bunyan Bryant, 1995, *Environmental Justice: Issues, Policies, and Solutions.* Washington, DC.: Island Press, p. 6.

（injustice）的情況，因為部分群體從中獲得的利益甚微。[84]所以研究者呼籲人們必須正視此類問題，並設法加以解決。[85]

最後，隨著全球環境治理重要性的提升以及管制機制數量的增多，許多文獻亦開始從批判的角度來討論環境管制機制的缺陷，其中的主題涉及：透明度、課責性、或正當性等。[86]這類批判性研究為治理制度的擘畫者提供另一種反思，使其認知到除了管制途徑的效能面之外，當代的環境制度設計更必須兼顧平等與民主等其他條件。

伍、非國家行為者層面

傳統國際關係理論的分析視角將國家視作主要行為者，諸如企業、非政府組織、或知識社群等「非國家行為者」（Non-State Actors）的角色並未受到太多關注。然而，自 1990 年代起，此種國家中心式的分析視角開始遭

---

84 請參閱：Bunyan Bryant, 1995, *Environmental Justice: Issues, Policies, and Solutions*. op. cit., pp. 8-15. Edwardo Lao Rhodes, 2003, *Environmental Justice in America: A New Paradigm*. Bloomington, IN: Indiana University Press, pp. 5-6. Kristin Shrader-Frechette, 2002, *Environmental Justice: Creating Equality, Reclaiming Democracy*. New York, NY: Oxford University Press, pp. 4-6.

85 諸如：參與正義、分配正義、程序正義等皆是學者關心的層面。另外，除國內議題之外，此類研究討論的對象更包括國際建制或國際合作等案例。另可參閱下列文獻：Jouni Paavola, 2005, "Seeking Justice: International Environmental Governance and Climate Change," *Globalizations*, Vol. 2, No. 3, pp. 309-322. Chukwumerije Okereke, 2008, *Global Justice and Neoliberal Environmental Governance: Ethics, Sustainable Development and International Co-operation*. New York, NY: Oxford University Press. Vandana Shiva, 2008, *Soil not Oil: Environmental Justice in an Age of Climate Crisis*. Cambridge, MA: South End Press.紀駿傑、蕭新煌，2003，〈當前臺灣環境正義的社會基礎〉，《國家政策季刊》，第 2 卷，第 3 期，頁 169-179。黃之棟、黃瑞祺，2009，〈環境正義的經濟向度：環境正義與經濟分析必不相容？〉，《國家與社會》，第 6 期，頁 51-102。黃之棟，2011，〈環境種族主義科學化的隱憂：以美國聯邦法院涉及種族歧視的判決為例〉，《國家發展研究》，第 11 卷，第 1 期，頁 131-170。

86 例如以下文獻：Paul Langley, 2001, "Transparency in the Making of Global Environmental Governance," *Global Society*, Vol. 15, No. 1, pp. 73-92. Benjamin Cashore, 2002, "Legitimacy and the Privatization of Environmental Governance: How Non-State Market-Driven （NSMD） Governance Systems Gain Rule-Making Authority," *Governance: An International Journal of Policy, Administration, and Institutions*, Vol. 15, No. 4, pp. 503-529. Harry Blair, 2008, "Building and Reinforcing Social Accountability for Improved Environmental Governance," in Kulsum Ahmed and Ernesto Sanchez-Triana, eds., *Strategic Environmental Assessment for Policies: An Instrument for Good Governance*. Washington, D.C.: The World Bank, pp. 127-157.

受學者們的質疑。[87]而在全球治理的思維之下，這些非國家行為者的貢獻及行動更成為環境治理學者必須討論的重要主題。

首先，某些學者把焦點置放在治理參與者的類型上，提醒研究者應重視其中發生的轉變，例如 Norichika Kanie 與 Peter M. Haas 的《環境治理正逐漸出現的力量》（Emerging Forces in Environmental Governance）一書認為，在制定與永續發展相關的決策時，過去那種以國家為主的方式已經無法迎合變遷的潮流。現今必須將非國家行為者納入其中，才能有效地執行並監督環境問題。[88]另可參閱如 M. R. Auer、Michele M. Betsill、Robert Falkner、Bas Arts、Elizabeth R. DeSombre 等學者的著作。[89]

其次，選擇從「特定行為者」的角度切入來分析其對環境治理的貢獻，此類研究亦頗為豐富；以下將按行為者的類別依序介紹。

一、與企業相關：例如 David L. Levy 與 Peter J. Newell 的《全球環境治理的企業》（The Business of Global Environmental Governance）一書研析企業在環境治理當中所採行的策略以及發揮的影響力。[90]或如 Robert Falkner 的《國際環境政治中的企業權力與衝突》（Business Power and Conflict in International Environmental Politics）一書則檢視企業在臭氧層破壞、全球氣

---

[87] 如 Susan Strange、James N. Rosenau、Robert O. Keohane 等學者，請參閱：Susan Strange, 1994, "Wake Up, Krasner! The World has Changed," op. cit., pp. 209-220. James N. Rosenau, 1995, "Governance in the Twenty-First Century," op. cit., pp. 13-43. Robert O. Keohane, 2001, "Governance in a Partially Globalized World Presidential Address, American Political Science Association 2000," *American Political Science Review*, Vol. 95, No. 1, pp. 1-13. 另外也可參考：Daphne Josselin and William Wallace, eds., 2001, *Non-State Actors in World Politics*. New York, NY: Palgrave.

[88] Norichika Kanie and Peter M. Haas, eds., 2004, *Emerging Forces in Environmental Governance*. New York, NY: United Nations University Press, pp. 1-12.

[89] M. R. Auer, 2000, "Who Participates in Global Environmental Governance? Partial Answers from International Rations Theory," *Policy Sciences*, Vol. 33, pp. 155-180. Michele M. Betsill, 2004, "Transnational Networks and Global Environmental Governance: The Cities for Climate Protection Program," *International Studies Quarterly*, Vol. 48, No. 2, pp. 471-493. Robert Falkner, 2003, "Private Environmental Governance and International Relations: Exploring the Links," *Global Environmental Politics*, Vol. 3, No. 2, pp. 72-87. Bas Arts, 2006, "Non-State Actors in Global Environmental Governance: New Arrangements Beyond the State," op. cit., pp. 177-200. Elizabeth R. DeSombre, 2002, *The Global Environment and World Politics: International Relations for the 21st Century*. New York, NY: Continuum.

[90] David L. Levy and Peter J. Newell, eds., 2005, *The Business of Global Environmental Governance*. Cambridge, MA: The MIT Press.

候變遷、以及農業生物科技等案例當中扮演的角色。他認為透過結構、關係（relational）、及脈絡（discursive）等三種權力的施加，[91]企業在環境議題中能夠發揮：遊說、執行與技術創新、塑造公眾思維、及設定私有規則等功能。[92]

　　二、與非政府組織相關：例如 Thomas G. Weiss、Leon Gordenker 等學者在檢視聯合國主導的全球治理架構後發現，非政府組織在其中不但具有執行、教育及倡議的功能，同時也顯示出傳統國際合作理論在分析途徑上需進行改善。[93]或如 Bas Arts 發現在《生物多樣性公約》（Convention on Biological Diversity, CBD）談判中，[94]許多議題都受到世界野生動物基金會（World Wildlife Fund, WWF）、國際鳥類保護聯盟（Birdlife International）等環境非政府組織的影響。[95]另外，近年來有些文獻也開始討論到企業與非政府組織合作形成「綠色同盟」（Green Alliances）之議題。[96]

---

[91] Robert Falkner, 2008, *Business Power and Conflict in International Environmental Politics*. New York, NY: Palgrave Macmillan, pp. 27-35.

[92] Robert Falkner, 2008, *Business Power and Conflict in International Environmental Politics*. op. cit., pp. 9-10.

[93] 必須更深入地認識非政府組織的本質與行動，包括：組織、治理、策略、以及產出（output）等面向。資料來源：Thomas G. Weiss and Leon Gordenker, eds., 1996, *NGOs, the UN, and Global Governance*. Boulder, CO: Lynne Rienner, chap. 1.

[94] Bas Arts, 1998, *The Political Influence of Global NGOs: Case Studies on the Climate and Biodiversity Conventions*. Utrecht, NL: International Books.

[95] 與環境非政府組織有關的其他文獻另可參閱：Sheila Jasanoff, 1997, "NGOs and the Environment: From Knowledge to Action," *The World Quarterly*, Vol. 18, No. 3, pp. 579-594. Michele M. Betsill and Elisabeth Corell, 2001, "NGO Influence in International Environmental Negotiations: A Framework for Analysis," *Global Environmental Politics*, Vol. 1, No. 4, pp. 65-85. Lars H. Gulbrandsen and Steinar Andresen, 2004, "NGO Influence in the Implementation of the Kyoto Protocol: Compliance, Flexibility Mechanisms, and Sinks," *Global Environmental Politics*, Vol. 4, No. 4, pp. 54-75. Ann Marie Clark, Elisabeth J. Friedman and Kathryn Hochstetler, 1998, "The Sovereign Limits of Global Civil Society: A Comparison of NGO Participation in UN World Conferences on the Environment, Human Rights, and Women," op. cit., pp. 1-35.

[96] 如麥當勞與環境保衛基金（Environmental Defense Fund, EDF）之合作；或聯合利華（Unilever）與世界野生動物基金會於 1996 年成立的「海洋管理委員會」（Marine Stewardship Council, MSC）等案例。相關文獻可參閱：Edwin R. Stafford and Cathy L. Hartman, 1996, "Green Alliances: Strategic Relations between Businesses and Environmental Groups," *Business Horizons*, Vol. 39, No. 2, pp. 50-59. Andrew Crane, 1998, "Exploring Green Alliances," *Journal of Marketing Management*, Vol. 14, No. 6, pp. 559-579. Bas Arts, 2002, "Green Alliances of Business and NGOs: New Styles

　　三、與知識社群（epistemic community）相關：例如 Peter M. Haas 是最早關注到環境知識社群的學者，[97]他在 1989 年撰文討論這些具備共享知識的社群是如何在地中海污染防治案例當中影響國家的行動。[98]其後，Haas 又於 1992 年說明知識社群的定義及特質，[99]並且檢視其在臭氧層保護案例中發揮的功能。[100]或如，Arild Underdal、Tora Skodvin、Steinar Andresen、及 Jorgen Wettestad 等學者在《國際環境建制中的科學與政治》（Science and Politics in International Environmental Regimes）一書中，透過鯨魚保育、大西洋污染、跨界空氣污染等案例來研析科學社群發揮的政治影響力。[101]其他如 Timothy M. Shaw、Clark A. Miller、Paul N. Edwards、李河清等學者亦針對此一主題進行過研究。[102]

---

of Self-Regulation or Dead-End Roads?" *Corporate Social Responsibility and Environmental Management*, Vol. 9, No. 1, pp. 26-36. 林文謙，2009，〈企業與環境第三部門：海洋管理委員會之研究〉，《政策研究學報》，第 9 期，頁 21-45。

[97] 其他例如 Emanuel Adler、James K. Sebenius 等學者也注意到知識社群的重要性，但它們討論的範疇則是著眼於核武管制或談判策略等議題。請參閱：Emanuel Adler, 1992, "The Emergence of Cooperation: National Epistemic Communities and the International Evolution of the Idea of Nuclear Arms Control," *International Organization*, Vol. 46, No. 1, pp. 101-145. James K. Sebenius, 1992, "Challenging Conventional Explanations of International Cooperation: Negotiation Analysis and the Case of Epistemic Communities," *International Organization*, Vol. 46, No. 1, pp. 323-365.

[98] Peter M. Haas, 1989, "Do Regimes Matter? Epistemic Communities and Mediterranean Pollution Control," *International Organization*, Vol. 43, No. 3, pp. 377-403.

[99] Haas 將知識社群定義為：「由專家所形成的網絡，這些專家被公認具備特定領域的專業知識及能力，並且能夠在與政策相關的議題領域上發表權威性的知識觀點」。請參閱：Peter M. Haas, 1992, "Introduction: Epistemic Communities and Mediterranean Pollution," *International Organization*, Vol. 46, No. 1, p. 3.

[100] Peter M. Haas, 1992, "Banning Chlorofluorocarbons: Epistemic Community efforts to Protect Stratospheric Ozone," *International Organization*, Vol. 46, No. 1, pp. 187-224. 另外可同時參閱：Emanuel Adler and Peter M. Haas, 1992, "Conclusion: Epistemic Communities, World Order, and the Creation of a Reflective Research Program," *International Organization*, Vol. 46, No. 1, pp. 367-390.

[101] Steinar Andresen, Tora Skodvin, Arild Underdal and Jorgen Wettestad, 2000, *Science and Politics in International Environmental Regimes: Between Integrity and Involvement*. Manchester, UK: Manchester University Press.

[102] 請參閱：Clark A. Miller and Paul N. Edwards, eds., 2001, *Changing the Atmosphere: Expert Knowledge and Environmental Governance*. Cambridge, MA: The MIT Press. Timothy M. Shaw, 2004, "The Commonwealth and Global Governance," *Global Governance*, Vol. 10, No. 4, pp. 499-516. 李河清，2004，〈知識社群與全球氣候談判〉，《問題與研究》，第 43 卷，第 6 期，頁 73-102。

第四節　當前環境治理研究的侷限

在回顧全球環境治理領域的文獻之後，接下來將說明當前研究需補強之處。另外，此處亦同時說明案例之選擇緣由，以解釋本書為何選擇臭氧層耗損和全球暖化作為探討對象。

壹、全球環境治理研究領域的再思考

就前述文獻的內涵而論，透過它們的研究所得，吾人可以從而了解環境治理的問題性質、各國的政策作為、國際合作的情況、當前因應方式的缺陷、環境主義的思維源流、以及行為者間的互動等（見表 2-1）。然而，雖然部分學者由理論層面著手來解釋環境治理當中的互動與現象，[103]但大多數的文獻都是將討論的焦點集中在政策及制度上，[104]並按以下階段來進行探索性（exploratory）或描述性（description）研究：[105]一、界定環境問題及其負面影響；二、介紹國家及非國家行為者所設定的制度架構以及其間的互動關係；以及，三、討論國際管制制度的缺點並嘗試提出政策建議。

---

[103] 例如 Sprinz 與 Vaahtoranta 兩人提出的「國際環境政策之利益基礎解釋」，或是 Young 在《創造建制》（Creating Regimes）一書對國際環境建制之形成階段所作的分析。

[104] 即使是批判性的研究文獻亦是以政策或制度作為批評的對象。

[105] 探索性研究的目標是：探究某一主題的內涵，以釐清該主題的基本樣貌。描述性研究的特點是：說明事物的型態、本質、以及大致的脈絡或階段。解釋性研究的特色是：解釋事物如何（how）與為何（why）發生，或者驗證理論的預測並且增進理論的解釋力。參考資料：W. Lawrence Neuman, 2003, *Social Research Methods: Qualitative and Quantitative Approaches*. New York, NY: Pearson Education, Inc., pp. 29-31. 必須在此說明的是，本書並非純粹進行解釋性研究，在文中亦會涉及描述性研究。

表 2-1：環境治理文獻的研究主題

研究主題	公共政策面	制度面	經濟面	規範面	非國家行為者面
研究焦點	• 政策制定過程 • 政策選擇結果 • 利益團體的互動關係	• 全球環境治理架構的介紹與評估 • 環境政策工具 • 國際環境建制 • 制度的規畫與設計	• 藉由經濟學理論來解釋環境問題的成因以及改善制度的效能。	• 環境主義 • 環境（綠色）政治思想 • 環境正義 • 透明度、課責性、正當性	• 治理參與者類型的轉變 • 特定非國家行為者的角色與貢獻

資料來源：筆者製表。

　　然而，這也突顯出目前環境治理研究存在的幾項缺陷。首先，**未釐清環境治理的動態發展脈絡**：當前的文獻僅強調政策、制度架構及行為者，雖能夠說明特定議題在某地區的治理框架及運作情況，但卻未對全球環境治理的發展動態進行深入探究。此外，就分析的方式而論，學者們多以「過去」（問題的起源）、「現今」（制度之設立）與「未來」（展望及改進之道）的單向過程來闡述環境治理的演進；或者將討論的焦點置放在國際建制的成形及變遷經過。[106]但這些論述均不足以充分解釋治理網絡的發展及運作過程。筆者認為全球治理是一種動態且連續的歷程，而此歷程的內涵應得到更多關注與探究。

　　其次，**獨特性與多樣性不足**：就近年環境治理的研究主題而論，多數學者大多著眼在「制度」層面上，其關心的重點聚焦於下列問題：制度的

---

[106] 例如 Oran R. Young、John Gerard Ruggie、Robert O. Keohane、及 Joseph S. Nye 等學者，這個主題本文將在第四章進行討論。請參閱：Oran R. Young, 1982, "Regime Dynamics: The Rise and Fall of International Regimes," *International Organization*, Vol. 36, No. 2, pp. 277-297. John Gerard Ruggie, 1982, "International Regimes, Transactions, and Change: Embedded Liberalism in the Postwar Economic Order," *International Organization*, Vol. 36, No. 2, pp. 379-415. Oran R. Young, 1998, *Creating Regimes: Arctic Accords and International Governance*. op. cit. Robert O. Keohane and Joseph S. Nye, 1989, *Power and Interdependence: World Politics in Transition*. op. cit.

形成原因？哪些制度被設立？制度的成效為何？制度具有哪些缺陷以及應如何補強？這使得環境治理研究具有強烈地「制度研究」色彩，降低該領域的獨特性與多樣性。本研究認為吾人應擴展其他研究主題，以增進這個研究領域的豐富程度。

再者，**缺乏完整的分析框架**：由前述分析視角的回顧可以發現，環境治理學者的理論觀點與分析要素同時包括「物質面」與「規範面」之事物。然而，在既有的文獻之中並無完整的框架可以綜合這些事物並且解釋環境治理的發展脈動；這亦是需要進行補強的面向之一。

最後，**理論觀點的解釋力有限**：環境治理學者在進行研究時，常將多層次或跨區域等概念納入分析架構中，希望藉此強化論述的清晰度。但這些要素除了在界定上存在著模糊性之外，[107]透過它們所得之研究結果常流於案例描述。更重要的是，學者們大多運用公共財、搭便車、國際建制、或強權領導等理論觀點來解釋治理成效不彰的原因，[108]例如 Robert Falkner、Eyal Benvenisti、Daniel C. Esty 等。[109]但僅憑藉著這些分析視角並不足以完整闡釋治理網絡未能發揮預期功效的緣由。

---

[107] 例如 Andrew Baker、David Hudson 與 Richard Woodward 認為所謂的「層次」（levels）在界定上仍存在著許多問題。首先，被歸類到同一層次的行為者，其性質是否皆為同質？例如，美國紐約市的影響力及於全球，而台灣的台中市則不若前者強大；但兩者在多層次治理的框架中卻被同列於地方層次。其次，若某些行為者的活動空間跨越層次，那麼應如何將之置放在框架中？最後，要如何界定水平層次和垂直層次當中的明確界線？請參考：Andrew Baker, David Hudson and Richard Woodward, eds., 2005, *Governing Financial Globalization: International Political Economy and Multi-Level Governance*. New York, NY: Routledge, pp. 1-43.

[108] 這些論點請參閱 Garrett Hardin、Kenneth N. Waltz、Stephen D. Krasner、Robert O. Keohane、Charles P. Kindleberger、Robert Gilpin 等學者的研究。Garrett Hardin, 1968, "The Tragedy of the Commons," *Science*, Vol. 162, No. 3859, pp. 1243-1248. Charles P. Kindleberger, 1973, *The World in Depression 1929-1939*. Berkeley, CA: University of California Press. Kenneth N. Waltz, 1979, *Theory of International Politics*. op. cit.. Stephen D. Krasner, 1976, "State Power and the Structure of International Trade," *World Politics*, Vol. 28, No. 3, pp. 317-347. Robert O. Keohane, 1984, *After Hegemony: Cooperation and Discord in the World Political Economy*. op. cit. Robert Gilpin, 2001, *Global Political Economic: Understanding the International Economic Order*. Princeton, NJ: Princeton University press.

[109] Eyal Benvenisti, 1996, "Collective Action in the Utilization of Shared Freshwater: The Challenges of International Water Resources Law," *The American Journal of International Law*, Vol. 90, No. 3, pp. 384-415. Robert Falkner, 2005, "American Hegemony and the Global Environment," *International Studies Review*, Vol. 7, No. 4, pp. 585-599. Daniel C. Esty, 2008, "Rethinking Global Environmental Governance

綜合而論，本書的焦點在於釐清全球環境治理網絡的發展脈絡。透過前述文獻的檢閱，吾人可以發現這方面的主題在當前環境治理領域中欠缺充分地探討，這也突顯出本文研究的必要性。

貳、案例的選擇依據

本文著眼的案例為臭氧層耗損與全球暖化，為何選擇它們作為觀察對象？它們又具備哪些案例研究上的優點？概括而言，最基本的理由是它們能夠充分地為本書的研究目的服務。以下筆者透過 Stephen Van Evera 提出的幾項標準來更具體地說明案例的選擇緣由。[110]

第一，臭氧層耗損與全球暖化是當今環境治理領域頗受關注的議題，因此可供參考的文件、書籍或期刊資料十分豐富。第二，這兩個案例具有極端值的特性。首先，臭氧層及全球暖化所涉及的空間範疇是全球性的，而其他諸如酸雨、空氣污染、河川污染等環境問題雖具有跨國和區域性質，但它們涉及的空間範疇較為有限。其次，這兩個案例牽涉到的議題頗為複雜，同時包括經濟發展、健康、外交政策、雨林資源利用、能源、社會或文化等。最後，就管制的成效而論，臭氧層耗損與全球暖化兩者呈現出相反的結果；而此種差異的成因便值得吾人探討。

第三，在這兩個案例當中的行為者、制度、議題、或內部的互動情況等，都隨時空改變而出現明顯的變化。第四，國際關係理論對這兩個環境案例所做的解釋與預估各有差異，因此研究者可藉此比較各個理論觀點的解釋力。第五，臭氧層及全球暖化是當今廣受人們關注的環境問題，所以

---

to Deal with Climate Change: The Multiple Logics of Global Collective Action," *The American Economic Review*, Vol. 98, No. 2, pp. 116-121.

[110] Stephen Van Evera 在《政治科學研究方法指南》（Guide to Methods for Students of Political Science）一書中提出選擇案例的 11 項標準：一、選擇資料豐富的案例；二、案例的變項具有極端值（極高或極低）的特性；三、案例當中的變項隨著時空變化最好能出現較大的改變或差異；四、各個理論對此案例所做的預估存在著差異；五、案例的背景條件最好能與當前情況相似，如此便可以把研究所得之結果用來解決當前面臨的問題；六、案例的背景條件具有獨特性；七、適合與其他案例進行求同或求異之受控比較；八、選擇現有理論難以解釋的案例；九、案例能迎合研究目的並且具有極高的重要性；十、案例必須能被重複檢驗；十一、可以對此案例進行新的檢驗，以發掘先前遺漏的證據。資料來源：Stephen Van Evera, 1997, *Guide to Methods for Students of Political Science*. op. cit., pp. 77-87.

從這兩個案例得出的研究成果將對問題的解決有所裨益。第六，這兩個案例的背景條件相似且獨特：它們都是當代特有的環境問題、都是因人類的行為而導致、都與大氣相關、以及都經過一段時間的科學驗證與論戰才確定問題的本質。

第七，因為這兩個案例具有相似的背景條件，所以適於進行比較研究。第八，現有的國際關係理論對全球環境治理網絡的變遷並未提出完整的解釋。第九，研究臭氧層保護及全球暖化這兩個案例，有助於釐清環境治理網絡的內涵，進而達成本書的研究目標。另外，它們也適於被重複檢驗以及進行新的檢驗。

第三章

分析途徑

本章將針對書中採用的研究途徑進行介紹，包括國際社會化、跨國倡議網絡、以及權力。另外，在案例分析時筆者也運用循環式的政策與決策過程分析途徑來解釋行為者的行動本質，故於此一併說明其內涵。最後，因為本研究認為加入國際社會化、跨國倡議網絡、及權力等分析途徑可以幫助吾人解釋全球環境治理的脈動，這使得它們與全球治理之間的關聯性成為必須說明的問題，所以在此也針對此種連結作討論。

第一節　國際社會化

以「社會化」（socialization）作為主題的相關研究早期是出現在社會學、社會心理學、人類學與精神病理學的著作中，主要探討個人成為社會一份子的學習歷程。直至1950年代，社會化的概念才被運用到政治學領域，開始探討個人經由社會化過程來形塑自身政治行為之主題。例如，Herbert H. Hyman 使用政治社會化的概念來研究兒童的政治學習歷程，他認為人類的政治行為必定是早期學習而得並且持續存在。[1]另外，Lucian W. Pye 則運用此概念來闡釋維持政治系統穩定的要素，以及說明其間的變遷過程。[2]

---

[1] Herbert H. Hyman, 1959, *Political Socialization: A Study in the Psychology of Political Behavior*. Glencoe, IL: The Free Press, p. 17.

[2] Lucian W. Pye, 1959, "Political Modernization and Research on the Process of Political Socialization," *Items*, Vol. 13, No. 3, pp. 25-28. 其他文獻另可參閱：Lewis A. Froman, Jr., 1961, "Personality and Political Socialization," *The Journal of Politics*, Vol. 23, No. 2, pp. 341-352. Frederick Elkin, 1960, *The Child and Society: The Process of Socialization*. New York, NY: Random House.

　　倘若吾人將社會化的主體由個人轉換為「國家」，可以發現在國際中亦存在著相似的社會化歷程。在當代的國際社會之中，藉由國際規範或制度來約束並協調國家行為的做法已成為屢見不鮮之情況。然而，國家是基於哪些因素而願意接受規範？集體的國際規範是經由何種過程而內化到國家內部，進而影響其行為？這些問題自 1990 年代起引起國際關係學者的興趣，並發展出「國際社會化」分析途徑來探討相關主題。

　　在這個研究領域當中，學者們嘗試透過歐盟整合、[3]國際組織、[4]軍事安全、[5]科學合作、[6]或霸權國等案例，[7]來說明國家之間的社會化歷程、影響機制、以及運作成效，進而建構出國際社會化的理論觀點。接下來將針對相關文獻進行回顧，以檢視國際社會化的概念內涵。

---

[3] Jeffrey Lewis, 2005, "The Janus Face of Brussels: Socialization and Everyday Decision Making in the European Union," *International Organization*, Vol. 59, No. 3, pp. 937-971. Jeffrey T. Checkel, 2001, "Why Comply? Social Learning and European Identity Change," *International Organization*, Vol. 55, No. 3, pp. 553-588. Michael Zürn and Jeffrey T. Checkel, 2005, "Getting Socialized to Build Bridges: Constructivism and Rationalism, Europe and the Nation-State," *International Organization*, Vol. 59, No. 4, pp. 1045-1079. Liesbet Hooghe, 2005, "Several Roads Lead to International Norms, but Few Via International Socialization: A Case Study of the European Commission," *International Organization*, Vol. 59, No. 4, pp. 861-898.

[4] Rechard Peck, 1979, "Socialization of Permanent Representatives in the United Nations: Some Evidence," *International Organization*, Vol. 33, No. 3, pp. 365-390. Ann Kent, 2002, "China's International Socialization: The Role of International Organizations," *Global Governance*, Vol. 8, No. 3, pp. 343-364. David H. Bearce and Stacy Bondanella, 2007, "Intergovernmental Organizations, Socialization, and Member-State Interest Convergence," *International Organization*, Vol. 61, No. 4, pp. 703-733. Brian Greenhill, 2010, "The Company You Keep: International Socialization and the Diffusion of Human Right Norms," *International Studies Quarterly*, Vol. 54, No. 1, pp. 127-145.

[5] Alexandra Gheciu, 2005, "Security Institutions as Agents of Socialization? NATO and the 'New Europe'," *International Organization*, Vol. 59, No. 4, pp. 973-1012. Alastair Iain Johnston, 2008, *Social States: China in International Institutions, 1980-2000.* Princeton, NJ: Princeton University Press.

[6] Martha Finnemore, 1993, "International Organizations as Teachers of Norms: The United Nations Educational, Scientific, and Cutural Organization and Science Policy," *International Organization*, Vol. 47, No. 4, pp. 565-597.

[7] Kjell Hausken and Thomas Plumper, 1996, "Hegemonic Decline and International Leadership," *Politics Society*, Vol. 24, No. 3, pp. 273-295. G. John Ikenberry and Charles A. Kupchan, 1990, "Socialization and Hegemonic Power," *International Organization*, Vol. 46, No. 4, pp. 283-315.

　　國際社會化是一種多重面向的概念，學者們依其研究主題的不同而在界定上有所差異。例如 Frank Schimmelfenning 認為國際社會化是指國家將國際環境中的信念和實踐加以內化的過程。[8]與個人層次的社會化不同，國際社會化的單元是以團體行為者為主。另外，Martha Finnemore 和 Kathryn Sikkink 認為國際社會化是使國家改變行為並採用國際規範的一種機制，其目的在於誘導規範的破壞者轉變成為追隨者。[9]但國家並不是社會化唯一的媒介，非國家行為者也是重要的參與者。[10]而 Kai Alderson 則認為國際社會化是國家將源自於國際體系中的規範予以內化的過程，其中包括個人信念的改變、國內與國外行為者的政治施壓、以及制度化等三種規範內化方式。[11]

　　其他例如：G. John Ikenberry 和 Charles A. Kupchan 從霸權國的權力影響形式的角度來理解國際社會化。他們認為社會化是一種學習的過程，在此過程中他國的領導人與精英們內化了霸權國推動的規範，進而鞏固霸權國的地位並且增加霸權社群的成員數目。[12]另外，Thomas Risse 和 Kathryn Sikkink 著眼於人權議題，認為所謂的社會化過程係指：個人將其原則性觀念（principled ideas）轉變成共同認知的規範，[13]並且導致行為者們在認同、

8　所謂「內化」是意指行為者接受社會的信念和價值，並且將之落實到自身的行為上，願意自動遵守及實行。請參閱：Frank Schimmelfenning, 2000, "International Socialization in the New Europe: Rational Action in an Institutional Environment," *European Journal of International Relations*, Vol. 6, No. 1, pp. 111-112.

9　Finnemore 和 Sikkink 認為規範具有「生命週期」（life cycle），包括「出現」（emergence）、「盛開」（cascade）及「內化」等三個連續階段；而國際社會化是盛開階段中重要的影響機制。請參閱：Martha Finnemore and Kathryn Sikkink, 1998, "International Norm Dynamics and Political Change," *International Organization*, Vol. 52, No. 4, pp. 895-902.

10　Martha Finnemore and Kathryn Sikkink, 1998, "International Norm Dynamics and Political Change," op. cit., p. 902.

11　三者皆是啟動社會化的可能起因，彼此不是接續發生。請參閱：Kai Alderson, 2001, "Making Sense of State Socialization," *Review of International Studies*, Vol. 27, Issue 3, pp. 418-420.

12　霸權國透過道德的勸服、外部的誘因以及內部的重建等三個機制，藉此使次級國家的菁英們願意支持霸權國塑造的國際秩序，並且將這些規範加以內化。請參閱：G. John Ikenberry and Charles A. Kupchan, 1990, "Socialization and Hegemonic Power," op. cit., pp. 283-315.

13　「原則性觀念」意指：與正確和錯誤有關的諸多信念。「規範」則指涉：「何種行為最為適宜」之集體預期。請參閱：Thomas Risse and Kathryn Sikkink, 1999, "The Socialization of Human Rights Norms into Domestic Practices: Introduction," in Thomas Risse,

利益與行為上出現變化。[14]或如 Jeffrey T. Checkel 主張社會化是引導行為者內化社群規範的過程，其中包括：戰略估算（strategic calculation）、角色扮演（role playing）、及規範性的勸告（normative suasion）等三種機制。[15]

在國際關係理論中，亦有社會化概念之運用。例如，Kenneth N. Waltz 認為社會化是國際體系結構用以施加影響力的途徑之一，從而限制並且形塑行為者的行動，使得國家的行為具有相似性。社會化是一種自發且非正式的過程，在無政府狀態下，國家為了爭奪權力與回應生存的壓力，因此被迫順應一些成功的政策。在這樣的脈絡中，社會化使得國家成員遵從團體的規範並且減少成員間的差異。[16]另一方面，Alexander Wendt 認為社會化是一種認同（identity）學習的過程。[17]在互動過程之中，將製造或重新塑造認同與利益的意涵，進而影響行為者的行動。[18]而社會化除了影響國家的行為，更會改變該國的物質結構觀點以及觀念（ideas）。[19]

綜合而論，本文將國際社會化分析途徑的內涵整理如下：首先，學者們是由「過程」（process）的角度來理解國際社會化這個概念，研究焦點在於探究目標國如何內化國際制度或規範，或者藉由何種影響機制來促使目標國內化該制度。其次，當國家行為者們或霸權國建構出一套國際制度與

Stephen C. Ropp, and Kathryn Sikkink, eds., *The Power of Human Rights: International Norms and Domestic Change*. Cambridge: Cambridge University Press, pp. 1-38.

[14] Risse 和 Sikkink 認為規範的內化是由三類機制所促成：一、工具性調適（instrumental adaptation）及戰略議價（strategy bargaining）；二、道德意識提升、爭論、對話、及勸服；三、制度化與習慣化（habitualization）。請參閱：Thomas Risse and Kathryn Sikkink, 1999, "The Socialization of Human Rights Norms into Domestic Practices: Introduction," op. cit., p. 5.

[15] Jeffrey T. Checkel, 2005, "International Institutions and Socialization in Europe: Introduction and Framework." *International Organization*, Vol. 59, No. 4, pp. 808-813.

[16] 簡言之，新現實主義認為在無政府狀態的國際體系當中，國家會不斷進行學習，並將安全或權力平衡的觀念灌輸到國家內部來確保生存。參考資料：Kenneth N. Waltz, 1979, *Theory of International Politics*. op. cit., pp. 75-76.

[17] Alexander Wendt, 1999, *Social Theory of International Politics*. op. cit., p. 82.

[18] Alexander Wendt, 1992, "Anarchy is what States Make of it: The Social Construction of Power Politics," op. cit., pp. 391-425.

[19] 新現實主義認為社會化僅能改變國家的行為而無法影響物質結構，但 Wendt 不同意此種看法。Alexander Wendt, 1999, *Social Theory of International Politics*. op. cit., pp. 101-102.

規範之後，內化的歷程可以透過下述兩種途徑來進行：一，目標國在互動當中藉由「學習」的方式來內化該制度。[20]二，霸權國或國家行為者們透過物質性（軍事或經濟）的誘因與威脅，來使目標國接受此制度（見圖3-1）。[21]

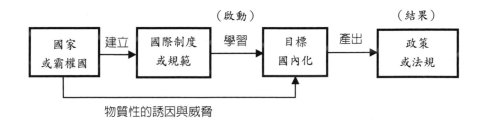

圖 3-1：國際社會化歷程

註：1. 目標國可以指涉特定國家或國家集團，視論述的主題而定。
　　2. 圖中的「啟動」是指社會化的程序開始發生，而「結果」則指目標國內化國際規範後所產出的事物。
資料來源：筆者繪圖。

再者，目標國會藉由「理性估算」（rational calculation）來決定是否接納國際制度；或者因為認同這個制度是「具有正當性的」而願意遵守。所謂的理性估算係指國家行為者會進行成本效益評估，並且追求極大化自身的物質利益。倘若採納國際制度所得的獲利大於其需付出的成本，則該國便會同意遵守。另外，目標國也會基於國際制度是正確且正當的考量而願

---

[20] Jeffrey T. Checkel 認為社會學習（social learning）是社會化的途徑之一，並藉此解釋歐盟的整合。請參閱：Jeffrey T. Checkel, 1999, "Social Construction and Integration," *Journal of European Public Policy*, Vol. 6, No. 4, pp. 545-560.

[21] 諸如 Frank Schimmelfenning、G. John Ikenberry、Charles A, Kupchan、Liesbet Hooghe 等學者認為，單憑非物質性的影響機制並不足以使目標國接納國際規範，在社會化的過程中必須同時採用物質性的獎懲機制才能有效地達成目的。請參閱：G. John Ikenberry and Charles A. Kupchan, 1990, "Socialization and Hegemonic Power," op. cit., pp. 283-315. Liesbet Hooghe, 2005, "Several Roads Lead to International Norms, but Few Via International Socialization: A Case Study of the European Commission," *International Organization*, Vol. 59, No. 4, pp. 887-888. Frank Schimmelfenning, 2005, "Strategic Calculation and International Socialization: Membership Incentives, Party Constellations, and Sustained Compliance in Central and Eastern Europe," *International Organization*, Vol. 59, No. 4, p. 828.

意遵循，此即 James G. Marsh 與 Johan P. Olson 所述之「合適性的邏輯」（Logic of Appropriateness）。[22]然而，合適性亦必須符合成本效益估算且未牴觸該國的傳統制度或規範，否則目標國依然會拒絕遵守。[23]最後，在內化國際制度後，該國將會產出與這個制度相符的政策或法規（見圖 3-1）。

就「目標國」的概念意涵而論。倘若分析的主題是某國的社會化過程，則目標國即意指「特定國家」。但部份學者在論述時並未刻意強調主體的單一性，而是選擇著墨於國家的集體行為上，因此目標國又具有「集團」的意涵，意即內化同一種價值、信念或制度的國家們。[24]

然而，國際社會化分析途徑也有其限制，茲說明如下：第一，這個分析途徑主要是針對規範的傳遞過程與結果進行解釋，使人們了解國家行為者為何以及如何內化國際規範。但此途徑並未說明國際規範的起源，意即國際規範是經由何種方式與過程而被建構出來。

以下列文獻為例：Gheciu 在〈安全制度是社會化的能動者？〉（Security Institutions as Agents of Socialization?）一文當中說明北大西洋公約組織

---

22 請參閱：James G. March and Johan P. Olsen, 1989, *Rediscovering Institutions: The Organizational Basis of Politics*. New York, NY: Free Press, pp. 160-162. James G. March and Johan P. Olsen, 2004, "The Logic of Appropriateness," ARENA Working Papers WP 04/09, Oslo, NO: ARENA and University of Oslo, pp. 3-4. Download from University of Oslo （UiO） Website, http://www.sv.uio.no/arena/english/research/publications/arena-publications/workingpapers/working-papers2004/wp04_9.pdf.

23 此論點在 Schimmelfenning、Checkel、Judith Kelley 等學者的著作中皆可見到，請參閱：Frank Schimmelfenning, 2000, "International Socialization in the New Europe: Rational Action in an Institutional Environment," op. cit., pp. 116-119. Frank Schimmelfenning, 2001, "The Community Trap: Liberal Norms, Rhetorical Action, and the Eastern Enlargement of the European Union," *International Organization*, Vol. 55, No. 1, pp. 62-63. Frank Schimmelfenning, 2003, "Strategic Action in a Community Environment: The Decision to Enlarge the European Union to the East," *Comparative Political Studies*, Vol. 36 No. 1/2, p. 161. Frank Schimmelfenning, 2005, "Strategic Calculation and International Socialization: Membership Incentives, Party Constellations, and Sustained Compliance in Central and Eastern Europe," op. cit., pp. 828-829. Jeffrey T. Checkel, 2005, "International Institutions and Socialization in Europe: Introduction and Framework." op. cit., pp. 801-826. Judith Kelley, 2004, "International Actors on the Domestic Scene: Membership Conditionality and Socialization by International Institutions," *International Organization*, Vol. 58, No. 3, pp. 425-457.

24 例如 Waltz 和 Wendt 在論及社會化的主題時，即是由國家集體行為的角度來作討論。為求論述的流暢，所以本文以「目標國」一詞來指稱這個具有雙重內涵的概念。倘若在文章當中有特別意指某一種涵義，筆者將會註明。

（North Atlantic Treaty Organization, NATO）如何透過教導（teaching）與勸服（persuasion）等社會化機制，使得中東歐國家願意採納民主與人權的國際規範。另外，Checkel 的〈國際制度與歐洲的社會化〉（International Institutions and Socialization in Europe）則檢視促使歐洲國家內化歐盟集體規範的社會化機制。以及 Alexander Warkotsch 在〈艱難環境裡的國際社會化〉（International Socialization in Difficult Environments）以及〈歐安組織是社會化的能動者？〉（The OSCE as an Agent of Socialisation?）等文章當中探討歐洲安全暨合作組織（Organisation for Security and Cooperation in Europe, OSCE）為何無法成功使中亞國家接納西歐的人權與民主規範。[25]就這些文獻的分析途徑而論，「國際規範」本身是已經出現且既定的事實，至於規範的起源與發展經過則不是學者們討論的焦點。

　　第二，從既有文獻當中可以發現，無論是「施加社會化的主體」（socializer）或「被社會化的主體」（socializee），學者們皆以國家或國際組織作為主要分析的對象。雖然他們認為國家不是社會化過程中唯一的主體，但透過此一分析途徑吾人無法說明非國家行為者所扮演的角色。例如，在 Schimmelfenning、Ikenberry、Kupchan、Checkel、Emilian R. Kavalski 等學者的著作當中，社會化的主體皆以國家、歐盟、歐盟的常設代表委員會（Committee of Permanent Representatives, COREPER）、或聯合國等為主。[26]

---

[25] 請參閱：Alexandra Gheciu, 2005, "Security Institutions as Agents of Socialization? NATO and the 'New Europe'," op. cit., pp. 973-1012. Jeffrey T. Checkel, 2005, "International Institutions and Socialization in Europe: Introduction and Framework." op. cit., pp. 801-826. Alexander Warkotsch, 2007, "International Socialization in Difficult Environments: The Organisation for Security and Cooperation in Europe in Central Asia," *Democratization*, Vol. 14, No. 3, pp. 491-508. Alexander Warkotsch, 2007, "The OSCE as an Agent of Socialization? International Norm Dynamics and Political Change in Central Asia," *Europe-Asia Studies*, Vol. 59, No. 5, pp. 829-846.

[26] 請參閱：G. John Ikenberry and Charles A. Kupchan, 1990, "Socialization and Hegemonic Power," op. cit., pp. 283-315. Frank Schimmelfenning, 2000, "International Socialization in the New Europe: Rational Action in an Institutional Environment," op. cit., pp. 109-139. Jeffrey T. Checkel, 2001, "Why Comply? Social Learning and European Identity Change," op. cit., pp. 553-588. Emilian R. Kavalski, 2003, "The International Socialization the Balkans," *The Review of International Affairs*, Vol. 2, No. 4, pp. 71-88. Jeffrey Lewis, 2005, "The Janus Face of Brussels: Socialization and Everyday Decision Making in the European Union," op. cit., pp. 937-971.

　　第三，學者們的分析系絡通常止於「內化結果的產出」這個階段（見圖 3-1），此後再據此評斷社會化機制的有效性，並且申論其成功或失敗的緣由。然而，這種分析系絡的設計並未釐清以下問題：目標國產出的內化結果能否重新塑造國際制度或規範？雖然國際社會化學者承認制度與行為者間存在著相互建構的關係，但針對內化結果對國際制度所形成的建構效用卻甚少著墨。例如，在（國際規範動態與政治變遷）（International Norm Dynamics and Political Change）、《人權的力量》（The Power of Human Rights）、以及《社會國家》（Social States）等著作中，Finnemore、Sikkink、Risse、Stephen C. Ropp、Alastair Iain Johnston 等學者主張社會化是一種循環進行的過程，但他們的分析系絡皆僅至內化階段為止，並未深入探討行為者對國際規範發揮的建構影響。[27]

　　總而言之，因為本文主要希望解釋全球環境治理的變遷，但國際社會化分析途徑受前述限制所致而無法充分達成目標，故必須一併納入其他分析途徑才能夠完整闡述治理網絡當中的動態。接下來將介紹另外兩個分析途徑：跨國倡議網絡及權力。

第二節　跨國倡議網絡

　　跨國倡議網絡分析途徑是由 Margaret E. Keck 與 Kathryn Sikkink 兩人於《跨越國界的活動家》（Activists Beyond Borders）一書中提出，她們認為傳統的國際關係理論不僅忽視非國家行為者所發揮的力量，而且未將規範、社會關係或價值等因素納入討論，所以必須進行調整。[28]透過這個分析途徑，將有助於研究者解釋當代世界的議題建構及影響脈絡。[29]

[27] 請參閱：Martha Finnemore and Kathryn Sikkink, 1998, "International Norm Dynamics and Political Change," op. cit., pp. 895-902. Thomas Risse, Stephen C. Ropp, and Kathryn Sikkink, eds., The Power of Human Rights: International Norms and Domestic Change. op. cit.. Alastair Iain Johnston, 2008, Social States: China in International Institutions, 1980-2000. op. cit., chap. 1.

[28] 現實主義認為國家是國際體系當中的主要行為者，雖然有國際組織、跨國非政府組織或企業等行為者存在，但卻主張它們的力量是可以被忽略的。另外，新自由制度主義雖然關注到非國家行為者的角色，但在分析時卻偏重行為者的理性考量、利益、以及規避風險（risk-averse）等層面，而未將價值或信念等「觀念」要素納入討論。

[29] Margaret E. Keck and Kathryn Sikkink, 1998, Activists Beyond Borders: Advocacy Networks in International Politics. New York, NY: Cornell University Press.

　　Keck 與 Sikkink 對「倡議網絡」作出以下界定：所謂的「網絡」係指「以自願、互惠、橫向的溝通和交換三者為特點的組織形式」。[30]而「倡議」（Advocacy）則意謂著跨國網絡的形成是為了「達成某些目的、道德觀念與規範，並且提倡某些政策變革；而這些努力並不能僅由理性主義者的利益觀點來加以理解」。[31]她們透過廢除奴隸、婦女投票權、環境、拉丁美洲人權問題等案例來檢視倡議網絡的運作內涵，並且說明這些倡議者們是透過那些影響途徑來達成目的。

　　其後，倡議網絡的概念開始受到國際關係學者的重視，並且將研究主題延伸至不同層面上。例如，Robert Rohrschneider 與 Russell J. Dalton 透過問卷調查來研究環境倡議團體之間的跨國合作關係，他們發現雖然這些團體彼此有著資訊與資金交換，但其中卻存在著權力不平等與價值差異等問題。[32]或如，Geetha B. Nambissan 與 Stephen J. Ball 著眼於教育面，研究倡議網絡如何驅動印度的教育改革。[33]另外，諸如女權運動、[34]少數族群、[35]勞

---

[30] Margaret E. Keck and Kathryn Sikkink, 1998, *Activists Beyond Borders: Advocacy Networks in International Politics*. op. cit., p. 8. 另外，Manuel Castells 則將「網絡」定義為：網絡係由一連串相連結的節點（nodes）組成，它是一種開放的結構，而且可以無限制地擴張。新的節點只要能與其他節點在網絡中相互溝通並且分享共同的通訊符碼（如價值或目標），則就可以被整合到網絡之中。請參閱：Manuel Castells, 2000, *The Rise of the Network Society*. Oxford, UK: Blackwell, pp. 501-502.

[31] Margaret E. Keck and Kathryn Sikkink, 1998, *Activists Beyond Borders: Advocacy Networks in International Politics*. op. cit., pp. 8-9.

[32] Robert Rohrschneider and Russell J. Dalton, 2002, "A Global Network? Transnational Cooperation among Environmental Groups," *The Journal of Politics*, Vol. 64, No. 2, pp. 510-533. 此外，同為環境議題的文獻比如 Susan Park 分析跨國倡議網絡如何透過社會化的過程來影響國際金融制度的環境政策，請參閱：Susan Park, 2005, "How Transnational Environmental Advocacy Networks Socialize International Financial Institutions: A Case Study of the International Finance Corporation," *Global Environmental Politics*, Vol. 5, No. 4, pp. 95-119.

[33] Geetha B. Nambissan and Stephen J. Ball, 2010, "Advocacy Networks, Choice and Private Schooling of the Poor in India," *Global Networks*, Vol. 10, No. 3, pp. 324-343.

[34] 例如：Valerie Sperling, Myra Marx Ferree, Barbara Risman, 2001, "Constructing Global Feminism: Transnational Advocacy Networks and Russian Women's Activism," *Signs: Journal of Women in Culture and Society*, Vol. 26, No. 4, pp. 1156-1186.

[35] 例如：Gila Menahem, 2010, "Cross-Border, Cross-Ethnic, and Transnational Networks of a Trapped Minority: Israeli Arab Citizens in Tel Aviv-Jaffa," *Global Networks*, Vol. 10, No. 4, pp. 529-546.

工、[36]人權、[37]、宗教組織、[38]武器管制、[39]或知識網絡等也是備受關注的研究題材。[40]

值得一提的是，前述文獻大多著重在說明倡議網絡的成員、推動過程、以及阻礙因素等面向。但卻未能解釋以下問題：為何某些倡議運動在部分地區能夠成功，但在其他地區卻失敗？在何種條件下，國家會願意（或不願意）接受倡議運動所提出的訴求？Joshua W. Busby 的《道德運動與外交政策》（Moral Movements and Foreign Policy）一書即透過「架構－迎合－守門人」（framing-meets-gatekeepers）途徑來回答這些問題，[41]並檢視解除開發中國家債務運動、氣候變遷、愛滋病、以及國際刑事法庭等案例。[42]

綜上所述，跨國倡議網絡分析途徑係以非國家行為者作為分析單元，目的是析論國際制度或道德運動的推動過程。為更具體釐清這個概念，首先，本文對跨國倡議網絡作出如下界定：**一群非國家形式的倡導者為了提倡某種道德觀念或規範而彼此進行跨國合作，其目的包括：改變國家的政**

---

[36] 例如：George H. Sage, 1999, "Justice Do It! The Nike Transnational Network: Organization, Collective Actions, and Outcomes," *Sociology of Sport Journal*, Vol. 16, No. 3, pp. 206-235. David M. Trubek, Jim Mosher and Jeffrey S. Rothstein, 2000, "Transnationalism in the Regulation of Labor Relations: International Regimes and Transnational Advocacy Networks," *Law and Social Inquiry*, Vol. 25, Issue 4, pp. 1187-1211.

[37] 例如：Kathryn Sikkink, 1993, "Human Rights, Principled Issue-Networks, and Sovereignty in Latin America," *International Organization*, Vol. 47, No. 3, pp. 411-441. Thomas Risse, Stephen C. Ropp, and Kathryn Sikkink, eds., 1999, *The Power of Human Rights: International Norms and Domestic Change*. op. cit.

[38] 例如：Peter Stamatov, 2010, "Activist Religion, Empire, and the Emergence of Modern Long-Distance Advocacy Networks," *American Sociological Review*, Vol. 75, No. 4, pp. 607-628.

[39] 例如：Noha Shawki, 2010, "Political Opportunity Structures and the Outcomes of Transnational Campaigns: A Comparison of Two Transnational Advocacy Networks," *Peace and Change*, Vol. 35, No. 3, pp. 381-411.

[40] 例如：Inderjeet Parmar, 2002, "American Foundations and the Development of International Knowledge Networks," *Global Networks*, Vol. 2, No. 1, pp. 13-30. Diane Stone, 2002, "Introduction: Global Knowledge and Advocacy Networks," *Global Networks*, Vol. 2, Issue 1, pp. 1-12.

[41] Busby 認為新現實主義與新自由制度主義僅著重「功利」（utilitarian）面，強調自我利益與成本，卻未重視行為者的道德考量，而且也無法完整解釋為何某些國家會做出與其短期利益相牴觸的決策。請參閱：Joshua W. Busby, 2010, *Moral Movements and Foreign Policy*. Cambridge, UK: Cambridge University Press, pp. 33-34.

[42] Joshua W. Busby, 2010, *Moral Movements and Foreign Policy*. op. cit.

策、使此規範在國內與國際層次中被正式制度化、或讓國家願意批准與這個規範相關的國際制度等。而倡導者之間的合作關係是以自願、互惠、橫向的溝通等網絡式的組成型態作為基礎。[43]

其次，茲將跨國倡議網絡分析途徑的內涵整理如下：第一，倡議網絡的主要行為者包括：非政府研究機構、地方社會運動、基金會、媒體、教會、貿易團體、消費者組織、區域或國際政府間組織的相關部門、政府的行政或立法之相關部門等。[44]第二，倡議網絡的動力源自於「價值」，價值能夠影響國際互動並改變其中的原則與制度。[45]而網絡當中行為者的主要考量除利益之外，更包含規範或道德因素。第三，國家和非國家行為者透過勸服（persuasion）、施壓、威脅等方式來發揮影響力，並且試圖建立倡議管道。[46]然而，倡議行動所運用的「資源」除了金錢之外，亦包括諸如：進入管道（access）、名譽、影響力等無形的事物。[47]

第四，在後冷戰時期，因為受到經濟互賴、全球化、以及媒體等因素的影響，所以倡議運動的主題更為多元並且加入了私部門的行為者，但國家仍然是倡議運動當中的主要行為者。[48]第五，跨國倡議網絡所具有的政

---

[43] 在 Keck 與 Sikkink 的書中並未說明跨國倡議網絡的完整定義，本文將 Keck、Sikkink、以及 Busby 所提出的觀點做整合而提出這個界定。Busby 認為所謂的倡議「成功」，除了政策面的變革之外，政治面也會出現變化，例如願意提撥資金或批准國際條約。因此本書將制度化與國際條約批准等層面加至定義當中。請參閱：Joshua W. Busby, 2010, *Moral Movements and Foreign Policy*. op. cit., pp. 37-38.

[44] Margaret E. Keck and Kathryn Sikkink, 1998, *Activists Beyond Borders: Advocacy Networks in International Politics*. op. cit., p. 9.

[45] Margaret E. Keck and Kathryn Sikkink, 1998, *Activists Beyond Borders: Advocacy Networks in International Politics*. op. cit., p. 2.

[46] Keck 與 Sikkink 將倡議網絡的影響策略分成四種類型，包括：訊息政治（傳遞訊息）、象徵（symbolic）政治（透過象徵性的符號、行動或故事來提出訴求）、槓桿（leverage）政治（透過物質或道德使政府改變政策）、以及課責（accountability）政治（政府必須為其所作的承諾負責）。倡議行為者們透過階段性的方式來逐步達成目標：一、提出議題與設定議程；二、影響國家或國際組織的話語立場（discursive positions）；三、影響制度程序；四、影響目標行為者（target actors），例如國家、國際組織或私人行為者；五、成功影響國家的行為。請參閱：Margaret E. Keck and Kathryn Sikkink, 1998, *Activists Beyond Borders: Advocacy Networks in International Politics*. op. cit., pp. 1-38.

[47] 資料來源：Valerie Sperling, Myra Marx Ferree and Barbara Risman, 2001, "Constructing Global Feminism: Transnational Advocacy Networks and Russian Women's Activism," *Signs: Journal of Women in Culture and Society*, Vol. 26, No. 4, p. 1159.

[48] Joshua W. Busby, 2010, *Moral Movements and Foreign Policy*. op. cit., pp. 3-4.

策影響能力取決於以下因素：目標國的國內制度結構、問題的特徵、[49]網絡的密度、網絡當中成員的數量與密度、[50]以及交換資訊的能力等。[51]

第六，對這些倡議行為者而言，如何架構一個能凝聚大眾和國家共識，並使其採取行動的「議題」（issues），是它們最重要的工作之一。[52]第七，在議題的成形階段中，需經過推動者的「界定」（definition）以及關鍵守門人（gatekeepers）的「採納」（adoption），其後這個議題才會出現在倡議網絡的論述空間裡。倘若該議題未被採納，[53]則就無法出現有效的倡議活動（見圖3-2）。[54]第八，網絡與國際社會成為許多行為者的競爭舞台與論戰空間，它們企圖爭取其他團體或政府的認可。[55]此外，跨國網絡的運作是「雙向」的互動，地方與全球兩個層次相互爭奪資源並且交流觀念。[56]

---

[49] 例如涉及對弱勢人群身體傷害的問題，或因果鏈十分簡短明確之涉及法律上機會均等的問題。請參閱：Margaret E. Keck and Kathryn Sikkink, 1998, *Activists Beyond Borders: Advocacy Networks in International Politics.* op. cit., p. 27.

[50] 網絡的密集度越高且成員的數量越多，則倡議網絡的政策影響力越強。請參閱：Margaret E. Keck and Kathryn Sikkink, 1998, *Activists Beyond Borders: Advocacy Networks in International Politics.* op. cit., p. 28. Noha Shawki, 2011, "Organizational Structure and Strength and Transnational Campaign Outcomes: A Comparison of Two Transnational Advocacy Networks," *Global Networks*, Vol. 11, No. 1, pp. 97-117.

[51] Margaret E. Keck and Kathryn Sikkink, 1998, *Activists Beyond Borders: Advocacy Networks in International Politics.* op. cit., pp. 201-207.

[52] 倘若無法達成，則問題終將僅是問題，而不會成為受所有行為者們注意且願意共同付出行動的議題。所謂「架構問題」是意指將倡議的主要訴求與其他受重視之概念相連結，例如：環境保護與經濟發展、性別與人權等。越能夠喚起大眾共鳴的問題，則越容易達成倡議的目標。以下兩種問題最易引起共鳴：涉及對弱勢人群身體傷害的問題，或因果鏈十分簡短明確之涉及法律上機會均等的問題。Margaret E. Keck and Kathryn Sikkink, 1998, *Activists Beyond Borders: Advocacy Networks in International Politics.* op. cit., pp. 27-28.

[53] 議題被採納的原因包括：一、議題的屬性受到行為者重視；二、這個議題把新的認知與既存的道德標準相連結；三、選取熱門的議題以獲得資金或媒體的關注。請參閱：R. Charli Carpenter, 2007, "Studying Issue (Non) -Adoption in Transnational Advocacy Networks," *International Organization*, Vol. 61, No. 3, pp. 645-646.

[54] R. Charli Carpenter, 2007, "Setting the Advocacy Agenda: Theorizing Issue Emergence and Nonemergence in Transnational Advocacy Networks," *International Studies Quarterly*, Vol. 51, No. 1, pp. 101-103.

[55] Keck 與 Sikkink 認為國際體系不是無政府社會，而是「國際社會」（international society）。但國家不是國際社會的唯一成員，在此社會中亦包括非國家行為者。

[56] 資料來源：Valerie Sperling, Myra Marx Ferree and Barbara Risman, 2001, "Constructing Global Feminism: Transnational Advocacy Networks and Russian Women's Activism," *Signs: Journal of Women in Culture and Society*, Vol. 26, No. 4, pp. 1155-1156.

第九，「迴力標模式」（Boomerang Pattern）：此模式是用來詮釋倡議網絡如何回應交流渠道遭到限制或堵塞的問題。[57]當某國政府不願意開放交流渠道，而使國內團體的訴求被排除在外時，這些非政府組織可以向國際倡議網絡當中的盟友尋求援助，並透過它國政府或國際組織從外部對該國施壓。同時，該國的非政府組織也扮演著信息提供者的角色，將政府不法的資料或事件傳遞給外界。此種影響模式可以進一步延伸，用來說明當非國家行為者的訴求無法被該國政府接受時，它們可以透過結合國外力量的方式來對本國政府施壓。

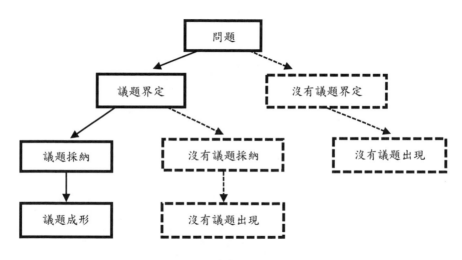

圖 3-2：議題成形的過程

資料來源：R. Charli Carpenter, 2007, "Setting the Advocacy Agenda: Theorizing Issue Emergence and Nonemergence in Transnational Advocacy Networks," *International Studies Quarterly*, Vol. 51, No. 1, p. 102.

綜合而論，透過跨國倡議網絡分析途徑，吾人可以說明國際制度與規範的成形脈絡以及非國家行為者所發揮的貢獻。本文將運用此分析途徑來彌補國際社會化分析途徑的侷限，以期完整解釋環境治理網絡當中的發展動態。

---

[57] Margaret E. Keck and Kathryn Sikkink, 1998, *Activists Beyond Borders: Advocacy Networks in International Politics*. op. cit., p. 13.

第三節　權力

在國際關係研究中，「權力」是一個複雜的概念。有的學者如 Robert A. Dahl 從「能力面」（ability）來界定，認為權力是一種迫使他人去做他們本來不願意做的事之能力。[58]而某些學者從「資源面」來界定，例如 Hans J. Morgenthau、Klaus Knorr 將權力界定為有形資源的擁有，如領土、人口、自然資源、經濟、軍隊規模等。[59]但是如 Joseph S. Nye 則認為無形資源也應被考量在內，因此提出「軟權力」（soft power）及「巧權力」（smart power）等概念。Nye 主張權力是改變他人行為以獲得所希望結果之能力，[60]當代決策者應運用巧權力（結合硬權力及軟權力）來達成戰略目標。[61]

本文採用 Michael Barnett 與 Raymond Duvall 兩人提出之權力觀點來進行分析。[62]Barnett 與 Duvall 認為權力是經由影響行為者而得的產物，它存在且散佈於社會關係中，塑造了行為者控制自身命運的能力（Power is the production, in and through social relations, of effects on actors that shape their capacity to control their fate）。[63]他們主張權力的形式是多樣的，[64]並且由以

---

[58] 請參閱：Robert Dahl, 1957, "The Concept of Power," *Behavioral Science*, Vol. 2, No. 3, pp. 201-215. Robert A. Dahl, 1961, *Who Governs? Democracy and Power in an American City*. New Haven, CT: Yale University Press.

[59] 請參閱：Hans J. Morgenthau, 1948, *Politics among Nations: The Struggle for Power and Peace*. op. cit. Klaus Knorr, 1975, *The Power of Nations: The Political Economy of International Relations*. New York, NY: Basic Books.

[60] 其中包含三個面向：命令改變（commanding change）、控制議程（controlling agendas）、及建立偏好（establishing preferences）。請參閱：Joseph S. Nye, Jr., 2011, *The Future of Power*. New York, NY: Public Affairs, pp. 11-18.

[61] 軟權力的介紹可參閱：Joseph S. Nye, Jr., 1990, "The Changing Nature of World Power," *Political Science Quarterly*, Issue 80, pp. 177-192. Joseph S. Nye, Jr., 1990, "Soft Power," *Foreign Policy*, Issue 80, pp. 153-171. Joseph S. Nye, Jr., 2004, *Soft Power: The Means to Success in World Politics*. New York, NY: Public Affairs. 巧權力的文獻請參閱：Joseph S. Nye, Jr., 2008, *The Powers to Lead*. New York, NY: Oxford University Press. Joseph S. Nye, Jr., 2011, *The Future of Power*. op. cit., pp. 3-23.

[62] Michael Barnett and Raymond Duvall, eds., 2005, *Power in Global Governance*. New York, NY: Cambridge University Press. Michael Barnett and Raymond Duvall, 2005, "Power in International Politics," *International Organization*, Vol. 59, No. 1, pp. 39-75.

[63] Michael Barnett and Raymond Duvall, 2005, "Power in International Politics," op. cit., p. 45.

下兩個層面著手區分：第一，「種類」（kinds）：指權力是如何被展現？又可分為「互動」（interaction）與「建構」（constitution）兩種類別。[65]第二，「特性」（specificity）：意指權力是透過何種形式的社會關係來運作？分為「直接」和「間接或分散」（indirect or diffuse）兩種形式。[66]綜合上述兩個面向，可區分出四種權力類型：「強制」（compulsory）權力、「制度」權力、「結構」權力、與「產出」（productive）權力（見圖 3-3），以下將個別說明。

關係上的特性

	直接	分散
特定行為者的互動	強制權力 （Compulsory）	制度權力 （Institutional）
建構的社會關係	結構權力 （Structural）	產出權力 （Productive）

權力運作是透過：

圖 3-3：權力之類型

資料來源：Michael Barnett and Raymond Duvall, 2005, "Power in International Politics," *International Organization*, Vol. 59, No. 1, p. 48.

---

64 Michael Barnett and Raymond Duvall, eds., 2005, *Power in Global Governance*. op. cit., p. 3.

65 「互動」係指：權力存在於行為者的互動關係之中，透過權力的施加可以控制或塑造它者的行為。而「建構」則意指：權力是透過社會關係來運作，行為者在此種社會關係中所佔有的地位有著優劣之分，而這也決定了它們的能力與利益。請參閱：Michael Barnett and Raymond Duvall, eds., 2005, *Power in Global Governance*. op. cit., pp. 9-10.

66 「直接」的形式是指行為者之間有著明顯且具因果性的連結。「分散」則意指權力可以在沒有直接連結、或有物理及社會距離的情況當中運作，例如透過正式與非正式的制度來施加影響。請參閱：Michael Barnett and Raymond Duvall, eds., 2005, *Power in Global Governance*. op. cit., pp. 11-12.

　　首先，強制權力係指：某行為者直接塑造或控制他人的行動。其意義與 Dahl 所提出之權力定義類似。但 Barnett 與 Duvall 認為強制權力除了是「意圖性」（intentionality）下的產物之外，[67]它也是「非意圖性」（unintentionality）情況下所造成的。[68]因此，應由「接受方」的角度來理解強制權力，而不是權力施加方。另外，行為者在運用強制權力時，其資源同時包括「物質」與「象徵性或規範性」等兩種類型。[69]

　　其次，制度權力是透過居間的正式或非正式制度來影響其他行為者。例如，當某個行為者透過規則和程序來定義制度，並且引導且限制他人的行動時，便產生制度權力。而在制度權力當中，行為者之間的關係具有「空間性」（spatial）和「時間性」（temporal）兩種特質。空間性指行為者的權力施展是透過制度性協議（如決策規則）來運作，而非直接影響。而時間性則意味著在某一時間點所建立的制度，可以對其後行為者的選擇持續產生影響。[70]

　　再者，結構權力與「結構」有關，結構直接影響到他人的行動，行為者會依其在結構中的地位來界定自身的能力及主觀利益。結構同時也建構

---

[67] Dahl 界定的權力存在著幾項特徵。一、具有意圖性：當行為者 A 要求行為者 B 作修正時，倘若行為者 B 修正的方向符合行為者 A 的期望，則兩人便存在著權力關係（反之則無）。二、行為者雙方的期望是衝突的。三、行為者 A 之所以成功是因為其擁有物質或觀念性的資源可以用來使行為者 B 願意修正行為。

[68] 意即雖然行為者 A 並未要求行為者 B 作修正，但行為者 B 依然改變其行動。易言之，行為者 B 的行動並不是行為者 A 有意影響下而造成的結果。針對權力的「非意圖」面向，Peter Bachrach 與 Morton Baratz 做過深入討論，他們主張施加方無意間造成的結果亦屬權力的類型之一。請參閱：Peter Bachrach and Morton Baratz, 1962, "The Faces of Power," *American Political Science Review*, Vol. 56, No. 4, pp. 947-952. Peter Bachrach and Morton Baratz, 1963, "Decisions and Nondecisions: An Analytical Framework," *American Political Science Review*, Vol. 57, No. 3, pp. 632-642. Steven Lukes, 2005, *Power: A Radical View*. London, UK: Palgrave Macmillian. 但必須在此說明的是，並非所有學者皆同意將「非意圖」的層面納進權力界定中。例如 Dennis H. Wrong 認為雖然權力會產生有意和無意兩種影響，但僅限「有意圖」的影響才能稱之為是權力的展現。此外，Nye 也採相同的看法，他認為權力係指：「改變他人行為以獲致所希望結果之能力」。而要達到所欲之結果，行為者的意圖十分重要。在此定義之下，非意圖所造成的影響並不屬於權力之範疇。請參閱：Dennis H. Wrong, 1988, *Power: Its Forms, Bases, and Uses*. Chicago, IL: University of Chicago, pp. 5-24. Joseph S. Nye, Jr., 2011, *The Future of Power*. op. cit., pp. 7-10.

[69] 因此，即使是公民社會或國際非政府組織也具有強制權力。資料來源：Michael Barnett and Raymond Duvall, eds., 2005, *Power in Global Governance*. op. cit., pp. 13-15.

[70] 此外，就制度權力而言，其中同樣存在著贏家和輸家之間的不平等關係。所以在分析制度權力時，必須注意到為何某些決策未被制定出，這種情況必定是受到權力關係的影響。請參閱：Michael Barnett and Raymond Duvall, eds., 2005, *Power in Global Governance*. op. cit., pp. 15-17.

出行為者的自我認知，換言之，行為者會因而承認某些人具有優勢地位。而結構權力與強制權力相同，即使在非意圖性的情況下，亦可能出現結構權力。[71]

最後，產出權力是指：透過社會脈絡、認知、理解、意義、規範或知識等事物，來建構行為者的行動。[72]產出權力和結構權力雖有重疊之處，[73]但兩者的差別在於：產出權力所承繼的社會過程更加廣義且散漫，其透過知識體系或更廣泛的社會實踐來建構所有行為主體。最重要的是，產出權力關注的焦點超越結構，其重視脈絡（discourse）、社會過程、及意義等事物。[74]

總而言之，Barnett 與 Duvall 認為國際關係學者應注重權力概念的多樣性，並由更寬廣的角度來探討權力議題。本文將這四種權力運用至環境治理的參與者上，藉此說明行為者們是透過哪些權力來推動環境治理的觀念與制度（每個行為者所擁有的權力類型及強弱各有差異）。

第四節　循環式的政策與決策制定過程

針對全球環境治理的行為者層面，本文將運用「循環式的政策與決策制定過程」（Circular Policy-Making and Decision-Making Process）分析途徑來闡釋行為者的決策本質。所謂的政策係指：為達成某項目標、價值與實踐而設計的方案（program）。[75]而「政策制定過程分析途徑」著眼的焦點在於政策被制定、採納及執行的一連串過程。[76]另外，決策意指：特定行為主體（個人或團體）做出某項選擇或決定。因此「決策制定過程分析途徑」

---

[71] 意指即使行為者 A 未透過結構權力來要求行為者 B 改變行動，行為者 B 也可能因結構因素而作出改變。請參閱：Michael Barnett and Raymond Duvall, eds., 2005, *Power in Global Governance.* op. cit., pp. 18-20.

[72] 而這些事物的產出，可以因特定行為者而得到強化，並且從而影響或限制其他行為者的行動。

[73] 一、結構與產出權力的運作皆不是透過特定的行為者，而是只有當行為者們進行實踐時才會產生權力影響。二、它們皆強調行為者的能力是經由社會過程而產生，而且這些過程可以塑造出行為者的自我認知和主觀利益。

[74] Michael Barnett and Raymond Duvall, eds., 2005, *Power in Global Governance.* op. cit., pp. 20-22.

[75] 資料來源：Harold D. Lasswell and Abraham Kaplan, 1950, *Power and Society: A Framework for Political Inquiry.* New Haven, CT: Yale University Press, p. 71. 依議題領域的不同，政策可以分成：外交政策、經濟政策或環境政策等類型。

[76] Kent E. Portney, 1986, *Approaching Public Policy Analysis: An Introduction to Policy and Program Research.* Englewood Cliffs, NJ: Prentice-Hall, p. 4.

旨在探討該行為主體作出此決策的原因，以及其內部成員在選擇決策時的互動情況。[77]

學者們經常採取線性（linear）的方式，按時間的先後次序來論述政策與決策的制定脈絡。例如，James E. Anderson 認為政策制定的過程最初是問題形成階段，接著是政策規劃（policy formulation）、政策採納（policy adoption）、及政策履行（implementation），而最後階段則是政策評估（policy evaluation）。[78]或如，Charles E. Rothwell 認為政策的規劃與執行包括四個步驟：一、釐清所欲達成的目標（goals）；二、對狀況進行詳盡的評估；三、在衡量各個選項的可能結果之後，選擇出一項行動方針（course of action）；四、決定合適的工具或手段來實現此一行動方針。[79]另外，在決策制定方面，如 Herbert A. Simon 認為決策包含三個步驟：一、列出所有可供選擇的策略；二、決定各項策略所產生的後果（consequences）；三、比較評估這些後果。[80]

然而，某些學者卻主張唯有透過循環式的思維，才能展現出制定過程的實際動態。例如，Charle Lindblom 認為政策的發展是一種循環的過程，在某項政策被採納之後，政府仍持續不斷回應該政策所產生的問題並且規劃新的政策。[81]另外，Irmtraud N. Gallhofer 與 Willem E. Saris 在《集體選擇過程》（Collective Choice Processes）一書中，透過三個循環進行的步驟來分析團體（groups）的決策過程：一、說明問題、蒐集資訊、以及確定可用的解決方案（available solutions）；二、說明並評估每個成員的意見；三、

---

[77] 例如，Graham Allison 在《決策的本質》（Essence of Decision）一書中透過理性行為模式（rational actor model）、組織程序模式（organizational procedure model）、及政府政治模式（governmental politics model）三者，來說明外交政策的決策過程。請參閱：Graham T. Allison, 1971, *Essence of Decision: Explaining the Cuban Missile Crisis*. Boston, MA: Little, Brown and Company.

[78] James E. Anderson, 1979, *Public Policy-Making*. New York, NY: Holt, Rinehart & Winston, p. 25.

[79] Charles E. Rothwell, 1951, "Foreword," in Daniel Lerner and Harold D. Lasswell, eds., 1951, *The Policy Sciences: Recent Developments in Scope and Method*. Stanford, CA: Stanford University Press, pp. vii-xi.

[80] Herbert A. Simon, 1945, *Administrative Behavior: A Study of Decision-Making Processes in Administration Organization*. New York, NY: The Free Press, p. 67.

[81] 請參閱：Charles Lindblom, 1980, *The Policy-Making Process*. Englewood Cliffs, NJ: Prentice-Hall, pp. 5-7.

將個人的偏好匯集（aggregation）成團體的偏好。[82]或如，Henry Montgomery 認為決策制定是一種找尋「優勢選項」（dominant alternative）的過程。[83]在決策者的認知結構中，每個選項因其屬性（attributes）上的差異而具有不同程度的吸引力。決策者會不斷比較並測試這些選項，藉此找出最具吸引力（優勢）的選項。其間的歷程包括：一、事前編輯（pre-editing）階段；[84]二、發現一個可能具有優勢的選項；三、優勢測試（dominance-testing）階段；[85]四、優勢建構（dominance-structuring）階段；[86]五、倘若仍無法找出優勢選項，則決策者會回到第一或第二階段重新開始。

　　綜合而言，本書擷取前述循環式的思維（circular thinking），並將之運用在不同的行為主體上。易言之，本文假定當國家、企業、非政府組織等環境治理行為者在進行政策或決策的制定時，它們皆遵循著此種循環的過程（見圖 3-4）。

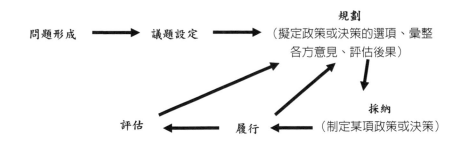

圖 3-4：循環式的政策與決策制定過程

資料來源：筆者繪圖。

82　Irmtraud N. Gallhofer and Willem E. Saris, 1997, *Collective Choice Processes: A Qualitative and Quantitative Analysis of Foreign Policy Decision-Making*. Westport, CT: Praeger, pp. 17-18.

83　Henry Montgomery, 1989, "From Cognition to Action: The Search for Dominance in Decision Making," in Henry Montgomery and Ola Svenson, eds., 1989, *Process and Structure in Human Decision Making*. New York, NY: John Wiley and Sons Ltd, pp. 23-49.

84　篩選並評估每個選項所具備的屬性（attributes）。其後，刪去決策者覺得吸引力最低的選項。

85　若該選項通過測試，則便作出決策。

86　若該選項未通過測試，則決策者將會重新建構與此選項有關的資訊。透過去除不利條件的方式，決策者再次評估這個選項是否具有優勢。

第五節　分析途徑與全球治理

　　本文採用國際社會化、跨國倡議網絡、以及權力等分析途徑，但它們能否切合治理的本質進而得出恰當的解釋呢？易言之，這些分析途徑與全球治理之間具有何種連結？因為它們解釋的對象是全球治理，故此種連結的緊密程度將會決定其解釋能力，以下將作說明。

　　要探究其中的連結，則必須先掌握全球治理的基礎要素，並且據此檢視這三個分析途徑的內涵是否與其切合。雖然理論的建構是治理研究最薄弱的部分，但這不表示該領域缺乏可供操作化的理論元素，筆者認為吾人可從 Rosenau 的觀點獲得許多啟發。Rosenau 認為「治理」與「全球秩序」是相互影響的兩個現象。治理具有意向性（intentionality），它是為了達到有序的全球秩序而採行的制度安排。[87]而全球秩序係指一套設置（arrangement），它是治理所得之結果，亦是治理出現的前提要件。[88]全球秩序主要是由「觀念」（ideational）、[89]「行為」（behavioral）、[90]以及「制度」等面向所支撐，易言之，以治理作為標誌的當代全球秩序便是前述三者交互影響下而生的結果。[91]

---

[87] 包括正式與非正式的制度。請參閱：James N. Rosenau, 1992, "Governance, Order and Change in World Politics," in James N. Rosenau and Ernst-Otto Czempiel, eds., *Governance Without Government: Order and Change in World Politics*. New York, NY: Cambridge University Press, p. 8.

[88] 此處 Rosenau 並未採因果關係式的論述，因為秩序與治理兩者是互相影響的，沒有秩序就沒有治理，沒有治理就沒有秩序。請參閱：James N. Rosenau, 1992, "Governance, Order and Change in World Politics," in James N. Rosenau and Ernst-Otto Czempiel, eds., op. cit., p. 8.

[89] 例如：信念體系、共享的價值、態度或認知模式。

[90] 指行為者的行動，例如威脅、談判、武裝或退讓。

[91] 為迎合全球秩序所出現的變遷，Rosenau 主張研究者應轉化其「本體論」（ontology）立場，過去那種以國家為中心的本體論觀點已不足以反映當代世界的真實樣貌。相同的論點另可參閱 Robert W. Cox 的著作，他透過 Ibn Khaldun 之例來說明當代研究者於本體論、認識論及方法論上應有的轉變。請參閱：James N. Rosenau, 1999, "Toward an Ontology for Global Governance," op. cit., pp. 287-301. Robert W. Cox, 1992, "Towards a Post-Hegemonic Conceptualization of World Order: Reflections on the Relevancy of Ibn Khaldun," in James N. Rosenau and Ernst-Otto Czempiel, eds., op. cit., pp. 132-159.

從前段論述吾人可以發現，因為全球治理與秩序兩者是一體兩面的現象，所以觀念、行為、及制度亦是支撐全球治理的關鍵要素。除非治理的基本觀念（國際合作、跨層次合作、公私部門合作等）被人們廣為接受，否則其框架將難以成形。另外，治理行為者的行動（合作、競爭或衝突）是決定全球治理管制成效的關鍵要素。倘若行為者之間不願進行協調與合作，則無法達成解決問題的目標。最後，各種正式與非正式的制度是全球治理的基礎，透過這些制度將能夠規範行為者並且降低不確定性。

但除上述三者之外，筆者認為「能力」（影響力或支配力）也是全球治理的重要內涵之一。僅憑觀念、行為與制度，並不足以完整解釋治理網絡的成形、持續或瓦解。倘若行為者們未具備足夠的能力來倡導治理的觀念與制度，則治理體系將難成形及維持（見表 3-1）。

表 3-1：分析途徑與全球治理

本文引入的分析途徑	國際社會化與倡議網絡		行為者的權力	
全球治理的基本要素	觀念	行為	制度	能力
內涵	與治理目標相關的信念或價值	行為者彼此之間的合作與協調	用來規範行為者以及降低不確定性的各種機制	是一種影響力或支配力，用以推動治理的觀念和制度，並且使其他行為者接納

資料來源：筆者整理。

綜上而論，觀念、行為、制度以及能力等是支撐全球治理概念的關鍵要素，而本文採用的分析途徑與這四個要素之間有著密切的連結：「國際社會化與倡議網絡」牽涉到觀念、行為及制度；而「行為者的權力」則與能力有關（見表 3-1）。[92]

---

92 首先，「國際社會化」可以解釋：國際制度與價值是透過何種過程而影響國家的行為？其次，「跨國倡議網絡」能夠說明：治理的觀念與制度是如何被推展出來？由哪些倡議者來推展？他們採取哪些倡議策略？最後，「權力」則可以說明：行為者們透過哪些權力來推動治理的觀念與制度並且使其他行為者接納？

　　然而，這些分析途徑與本文欲分析的主題之間又存在著何種連結呢？要釐清「全球治理網絡的成形與變遷」這個主題，吾人必須回答下述三個問題（見表 3-2）：第一，集體的國際規範和制度是透過何種過程而影響國家的行為？第二，國際制度或規範的起源以及倡議方式為何？第三，行為者間透過那些權力來達成己欲之目標，以及其中的權力互動情況為何？

表 3-2：本書的研究主題與分析途徑

研究主題		分析途徑
全球治理的成形與變遷	集體的國際規範和制度是透過何種過程而影響國家的行為？（國際社會化）	◆論點主旨：解釋國際制度或規範如何影響國家的行為？ ◆研析以下「過程」： 1. 外在制度或規範（輸入項） 2. 透過社會化的「影響機制」（中介變項） 3. 使「被社會化的主體」（目標國）內化這些制度或規範，並產出相應的政策或實踐（輸出項）
	某項國際規範或制度是如何被成功推展？由哪些倡議者來推動？它們採取何種手段來進行影響？（跨國倡議網絡）	◆論點主旨：說明非國家性質的倡議網絡是如何推動某項規範或觀念，並且導致政策或法規上的變革？ ◆解釋國際制度與規範的成形過程，以及說明非國家行為者所發揮的貢獻
	行為者間的權力互動為何？（權力）	◆論點主旨：行為者們透過哪種類型的權力來達到己欲之結果？ ◆ 1. 從「行為結果」（behavioral outcomes）面來定義權力（行為主體透過某種類型的權力來達到其所欲之結果） 2. 類型：強制、制度、結構、產出

資料來源：筆者整理。

　　本文運用的三種分析途徑有助於回答前述問題。首先，**國際社會化**分析途徑針對「國際制度或規範如何影響國家的行為」這個問題提出解釋。但這個分析途徑目的僅說明其間的過程與影響機制（mechanisms），並未釐清國際制度與規範是如何被倡議出來以及非國家行為者的角色與貢獻，因此有賴以下兩個分析途徑的補充。其次，**跨國倡議網絡**分析途徑可以說明非國家行為者組成的跨國網絡如何形塑並推動某項規範，以及它們透過何種影響途徑使這個規範得以在國際與國內層次中被制度化。最後，透過**權力**分析途徑將能夠說明治理行為者是藉由何種類型的權力來達成其所欲之目標。總而言之，透過國際社會化、倡議網絡以及權力等途徑，將能使吾人更加完整地解釋全球環境治理網絡的變遷以及行為者的權力互動。[93]

　　然而，必須在此說明的是，在後續章節的分析當中並不是採取個別的方式逐一討論這三種途徑對環境治理的看法。相反地，本文以這些途徑的論點作為思維基礎，進而建立分析架構來解釋環境治理網絡的成形及變遷歷程。

---

[93] 倘若個別採用觀念、行為及制度等三個面向來析論全球治理的內涵，缺點在於其論點會過於片面，而無法串聯三者形成有系統的分析脈絡。

第四章

分析架構

　　自從國際建制的主題在 1980 年代受到關注之初，國際關係學者們對建制的變遷過程即有著極大的興趣。以下列著作為例：首先，John Gerard Ruggie 的〈國際建制、交易與變遷〉一文，透過國際金融與貿易的案例來說明自二次大戰結束以來，建制如何在霸權國主導的國際政治權威結構當中被建立以及其後歷經的演變。[1]

　　其次，Robert O. Keohane 和 Joseph S. Nye 在《權力與相互依賴》一書中也對國際建制的變遷提出四種解釋，包括：經濟進程（economic process）、總體權力結構（overall power structure）、議題領域的權力結構（issue area power structure）、及國際組織等。[2]

　　最後，Oran R. Young 對國際建制的變遷有著持續且深入的研究。在 1982 年發表的〈建制的動態〉（Regime Dynamics）文章當中，Young 認為國際建制的轉型主要是受到：內部限制、國際體系權力結構的改變、以及外生力量等因素的影響。[3]其後，Young 又於 1998 年出版的《創造建制》（Creating Regimes）一書裡透過議題形塑（agenda formation）、談判、及操作化（operationalization）等三個階段，來檢視「北極環境保護戰略」（Arctic Environmental Protection Strategy, AEPS）與「巴倫支海歐洲－北極區域委員

---

[1] John Gerard Ruggie, 1982, "International Regimes, Transactions, and Change: Embedded Liberalism in the Postwar Economic Order," *International Organization*, Vol. 36, No. 2, pp. 379-415.

[2] Robert O. Keohane and Joseph S. Nye, 1989, *Power and Interdependence: World Politics in Transition*. op. cit., chap. 3.

[3] Oran R. Young, 1982, "Regime Dynamics: The Rise and Fall of International Regimes," op. cit., pp. 291-295.

會」（Barents Euro-Arctic Region, BEAR）這兩個環境案例的國際建制成形脈絡。[4]

而近年來，Young 的研究焦點開始轉移至「變遷模式的分類」上。在2010 年出版的《制度的動態》（Institutional Dynamics）一書中，Young 主張國際建制是一種複雜且動態的系統（complex and dynamic system），其內涵會隨著時間經過而不斷改變。他彙整出五種環境建制的變遷模式，包括進步的發展（Progressive Development）、間斷均衡（Punctuated Equilibrium）、發展受阻礙（Arrested Development）、轉向（Diversion）、及瓦解（Collapse）等。並透過臭氧層、南極洲、氣候變遷、捕鯨、以及北方軟毛海豹等案例，來嘗試建構出國際建制的動態變遷理論。[5]

然而，前述文獻著眼的焦點皆僅及於國際建制，並未深入討論全球治理的變遷過程。為彌補此一不足，接下來本章將介紹本書的分析架構，希冀透過這個分析架構能夠對環境治理網絡的變遷做出更貼切的詮釋。另外，此處也一併說明案例的分析方式及觀察焦點。

第一節　全球環境治理的社會化倡議歷程

要完整詮釋全球環境治理的發展動態，分析架構必須兼顧到以下幾個層面。一，國際規範與制度的建構過程；二，國家內化規範與制度的過程及途徑；三，內化後的政策產出對治理網絡所造成的影響；四、行為者之間的權力互動關係，以及它們在社會化過程中發揮的功能。

---

[4] Oran R. Young, 1998, *Creating Regimes: Arctic Accords and International Governance*. op. cit.

[5] Young 將這個理論命名為「內生與外生校準理論」（endogenous-exogenous alignment thesis）。簡言之，這個理論認為國際建制的變遷同時受到許多內生與外生因素的影響，進而決定其變遷的模式。內生因素包括：國際法的性質是硬法或軟法、決策規則、彈性、監督、報告、檢核程序、行政能力、資源或資金機制、修正程序。外生因素則為：問題的性質、政治上的持續性或不持續性、經濟穩定或不穩定、科技創新、在議題領域中出現新的行為者、典範轉移、與生物系統相關的狀態變動、外在的震撼等。而國際建制本身必須具備彈性以因應情況的改變，否則將容易步入「發展受阻礙」或「瓦解」等兩種模式。請參閱：Oran R. Young, 2010, *Institutional Dynamics: Emergent Patterns in International Environmental Governance*. Cambridge, MA: The MIT Press.

簡言之，分析架構必須兼具動態性與綜合性，[6]並且能夠依序區分出各個階段。以下將分別由：發展歷程、以及行為者的決策本質與權力等兩個層面來介紹本書擬定的分析架構。

壹、分析架構及各階段之內涵

在補充並綜合國際社會化、跨國倡議網絡、以及權力等分析途徑的論點之後，本文提出「社會化倡議歷程分析架構」，用以解釋環境治理網絡的成形與擴展脈絡（見圖 4-1）。[7]其間共歷經：問題與規範塑造、國際制度構建、內化、反饋與擴散、以及再回饋等五個階段，這些階段彼此接續並且循環進行，以下將個別介紹。

但在此之前，本文先界定兩個概念。一，**倡議行為者**：指提倡某種道德觀念或規範的非國家行為者，它們是倡議網絡的基本單元。二，**治理行為者**：意指組成治理網絡的行為者，同時包括國家與非國家等類型，而倡議行為者也是治理行為者的成員。

6　所謂的「動態性」是指：分析架構要能夠跨時段且具連續性地解釋治理網絡的演變過程，而非僅能適用於特定階段。另外，「綜合性」意指：分析架構可以綜合數個本質不同的變項或論點並藉此來解釋某個議題，例如國家與非國家行為者、利益與道德、物質與非物質等。

7　本文汲取這三個分析途徑的基礎論點並且將它們融入分析架構當中，包括國家的社會化歷程、非國家行為者的倡議途徑、以及行為者運用的權力種類等。至於分析架構的其餘內容，例如各個發展階段的編排、反饋與擴散、正向與負向再回饋、未來發展等則是筆者再行補充。

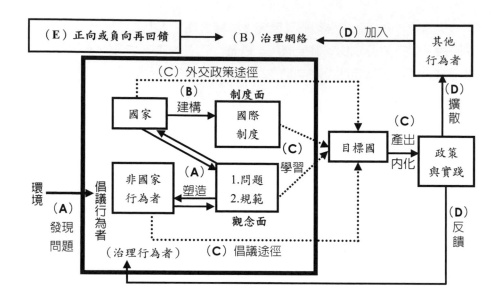

圖4-1：全球環境治理之社會化倡議歷程分析架構

註：1. 圖中以 A、B、C、D、E 來表示社會化的各個階段。**A**：問題與規範塑造階段、
　　　B：國際制度構建階段、**C**：內化階段、**D**：反饋與擴散階段、**E**：再回饋階段。
　　2. 目標國可以指涉特定國家或國家集團，視論述的主題而定。
　　3. 虛線表示使目標國啟動內化階段的途徑。
　　4. 粗黑框代表治理網絡。
　　5. 國家類型的治理行為者和目標國這兩個概念所指涉的主體可以相互轉換。例
　　　如，起初美國政府是暖化管制的推動者之一，但於後卻拒絕加入暖化管制制度，
　　　因而它也成為治理網絡倡議的目標國。
資料來源：筆者繪圖。

一、問題與規範塑造階段（A）

　　這個階段起源於某個環境問題被科學社群發現並獲得倡議行為者的
關注，而開始進行證據蒐集、問題架構以及規範塑造等工作。其間的要點
如下：首先，「問題的發現」是一種累積性過程。換言之，科學社群不是
僅憑對特定現象短時間的觀察便可確認它是一種對人類有害的問題。學者
們必須累積多年的數據資料與前人的研究成果，有時甚至得尋求更多證據
來為相互矛盾的結論作出取捨。這樣累積性的過程常因資料不足或缺乏研

究工具而陷入停頓，其歷經的時間甚至可能超過一個世紀之久，例如全球暖化問題。

其次，即使科學社群確認它是一個有害的問題，但這個問題能否受到倡議行為者的重視則是一種需要觸發點的過程。換言之，倘若此問題的重要性未獲得倡議行為者們的普遍認可，它最後仍會被人們遺忘。以英國的煙霾（smog）問題為例，自工業革命以後，人們即已發現煤煙所造成的煙霾會對健康造成傷害。雖然這個問題在 1873 年及 1888 年導致數千名倫敦市民死亡，[8]但直至 1952 年 12 月的煙霾致死事件發生後才正式引起倡議者的關注，[9]並要求國會通過法案來改善都市的空氣品質。

再者，當問題被倡議行為者們重視之後，接下來便是進行跨國倡議網絡分析途徑所提到的「問題架構及界定」。同時，倡議行為者也必須設法使這個問題排入政府的政策議程當中，成為大眾關心的一個「議題」。倘若無法順利進入政府的議程，則後續就難以出現有效的倡議活動。[10]

最後，在國內與國際層次當中，倡議行為者們必須結合其他團體共同組成「倡議網絡」，並針對這個議題發起廣泛的倡議運動，進而塑造出特定的環境規範。與此同時，倡議網絡也以此規範作為基礎，藉此要求政府設立相關措施來管制環境問題。

二、國際制度構建階段（B）

在經過問題與規範塑造階段之後，環境議題的概念界定與威脅性已大致獲得民眾與政府的認可，接著便進入到管制措施構建的階段。首先，因為環境問題的影響範圍跨越國家疆界，若僅仰賴國內法規並無法有效解

8　此種煙霾被稱作「殺手煙霧」（killer smog），在 1873 年造成超過 1150 名倫敦市民死亡；1880 年死亡人數約 700 人。資料來源：Dona Schneider and David E. Lilienfeld, eds., 2008, *Public Health: The Development of a Discipline*. New Brunswick, NJ: Rutgers University Press, pp. xxii-xxiii.

9　這場煙霧造成大約 4000 名倫敦市民死亡，請參閱：The Met Office Education, 2011, "The Great Smog of 1952," http://www.metoffice.gov.uk/education/teens/case-studies/great- smog.

10　參考資料：R. Charli Carpenter, 2007, "Setting the Advocacy Agenda: Theorizing Issue Emergence and Nonemergence in Transnational Advocacy Networks," *International Studies Quarterly*, Vol. 51, No. 1, pp. 101-102.

決。所以某些正視此環境問題的國家除了立訂國內制度之外，更進一步在國際場域中提倡建立跨國環境制度。

其次，在國內與國際制度的建構過程中，國家或企業等行為者也會塑造環境問題或規範的內涵，但此種塑造必須取得倡議行為者的認同，否則便會失去正當性。就這個層面而言，國家、企業與倡議行為者之間有時存在著矛盾與衝突的權力關係，彼此相互爭取環境問題的話語權與界定權。

最後，當國際制度被成功建立（不管生效與否），此時環境治理網絡便初步成形（見圖 4-1 的粗黑框）。在這個網絡當中存在著國際制度與環境規範、以及國家與非國家形式的治理行為者，而倡議網絡也是成員之一。雖然非國家行為者不是國際制度的會員，但它們分享著環境問題的管制權力。

三、內化階段（C）

在這個階段當中，治理行為者們把網絡以外的其他國家以及未批准國際制度的國家當成推行的目標，希望它們能夠內化這套環境制度與規範。換言之，內化階段是指下述過程：國家行為者接納國際制度與規範，並將之轉化成政策及其他具體實踐。

而治理行為者們也透過下列途徑來推行它們提倡的規範與制度。一，**外交政策**途徑：意指國家所運用的軍事、經濟及其他外交政策手段，例如經濟制裁、武力脅迫、國際談判、社會影響（social influence）、[11]以及國家勸服（persuasion）等。[12]二，**倡議途徑**：指非國家行為者所使用的手段，

---

[11] 社會影響的概念在 Alastair Iain Johnston、Michael Zürn 與 Jeffrey T. Checkel 的研究中曾被提及，其意指國家透過社會性的獎勵與懲罰來引導出符合規範的行為。請參閱：Michael Zürn and Jeffrey T. Checkel, 2005, "Getting Socialized to Build Bridges: Constructivism and Rationalism, Europe and the Nation-State," op. cit., pp. 1052-1053. Alastair Iain Johnston, 2008, *Social States: China in International Institutions, 1980-2000*. op. cit., pp. 24-25.

[12] 勸服意指行為者透過認知的過程將特定道德或價值灌輸至其他行為者，並認為他們應該予以遵守。請參閱：Alastair Iain Johnston, 2008, *Social States: China in International Institutions, 1980-2000*. op. cit., pp. 25-26. 另外，Checkel 則將勸服分成操縱式勸服（manipulative persuasion）以及議論式勸服（argumentative persuasion）等兩種類型。請參閱：Jeffrey T. Checkel, 2001, "Why Comply? Social Learning and European Identity Change," op. cit., p. 562. 而施加勸說的主體可以是國家或非國家行為者，本文將之區分為國家勸服以及非國家行為者勸服等兩種型態。

例如遊說政府、非國家行為者勸服、示威抗議、資金挹注、媒體宣傳、迴力標模式等。三，**學習**途徑：意指目標國在互動過程當中仿效或吸納其他行為者的經驗，因此這個途徑也具有模仿（mimicking）及社會學習（social learning）的涵義。[13]

此外，在這個分析架構當中，「治理行為者」與「目標國」兩者並不是互斥的概念。易言之，這兩個概念所指涉的行為主體是可以相互轉換的。倘若國家形式的治理行為者不願批准國際制度，則它也會變成被倡議的目標國。相對的，當目標國在內化制度與規範後，它便加入治理網絡而成為其中的一員。

另一方面，必須在此說明的是，本文認為不能以目標國是否內化「特定」制度與規範來評斷這個行為主體有無成功被社會化。在社會化的過程當中，目標國所採納的規範或制度觀點可能與主流對立。易言之，國際社會化具備著「立場複合」的特性，行為者們對規範與制度的看法有時會出現對立的情況，並且產生支持與反對等兩股勢力。若僅依賴「內化特定規範」的標準來衡量社會化的成敗，則無法解釋為何某些國家雖然不願加入國際制度並接受主流的國際規範，但它卻願意透過不同的途徑來追求相同的環境保護價值。這樣的情況將在下一章環境案例中進行討論。

四、反饋與擴散階段（D）

反饋與擴散階段是過去國際社會化學者較為忽視的一環，然而倘若缺乏此種歷程，則將無法解釋社會化過程的持續性與影響力。簡言之，目標國產出的政策與實踐，將會造成反饋（feedback）的效果，除了影響治理行為者的立場之外，有時也突顯出當前國際制度與規範所存在的矛盾與衝突。例如：提出國際制度的缺失、反映出國際規範本身具有的文化或國情差異性、[14]要求擴大管制的範疇、[15]或呼籲採用另一種更有效的解決方式等。

---

[13] 按 Checkel 的定義，社會學習意指：行為者透過與制度脈絡的互動來獲得新的利益與偏好，而其間並沒有明顯的物質動機。請參閱：Jeffrey T. Checkel, 1999, "Social Construction and Integration," op. cit., p. 548.

[14] 例如永續發展或生物多樣性等價值，對於開發中國家而言會是其經濟發展的阻礙。另外如禁止捕鯨之國際公約與價值，對傳統捕鯨國日本或挪威而言，會產生文化與環境保護上的矛盾。

[15] 例如擴大管制商品的類別、產業或製造流程等，甚至延伸至相關社會或經濟議題上。

　　另一方面，目標國的實踐也會將環境制度與規範擴散至網絡之外，使其他國家與非國家行為者自願加入治理網絡，或者迫使未加入該規範的國家重新修改其政策方向等。[16]在前述動態的過程之下，環境治理網絡便逐漸擴散並且加深其影響的範疇。

　　而在這個階段當中，科學社群等非國家行為者亦會持續研究、蒐集新證據、爭取話語權，甚至形塑出新的信念或議題，並將之納入不斷進行的社會化過程中，進而影響行為者們對於此議題的立場以及行動。

五、再回饋階段（E）

　　在受到諸如國際制度的執行成效、各國的內化情況與政策作為、以及科學證據等因素的影響之後，會使得環境治理網絡出現例如：重新界定環境問題與規範的內涵、國際制度的調整、以及環境集團成員的變動等改變，此時便進入到再回饋（re-feedback）階段。

　　在此階段中，可分為正向再回饋以及負向再回饋等兩種形式。所謂的「正向」係指諸如執行成效良好、內化情況佳、獲得科學證據的支持等因素所產生的正面結果，使得既有的治理網絡更為強化且吸納更多新成員。[17]反之，「負向」則意指在管制成效不彰、國家的內化情況不佳、未出現新證據、或者受到科學證據的駁斥等因素的影響下，讓治理網絡失去許多成員或者甚至瓦解。

　　而「再回饋」及「反饋與擴散」這兩個階段的差異在於：一，反饋與擴散階段著重目標國的政策會對國際制度、規範、治理成員數量等方面造成影響。而再回饋階段則強調在此種影響之下，治理網絡的發展會出現何種變遷。二，反饋與擴散階段旨在說明為何治理網絡能夠擴散？以及在社會化倡議過程中，行為者們對國際制度和規範所持有的看法到底存在著哪些差異與衝突？至於再回饋階段則是關注治理網絡本身到底是持續擴張？抑或是衰弱且瓦解？

---

[16] 例如當 A 國採行該規範之後，倘若其貿易夥伴 B 國違反此規範，則 B 國出口至 A 國的相關商品將被課以附加稅收，或者會降低 A 國企業至 B 國投資的意願等。這將迫使 B 國考慮採行這個國際規範，進而使得受管制的成員國數量增多。

[17] 這些影響因素必須全都為良好才算正向，倘若其中一個面向為不良，則便屬於負向再回饋。

　　總而言之，**在經歷第一輪社會化倡議歷程之後，再回饋階段著重的是治理網絡在新一輪歷程當中可能出現的發展情況**，其結果包括以下四者。一，「強化」：在正向再回饋的影響下，展開新一輪社會化倡議的歷程，吸納進許多原本持反對立場的行為者。二，「修正」：因為負向再回饋的影響，使得既有的國際制度或規範必須做出修正，並進入另一輪社會化歷程。三，「取代」：既有的國際制度或規範被新的取而代之，這個新的制度或規範只有核心目標與原先相符，而其餘內容則不同。四，「瓦解」：受到負向再回饋的影響，既有的制度與規範不再被信守且未出現新規範來取代，最後此議題的治理網絡趨於瓦解。

貳、行為者的決策本質與權力施加要件

　　在前一節介紹的分析架構中，各個行為者（個人或集團）是依循以下步驟來制定決策並採取行動（見圖 4-2）。首先，當國家與非國家行為者們在進行政策或決策制定時，會先衡量其所處的背景環境、目標、資源、以及能夠施展的權力類型，並據此來進行政策規劃。所謂的背景環境包括社會、經濟、軍事、或政治情況；以及與決策主題相關的資訊等。其次，當採納某項決策（decision）之後，行為者便依此行動並透過自身擁有的權力來達成目標。最後，行動所生之結果將會重新修正行為者考量的背景環境、目標以及（增強或削弱）權力，進而使其作出新的決策並採取新的行動。總而言之，行為者的決策過程是循環式的，根據行動之結果而不斷作出調整。

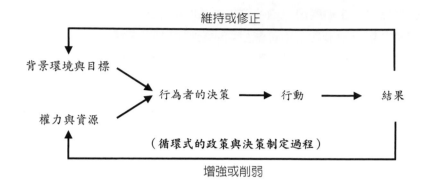

圖 4-2：行為者的決策本質

資料來源：筆者繪圖。

　　另一方面，雖然理論上每個行為者都可能同時施加強制、制度、結構、及產出等四種權力。但實際上，行為者所能採用的權力類型會因背景環境及資源的限制而有差異。易言之，每種權力各有其特定的施加要件，行為者必須先滿足這些要件，才能透過此種權力來達成其所欲的目標。而在下一章案例分析時，即以這些要件作為基礎，來觀察行為者們在社會化倡議歷程中所施加的權力類型與互動關係。

　　要如何分辨特定行為者是否擁有某類權力？本文認為這個問題可由「權力接收方」與「權力施加方」這兩個面向來回答。首先，「權力接收方的行為有無出現改變」是判別權力存在與否的基本要件。倘若施加方無法成功改變對方的行動，則這兩個行為者之間便無權力關係存在，施加者也就未具備此類權力（見表 4-1）。[18]

---

[18] 這個基本要件與 Barnett 和 Duvall 提出的權力定義相符。他們認為權力是經由影響行為者而得的產物，它塑造了行為者控制自身命運的能力。易言之，在 Barnett 和 Duvall 的權力界定中，行為者（接收方）必須被影響才有權力關係存在。請參閱：Michael Barnett and Raymond Duvall, 2005, "Power in International Politics," op. cit., p. 45. Michael Barnett and Raymond Duvall, 2005, "Power in Global Governance," in Michael Barnett and Raymond Duvall, eds., *Power in Global Governance*. Cambridge, UK: Cambridge University Press, p. 3.

表 4-1：行為者的權力施加要件

基本要件		接收方的行為因權力的施加而改變
施加方 須符合的要件	強制權力	1. 足夠的物質資源 2. 擁有象徵或道德地位 （這兩個要件符合其中一項即可） 3. 利用物質資源或象徵地位來影響接收方
	制度權力	1. 存在著正式或非正式的制度 2. 能夠控制議程、界定規則、並且主導制度的產出 3. 透過制度來影響接收方
	結構權力	1. 行為者之間存在著不對等的結構關係 2. 施加方在此結構中佔據著優勢地位 3. 透過優勢地位來控制接收方
	產出權力	1. 建構規範、認知、或知識 2. 推行規範、認知、或知識 3. 接收方同意此論點

註：1. 除強制權力的要件 1 和 2 是兩者符合其一即可之外，其餘三類權力皆需同時符合所有要件。

資料來源：筆者製表。

其次，在這段權力關係之中，權力施加方也要符合下述要件（見表 4-1）。一，強制權力：權力施加方必須擁有「物質資源」或「象徵地位」（兩者符合其一即可），並利用它們來直接影響接收方。所謂的物質資源包括軍事武力、經濟誘因、金錢賄絡、機構間的隸屬關係、或經費運用等。而象徵地位則意指利用受人信賴的道德地位來控制他人的行動，其手段包括正面與負面兩種。負面的手段例如國際知名的環境團體藉由：公布其他行為者的醜聞、以醜聞作為要脅、或者主張對方沒有資格擔任環境網絡的成員等方式，來要求對方改變政策作為。另外，正面的手段則包括公開讚許對方、或同意對方成為網絡的一員等。

二，制度權力：要施加此類權力的前提是必須有一套正式或非正式的制度存在，權力的施加方不但要能控制議程、界定規則、並且主導制度的產出，還要透過這個制度來影響另一個行為者。從權力互動的場域觀之，此處可以分成機構內與機構外等兩個面向來討論。在機構內部，施加者透過議事規則、表決程序等制度性的事物來影響接收方。而在機構外部，這個機構所制定的國際法、國內法、宣言、或議定書等都是施加方用來影響對手的媒介。

三，結構權力：結構係指行為者間存在著由文化、認知、或價值等因素建構出來的不對等關係。施加者必須在此結構中佔據著比接收方更為優勢的地位，並透過此地位來控制對方或使其自願退讓。而在此類權力的互動過程中，施加方並未透過物質資源、象徵地位、或制度性的事物來進行影響。例如，在一般民眾的認知中，大學教授、諾貝爾獎得主、或知名科學家等因為具有專業知識與資訊，所以他們提出的環境觀點被咸認較具可信度。換言之，這些行為者們在議題的論述結構中居於較高的地位。當他們（施加方）向民眾或環保團體（接受方）提倡自己的論點時，接收方會因為此種結構上的不對等關係而願意聽從建議。此時，施加方即擁有結構權力。

四，產出權力：權力的施加者不但要有能力建構並推行規範或知識，其所提出的觀點也必須獲得接收方的信賴。倘若有能力建構知識卻無力推行、或者所推行的觀點未被採信，則這個行為者便無法施加產出權力。例如，某環境團體公布印尼叢林的生物多樣性研究報告，希望藉由此知識來讓印尼政府重視叢林濫伐的問題。倘若印尼政府其後開始訂立保護叢林的法規，則這個環境團體便具有產出權力。

第二節　理論觀點的釐清

因為國際社會化學者們提出的理論觀點十分多樣，所以在這裡有必要進一步說明本文採用的論點內涵。另外，社會化倡議分析架構與系統論之間頗有相似之處，但兩者實有明顯差異，故在此也一併說明其間的區別。

首先，本分析架構採取的國際社會化基本論點如下。一，社會化的行為者同時包括國家與非國家行為者。二，行為者主要是以「理性估算」來決定其採取的行動，即使因「合適性的邏輯」而願意遵守國際規範，行為者也會先考量其中的成本與效益。三，社會化是一種內化外在制度與規範並產出政策與實踐的過程。四，內化的過程是隨著互動而持續進行的。而互動的類型包括：行為者之間的相互建構、行為者與制度間的相互建構、治理網絡內外部行為者間的競爭或衝突等。五，目標國產出的政策或實踐會對國際制度與規範、以及治理網絡等兩者造成正面或負面影響。六，社會化的成功與否不能以目標國是否內化「特定」規範來作為評斷基準。七，社會化未必能夠確保和平，在其過程中也存在著不平等或衝突。[19]八，目標國內化國際制度與規範的原因包括：獲得其他行為者提供的物質利益、避免遭受懲罰、獲得正當性與名譽、單純覺得此規範是正確的。[20]

　　另一方面，雖然此分析架構與 David Easton 的系統論類似，但兩者的本質實有不同，茲說明於後。

　　在《政治體系》（The Political System）、《政治分析的架構》（A Framework for Political Analysis）、以及《政治生活的系統分析》（A Systems Analysis of Political Life）等著作中，Easton 希望從宏觀的角度提出一個「普遍理論」（general theory），用來解釋政治系統（political system）的變遷與存續。[21]他認為政治生活是一種「行為系統」（system of behavior），每個系統皆受到內外部社會環境的影響。[22]Easton 建立一個包含輸入（input）、輸出（output）或回應、環境、反饋等要素的「概念架構」（framework of concept），其間的發展如下：首先，因為國內與國際社會環境的變化，使得人們產生「需求」及「支持」，並透過政治行動將此需求輸入政治系統中。其次，政治系統的成員為了回應環境壓力，在經過權衡與折衝之後便做出決策或輸出。再者，決策與環境互動後所生的結果會引發反饋的效應，使得人們產生新的需求或支持並輸入政治系統當中。最後，前述階段持續循環進行。[23]

[19] Jan Beyers, 2010, "Conceptual and Methodological Challenges in the Study of European Socialization," *Journal of European Public Policy*, Vol. 17, No. 6, p. 912.

[20] 請參閱：Jeffrey T. Checkel, 2001, "Why Comply? Social Learning and European Identity Change," op. cit., pp. 555-564. Alexander Warkotsch, 2007, "The OSCE as an Agent of Socialization? International Norm Dynamics and Political Change in Central Asia," op. cit., pp. 832-838.

[21] David Easton, 1953, *The Political System: An Inquiry into the State of Political Science*. London, UK: The University of Chicago Press. David Easton, 1965, *A Framework for Political Analysis*. London, UK: The University of Chicago Press. David Easton, 1979, *A Systems Analysis of Political Life*. London, UK: The University of Chicago Press.

[22] David Easton, 1957, "An Approach to the Analysis of Political Systems," *World Politics*, Vol. 9, No. 3, pp. 383-400. David Easton, 1979, *A Systems Analysis of Political Life*. op. cit., pp. 17-19.

[23] David Easton, 1965, *A Framework for Political Analysis*. op. cit., chap. 1.

　　而本書提出的分析架構雖然也有著動態發展、階段性、反饋、及循環式等特徵，但與系統論之差異在於：一，本文研究的主題為治理網絡而非政治系統，因此雖然都採取宏觀的視角，但社會化倡議分析架構所涉及的主題範疇不若系統論廣泛。二，本文提出的僅是分析架構，而非企圖建立能適用於所有政治事務的普遍理論。三，這個分析架構並未特別強調輸入與輸出的概念，也沒有將國際和國內環境作區隔。

第三節　案例的分析方式及觀察焦點

　　後續兩個章節將採下述方式來分析環境案例。首先，此處以「社會化倡議歷程分析架構」的五個階段作為基礎框架，個別析論臭氧層耗損與全球暖化的治理網絡發展過程。其次，統計歷屆國際會議的參與者數量，藉此說明國家與非國家行為者的活動積極度及比重。最後，統整案例當中的權力運用情況並描繪行為者間的權力網絡。

　　另一方面，針對臭氧層耗損與全球暖化案例，本書著眼的問題如下。一，在社會化倡議歷程中，各階段的細部運作機制為何？行為者們須達成哪些重要目標以利治理網絡的成形及存續？二，這兩個環境案例的發展情況存在著那些異同之處？要如何解釋它們在管制效能上出現的差異？三，現實主義、新自由制度主義、及社會建構主義等傳統國際關係理論能否對環境案例進行完整解釋？

第五章

臭氧層耗損

　　本章將檢視環境案例的治理網絡發展脈絡，此處以社會化倡議歷程分析架構作為論述基礎。雖然這五個階段是彼此接續進行，因此難以精確區分出起點與終點。但為了使這兩個案例的鋪陳脈絡具有一致性，所以在此仍先說明各階段的分隔方式（見圖 5-1）。

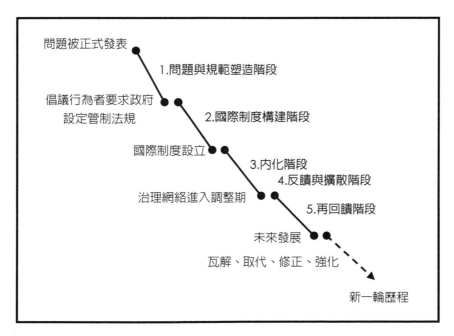

圖 5-1：各階段之區隔方式

資料來源：筆者繪圖。

　　一，「問題與規範塑造」階段：起自科學社群或發現者將此問題於科學期刊或研究報告上正式發表的時間點，至倡議行為者共同要求政府設定國內或國際法規。

　　二，「國際制度構建」階段：起自倡議網絡要求政府設定管制法規，至有約束力且明訂各國責任義務的國際制度出現為止。

　　三，「內化」階段與「反饋及擴散」階段：要區分這兩個階段的分界與終點有其困難度，因為自國際制度設立之後，國家行為者們即持續進行著內化及反饋的程序。即使是不願內化的行為者，它們亦會對治理網絡產生反饋的效用。針對這兩個階段，本文認為它們在時段上具有重疊性，因為每個行為主體在進行內化與反饋的時間點皆不同，所以難以明確區隔出階段的分界。總之，它們皆起自國際制度建立之後，直至治理網絡本身進入調整階段為止。另一方面，雖然這兩個階段的時間點重疊，但彼此討論的焦點不同。內化階段強調的是治理行為者如何影響目標國的決策；至於反饋與擴散則是著重各國的決策或實踐所造成的影響。

　　四，「再回饋」階段：這個階段的開端與內化階段、及反饋與擴散階段重疊，它起自治理行為者們開始計畫擬定新的規範、籌劃調整國際制度、或者治理網絡的行為者數量出現大幅變動（減少或增加）之時。前兩種情況在此階段當中僅及於早期準備，尚未正式被建立。另外，再回饋階段的終點主要是依治理網絡的未來發展而定。倘若網絡持續「強化」，則新一輪的內化與擴散階段便接續展開，並且吸納更多新成員。若網絡出現「修正」或「取代」的情況，則再回饋階段便止於規範塑造或國際制度產出等階段之前。最後，假使治理網絡最終「瓦解」，則再回饋階段也就隨之結束。

　　綜上而論，雖然各階段之間有著重疊的部分，但這不會對案例討論造成妨礙。因為本文採用的分析架構是一個動態且接續發展的框架，而各階段分界的重疊正能凸顯出其間連續發展的特徵。接下來，將開始介紹環境案例的發展歷程。

第一節　治理網絡的發展歷程

壹、問題與規範塑造階段（1970 年代初期）

　　這個議題主要牽涉到「臭氧層」（Ozone Layer）以及「氟氯碳化物」（Chlorofluorocarbons, CFCs，以下簡稱 CFCs）或所謂的「破壞臭氧層物質」（Ozone-Depleting Substances, ODS）。首先，臭氧層距地表約 10 至 50 公里，在大氣當中含量極少，可以吸收有害的 B 波長紫外線。[1]所以一旦臭氧層消失或稀薄，將會帶來例如皮膚癌、白內障、海洋微生物與昆蟲大量消失、植物產量降低等危害。另一方面，CFCs 是美國杜邦（DuPont）公司於 1928 年所研發，1931 年開始生產 CFC-11 及 CFC-12，並以氟利昂（Freon）為品牌來進行販售。CFCs 除了被使用來作為耐熱杯、包裝盒或牆壁的絕緣材料之外，亦用於冰箱或冷氣的冷媒、工業溶劑、噴霧罐產品等。也因為用途甚廣，所以全球的 CFCs 生產量在 1930 年至 1970 年間不斷攀升（請見圖 5-2）。

　　直至 1970 年代，科學家首次發現 CFCs 帶來的威脅。Richard S. Stolarski 與 Ralph J. Cicerone 於 1974 年撰文表示氯原子可能會破壞大氣當中的臭氧。[2]另外，Mario J. Molina 與 Frank Sherwood Rowland 兩人亦於同年的《自然》（Nature）期刊指出，人們排放的 CFC-11 與 CFC-12 數量逐年增加，而這類物質將會分解平流層（Stratosphere）的臭氧。[3]這兩份報告的研究發現等同於警告人們若繼續大量使用 CFCs，將會導致臭氧層耗損的嚴重後果。

---

[1]　臭氧是 C.F. Shoenbein 於 1840 年發現並命名。

[2]　Richard S. Stolarsk and Ralph J. Cicerone, 1974, "Stratospheric Chlorine: A Possible Sink for Ozone," *Canadian Journal of Chemistry*, Vol. 52, No. 8, pp. 1610-1615.

[3]　Mario J. Molina and Frank Sherwood Rowland, 1974, "Stratospheric Sink for Chlorofluoromethanes: Chlorine Atom-Catalyzed Destruction of Ozone," *Nature*, Vol. 249, No. 5460, pp. 810-812.

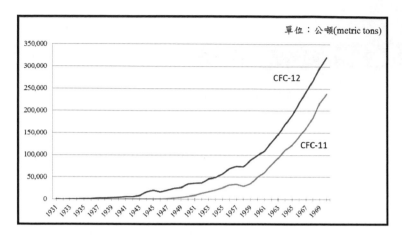

圖 5-2：全球 CFC-12 與 CFC-11 生產量統計

註：1. 統計時段：1931 年至 1970 年。
資料來源：筆者按「替代碳氟化合物環境可接受度研究計畫」（Alternative Fluorocarbons Environmental Acceptability Study, AFEAS）的統計數據自行繪圖。請參見 AFEAS, 2009, "Annual Fluorocarbon Production Reported," http://www.afeas.org/.

　　上述兩份報告發布之後，在美國立刻引起政府的關注，最主要的理由是因為 Rowland 擔任美國國家科學院（National Academy of Sciences）的五人小組成員，[4] 他在 1974 年將報告提交給國家科學院，而該院立即在當年組成科學委員會來調查臭氧層問題的真實性。[5] 此外，Rowland 與 Molina 亦聯合多位學者透過國會聽證會或媒體等管道來傳播這個環境威脅的重要性。例如，1974 年 12 月 11 日，美國眾議院召開聽證會，包括 Rowland、Molina、Michael B. McElroy、Cicerone 等學者皆與會說明碳氟化合物可能帶來的危害。[6] 而在會後，McElroy 向媒體表示國會應提供資金補助臭氧層問題的相關研究。[7]

---

[4] Sharon Roan, 1989, *Ozone Crisis: The 15-Year Evolution of a Sudden Global Emergency*. New York, NY: Wiley Science Editions, pp. 29-30.

[5] Walter Sullivan, September 27, 1974, "Scientists Study Action on Aerosol Gas: Tests by Manufacturers Knowledge of Region," *The New York Times*, p. 82.

[6] House of Representatives, December 11-12, 1974, *Fluorocarbons: Impact on Health and Environment*. Washington, D.C.: US Government Printing Office.

[7] Thomas O'Toole, December 12, 1974, "Ozone Shield Is Shrinking: Congress Urged to Provide Funds for Study," *The Washington Post*, B14.

另一方面，美國白宮的環境品質委員會（Council on Environmental Quality）與聯邦科學暨科技委員會（Federal Council for Science and Technology）也在 1975 年 1 月共同創立「聯邦跨部門工作小組」（Federal Interagency Task Force on Inadvertent Modification of the Stratosphere, IMOS）來對此問題進行調查。[8]同時，為了蒐集數據資料，美國航太總署（National Aeronautics and Space Administration, NASA，以下簡稱 NASA）更於 1975 年 11 月發射監測衛星。[9]

這些積極的調查行動，使得「臭氧層耗損問題」在短期內備受討論。而在政策的議題領域當中，這個問題也因為下述事件的影響而發展成重要的「環境議題」。首先，Molina 與 Rowland 等人的論點雖然尚未被證實，但卻獲得其他科學家的支持。例如，Ralph J. Cicerone、Richard S. Stolarski、Stacy Walters 在 1974 年發表的〈平流層臭氧受到人造氯氟甲烷的破壞〉（Stratospheric Ozone Destruction by Man-Made Chlorofluoromethanes）一文指出，當前 CFCs 物質的使用量的確會增快破壞臭氧的速率，而且不只在平流層，連對流層（Stratosphere）的氯離子濃度也顯著地增加。[10]另外，Michael A. A. Clyen 或 Thomas H. Maugh II 也分別在 1976 年撰文表示，雖然臭氧層問題仍存在著不確定性與爭議，但它所具有的危險性是無可否認的事實，人們應該開始思考削減 CFCs 產品的使用量。[11]或如，V. Ramanathan 甚至主張大氣當中的氯碳化合物（Chlorofluorocarbons）濃度增加將會導致溫室效應，進而改變地球的氣溫。[12]

而某些科學家也提及盡快管制 CFCs 產品的必要性，例如 Steven C. Wofsy、Michael B. McElroy、Nien Dak Sez 在 1975 年指出，當前氟利昂（Freon）

---

[8] 含括了農業部、商業部、國防部、健康教育暨福利部、司法部、太空總署等 14 個部門。

[9] Walter Sullivan, November 15, 1975, "A New Satellite Launching Is Set for Further Studies on Ozone," *The New York Times*, p. 6.

[10] Ralph J. Cicerone, Richard S. Stolarski and Stacy Walters, 1974, "Stratospheric Ozone Destruction by Man-Made Chlorofluoromethanes," *Nature*, Vol. 185, No. 4157, pp. 1165-1167.

[11] Michael A. A. Clyen, 1976, "Destruction of Stratospheric Ozone?" *Nature*, Vol. 263, No. 5580, pp. 723-726. Thomas H. Maugh II, 1976, "The Ozone Layer: The Threat from Aerosol Cans Is Real," *Nature*, Vol. 194, No. 4261, pp. 170-172.

[12] V. Ramanathan, 1975, "Greenhouse Effect Due to Chlorofluorocarbons," *Science*, Vol. 190, No. 4209, pp. 50-52.

的消耗量確實會對臭氧層造成嚴重傷害，即使人們在 1978 年決議削減氟利昂的使用量，至 1990 年仍會造成臭氧濃度降低 3% 的結果。但倘若管制的決議拖延至 1995 年才達成，則屆時不但臭氧的降低量將超過 10%，其所導致的負面影響也會長達 200 年之久。[13]

其次，美國官方的調查結果也支持臭氧層耗損的論點。聯邦跨部門工作小組在 Carroll Leslie Pegler 與 Warren R. Muir 等兩位主席的帶領下，於 1975 年 6 月出版報告表示：「對釋放在環境當中的碳氟化合物表示關切是有正當性的」，美國政府有必要管制 CFCs 產品的使用。倘若國家科學委員會的研究結論與本工作小組的評估一致，則決策者應該在 1978 年 1 月開始對碳氟化合物採取管制。[14]

而在隔年，1976 年 9 月，美國國家科學院的「大氣層變遷影響委員會」（Committee on Impacts of Stratospheric Change, CISC）公布臭氧層問題的調查報告。該委員會由貝爾實驗室暨普林斯頓大學教授 John W. Tukey 擔任主席，在報告中指出：CFCs 物質的確可能破壞大氣中的臭氧層，但因為目前的分析資料有限而無法精確估算臭氧層減耗的速度，所以尚不需即刻立法管制。但若在未來二至五年內科學證據仍持續支持臭氧層耗損的論點，則美國政府應立即對此產品的製造進行管制。[15]

最後，因為獲得科學社群及官方研究成果的支持，所以自 1975 年開始美國國內要求削減 CFCs 產品的民意壓力逐漸高漲。某些州或企業率先採行管制，例如奧瑞岡州（Oregon）於 1975 年通過並於 1977 年實施禁用 CFCs 噴霧罐產品。[16] 或如美國第五大噴霧罐生產商 Johnson Wax 公司於 1975 年

[13] Steven C. Wofsy, Michael B. McElroy and Nien Dak Sez, 1975, "Freon Consumption: Implications for Atmospheric Ozone," *Nature*, Vol. 187, No. 4176, pp. 535-537.

[14] Council on Environmental Quality and Federal Council for Science and Technology, 1975, *Fluorocarbons and the Environment: Report of Federal Interagency Task Force on Inadvertent Modification of the Stratosphere*. Washington, D.C.: IMOS, pp. iii-iv.

[15] Committee on Impacts of Stratospheric Change Assembly of Matematical and Physical Sciences, 1976, *Halocarbons: Environmental Effects of Chlorofluoromethane Release*. Washington, D.C.: National Academy of Sciences, pp. 7-8. Harold M. Schmeck, Jr., September 14, 1976, "Scientists Back New Aerosol Curbs To Protect Ozone in Atmosphere," *The New York Times*, p. 81.

[16] The New York Times, June 17, 1975, "Oregon Puts Curb on Aerosol Sprays," *The New York Times*, p. 30.

自願停用碳氫化合物來作為產品的推進劑。[17]另一方面，美國國內的消費者團體或環保團體也發揮影響力，譴責 CFCs 噴霧罐產品，使得這些產品被貼上破壞臭氧層的標籤，銷售量下降了 60%。[18]

　　但與此同時，企業界對臭氧層耗損議題卻存在著強烈地反對聲浪，原因在於其背後所蘊含的龐大利益。美國是 CFCs 的最大生產國，據杜邦公司估計，1974 年美國企業的 CFCs 產品獲益總值超過 80 億美元。[19]

　　為維護商業利益，企業界組成遊說團體來阻止政府訂立相關管制法案，如大氣科學學會（Council on Atmospheric Sciences, COAS）。[20]同時，企業也自行聘請專家來進行研究。例如，由噴霧罐製造商資助設立的「噴霧罐教育局」（The Aerosol Education Bureau）於 1974 年引述 Raymond L. McCarthy 博士的看法向媒體表示：「臭氧層耗損的論點只是一種假設，若政府的管制是以此為基礎，這將會是一場不正義的行動」。[21]

　　或如，在 1974 年 12 月舉行的國會聽證會上，McCarthy 博士擔任杜邦公司的代表並向議員們說明：[22]氯與臭氧的理論純屬臆測，並沒有具體證據顯示此種分解反應正在發生。而且實際情況與此論點相反，1960 年代的大氣臭氧層濃度反而比過去增加。[23]此外，現今約有 20 萬名美國勞工從事 CFCs 相關產業，若立法禁用此產品將會造成經濟問題。[24]

[17] The New York Times, June 24, 1975, "Aerosol Over Albany," *The New York Times*, p. 32.

[18] Donella Meadows, Jorgen Randers and Dennis Meadows, 2005, *Limits to Growth: The 30-Year Update*. London, UK: Earthscan, p. 188.

[19] 約 55 億來自冷媒、20 億來自噴霧罐、4 億來自泡棉（foams）商品。參考資料：House of Representatives, December 11-12, 1974, *Fluorocarbons: Impact on Health and Environment*. Washington, D.C.: US Government Printing Office, p. 377.

[20] 大氣科學學會的科學家們同時也透過參與研討會的方式，來發表對企業有利的論點。請參閱：Walter Sullivan, May 13, 1976, "Studies are Cited to Show that Effects of Fluorocarbons on Ozone Layer May Be Cut Nearly to Zero," *The New York Times*, p. 24.

[21] The New York Times, November 2, 1974, "Industry Doubts Threat to Ozone: Aerosol Bureau Quotes an Expert on Lack of Proof," *The New York Times*, p. 59. 其他可參閱：Lee Edson, December 21, 1975, "Not with a Bang but a Pfffft?" *The New York Times*, p. 215.

[22] McCarthy 擁有耶魯大學物理學博士學位，同時也是杜邦公司氟利昂產品部門的生產技術主管兼實驗室主持人。

[23] Richard E. Benedick, 1991, *Ozone Diplomacy*. Cambridge, MA: Harvard University Press, p. 12. Thomas O'Toole, December 13, 1974, "Freon Maker Opposes Ban," *The Washington Post*, A3. House of Representatives, December 11-12, 1974,

　　另外，籌組研究機構也是企業的手段之一。例如，杜邦與其他製造商於 1975 年集資 5 百萬美元成立「化學製造業協會」（Manufacturing Chemists Association）來分析碳氟化合物是否會對臭氧層產生不良影響。另外，杜邦公司主管也在報紙刊登廣告表示：「倘若有確切的證據出現，則杜邦公司將停止生產此類化合物」。[25]

　　綜合而論，企業界主要的論述焦點著重在臭氧層議題所具有「不確定性」上，藉此來遊說政府不宜過早採行管制。簡言之，不確定性主要涉及到以下三個層面：一，沒有直接證據顯示 CFCs 是造成問題的最大主因。從另一個角度而論，這也代表即使禁用 CFCs 產品也未必能夠解決問題。二，尚無科學證據能證明臭氧層確實逐年稀薄。三，科學家當時還未能精確估算臭氧層的耗損速率，所以無法顯示出管制的急迫性。而這些不確定性在後續階段中亦會對國家之間的合作關係造成影響。

　　雖然遭遇到前述反對團體的抗拒，但在新聞媒體的報導以及諸如「自然資源保衛協會」（Natural Resources Defense Council, NRDC）等環保團體的推動之下，[26]美國大眾逐漸對 CFCs 的危害有所認識。同時，因為後續的研究結果皆未能推翻臭氧層耗損的論點，故使得政府決定採行管制措施。

　　1977 年，美國食品暨藥物管理局（Food and Drug Administration, FDA）與環境保護署（Environemntal Protection Agency, EPA）規定含有 CFCs 化合物的產品必須在標籤上加註有害環境的警語。[27]1978 年 3 月，食品暨藥物

Fluorocarbons: Impact on Health and Environment. Washington, D.C.: US Government Printing Office, pp. 378-381.

[24] House of Representatives, December 11-12, 1974, *Fluorocarbons: Impact on Health and Environment*. Washington, D.C.: US Government Printing Office, p. 377.

[25] Du Pont, June 30, 1975, "The Ozone Layer vs. the Aerosol Industry: Du Pont wants to See them both Survive," *The New York Times*, p. 30. Du Pont, October 1, 1975, "You want the Ozone Question Answered One Way or the other? So does Du Pont," *The New York Times*, p. 21.

[26] 請參閱：Lawrence K. Altman, December 15, 1976, "Environmental Group Contends Fluorocarbon Refrigerant Poses Wide Threat," *The New York Times*, p. 48.

[27] The New York Times, April 27, 1977, "F.D.A. to Require Warning Label for Fluorocarbon in Aerosol Cans," *The New York Times*, p. 32. The New York Times, October 30, 1977, "Some Aerosol Cans Must Display Warnings Beginning Tomorrow," *The New York Times*, p. 46.

管理局、消費者產品安全委員會（Consumer Product Safety Commission, CPSC）、以及環境保護署正式禁用 CFCs 作為噴霧罐之壓縮氣體。[28]

　　然而，美國政府的管制行動雖然在全球層次中引起許多國家關注，但並未獲得廣泛支持。只有瑞典、挪威、丹麥、芬蘭、加拿大等國於 1978 年禁用，以及歐洲經濟共同體（European Economic Community, EEC）在 1980 年決議跟進（但未禁用）；[29]所以其後全球 CFCs 的產量依舊持續增加（見圖 5-3）。

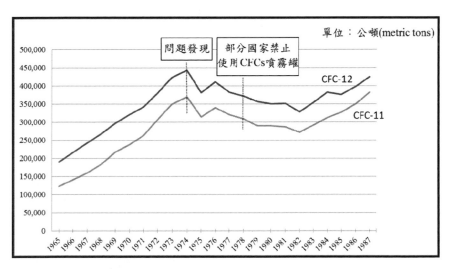

圖 5-3：1974 年至 1987 年全球 CFC-12 與 CFC-11 生產量統計

資料來源：筆者按「替代碳氟化合物環境可接受度研究計畫」（Alternative Fluorocarbons Environmental Acceptability Study, AFEAS）的統計數據自行繪圖。請參見 AFEAS, 2009, "Annual Fluorocarbon Production Reported," http://www.afeas.org/.

---

[28] The New York Times, March 16, 1978, "Sharp Curb Ordered on Aerosol Products," *The New York Times*, A18. FDA, 2007, "Use of Ozone-Depleting Substances: Removal of Essential-Use Designation," *Federal Register*, Vol. 72, No. 182, pp. 53711-53733.

[29] 歐洲經濟共同體在 1980 年決議將在 1982 年之前將 CFCs 噴霧罐的使用量減少 30%（以 1976 年為基準）。參考資料：UNEP, 2000, *Action on Ozone*. Nairobi, Kenya: UNON, p. 9.

貳、國際制度構建階段（1977-1987 年）

在成功促成國內管制之後，美國政府與倡議行為者們的下一個目標便是在國際層次建立管制 CFCs 的制度，因為僅憑少數國家降低排放量並無法解決問題。此時，臭氧層議題的發展進入到國際制度構建階段。

在國際場域中，美國政府是臭氧層議題的主要推動者，其以國際組織作為媒介來喚起各國對此議題的重視。1977 年 3 月，聯合國環境署（UNEP）在美國華盛頓舉行「臭氧層國際會議」（International Conference on the Ozone Layer）。參與者包括：32 國政府代表、聯合國 8 個部門的代表、以及國際科學理事會（International Council for Science, ICSU）與國際商會（International Chamber of Commerce, ICC）等 2 個非政府組織。[30]美國政府希望藉由這個會議來促使各國共同管制 CFCs 產品，然而此提議不但引起英國、西德等國的反對（因為它們國內有大型的化學企業仰賴 CFCs 產品的獲利），其他國家亦認為目前科學證據尚不明確，故不宜立即進行國際管制。[31]會後，32 個與會國通過「臭氧層世界行動計畫」（World Plan of Action on the Ozone Layer），該計畫建議應持續蒐集臭氧濃度與陽光輻射的數據，並要求聯合國環境署建立協調委員會來分享各國的研究成果以及評估行動計畫的履行成效。[32]

為了達到此一目的，聯合國環境署（UNEP）其後建立「臭氧層協調委員會」（Coordinating Committee on the Ozone Layer, CCOL）。[33]其成員包括：挪威、丹麥、日本、美國、蘇聯、法國、西德、義大利、荷蘭、瑞典、

[30] R. E. Munn, 1977, "UNEP Meeting of Experts on the Ozone Layer, held in the Loy Henderson Conference Room, Department of State, Washington, D.C., 1-9 March 1977, and Subsequent Establishment of a Coordinating Committee on the Stratospheric Ozone Layer" *Environmental Conservation*, Vol. 4, Issue 4, p. 309.

[31] Walter Sullivan, March 10, 1977, "Little Support Given to U.S. on Action to Protect Ozone," *The New York Times*, p. 16.

[32] UNEP, March 1-9, 1977, "World Plan of Action on the Ozone Layer," adopted by the UNEP Meeting of Experts Designated by Governments, Intergovernmental, and Non-Governmental Organizations on the Ozone Layer, Washington, D.C., p. 9.

[33] Stephen O. Andersen and K. Madhava Sarma, 2002, *Protecting the Ozone Layer: The United Nations History*. London, UK: UNEP, p. 48.

英國等國，以及聯合國機構、[34]歐洲經濟共同體、和非政府組織等。[35]該委員會除了定期彙整各國的執行情況之外，[36]更出版報告評估全球的 CFCs 排放量供決策者作為參考。[37]

　　總合而論，1977 年的國際會議是美國政府讓臭氧層議題成為國際焦點的開端，並且藉此將聯合國環境署（UNEP）塑造成整合及協調此議題的國際機構。而在 1978 年美國與部分國家禁用 CFCs 噴霧罐產品之後，這個議題便以聯合國環境署作為媒介在國際場域當中受到各國討論。

　　而在 1979 年至 1980 年間，美國國內的政策方向與民意訴求也有新的發展。首先，美國官方開始了解唯有仰賴國際合作才能減緩臭氧層問題。例如，國家科學院的「大氣層變遷影響委員會」（CISC）與「削減氟氯碳化物排放之選擇方案委員會」（Committee on Alternatives for the Reduction of Chlorofluorocarbon Emissions, CARCE）在 1979 年共同出版研究報告指出：儘管全球 CFCs 的排放量因為美國的禁用而暫時降低，但如今排放的趨勢又重新上升。[38]除非美國與世界合作，否則將難以解決問題。[39]其次，某些企業開發出噴霧罐推進劑的替代品，這讓消費者和產品製造商有其他購買選擇，有利於管制政策的推行。例如 Grow 企業集團以二氧化碳來製作推

---

[34] 例如：世界衛生組織（World Health Organization）、世界氣象組織等。

[35] 非政府組織包括：國際科學理事會（ICSU）與國際商會（ICC）。

[36] 例如：WMO, October 12-16, 1981, "Ongoing the Planned Activities Relevant to the World Plan of Action on the Ozone Layer: WMO," Coordinating Committee on the Ozone Layer, Fifth Session, Copenhagen. Canada, October 12-16, 1981, "Ongoing the Planned Activities Relevant to the World Plan of Action on the Ozone Layer: Canada," Coordinating Committee on the Ozone Layer, Fifth Session, Copenhagen.

[37] 例如：Chemical Manufacturers Association, October 12-16, 1981, "1980 World Production and Sales of Fluorocarbons FC-11 and FC-12," Coordinating Committee on the Ozone Layer, Fifth Session, Copenhagen.

[38] 若以 1977 年全球 CFCs 的排放量為基準，則未來臭氧層減耗的程度將會達到 16%，這也會讓對生物有害的紫外線增加 44%。而當臭氧濃度降低 30% 時，紫外線的增加幅度將達到 100%。

[39] Committee on Impacts of Stratospheric Change and Committee on Alternatives for the Reduction of Chlorofluorocarbon Emissions, 1979, *Protection against Depletion of Stratospheric Ozone by Chlorofluorocarbons*. Washington, D.C.: National Academy of Sciences, pp. 5-10. 類似的觀點另可參閱：The New York Times, October 29, 1980, "The Dilemma of the Endangered Ozone," *The New York Times*, A30.

進劑，並將產品命名為環保噴霧罐（Enviro-Spray）。[40]最後，1978 年禁用的產品僅及於噴霧罐，而美國環境保護署（EPA）在 1980 年又開始計畫將管制的層面擴大至所有 CFCs 產品，包括冷媒、發泡劑等。[41]

受到前述發展的影響，美國政府在國際層次的推動姿態更為積極。透過臭氧層協調委員會（CCOL）或工作小組等集會，各國開始體認到臭氧層耗損議題的重要性。1980 年 4 月，聯合國環境署的管理委員會（Governing Council）決議將籌畫制訂保護臭氧層的全球架構公約，並設立特設工作小組（Ad Hoc Working Group）來處理相關事宜。[42]1981 年 10 月，聯合國環境署集合各國政府的法律專家為國際環境法的審議程序建立基礎架構。其後又於 1982 年 1 月在斯德哥爾摩舉行「特設工作小組會議」（Ad Hoc Working Group Meeting），[43]著手研擬公約的初步框架並且評估預算。[44]

---

[40] The New York Times, January 24, 1980, "Technology: Carbon Dioxide in New Aerosol," *The New York Times*, D2.

[41] The New York Times, October 8, 1980, "E.P.A. to Seek a Curb on Fluorocarbon Production," *The New York Times*, A18.

[42] 參考資料：UNEP Secretariat, January 20-29, 1982, "Some Observations on the Preparation of a Global Framework Convention for the Protection of the Stratospheric Ozone Layer," UNEP Ad Hoc Working Group of Legal and Technical Experts for the Elaboration of a Global Framework Convention for the Protection of the Ozone Layer, Stockholm, pp. 1-2.

[43] Rumen D. Bojkov, 1982, "Ad Hoc Working Group of Legal and Technical Experts for the Elaboration of a Global Framework Convention for the Protection of the Ozone Layer, held at the Swedish Ministry for Agriculture and the Environment, Stockholm, Sweden, during 20-28, January 1982," *Environmental Conservation*, Vol. 9, Issue 4, p. 359.

[44] 公約的初步架構是由瑞典、芬蘭、挪威等國在彙整各國的意見後提出，並送交特設工作小組會議。Finland and Sweden, January 20-29, 1982, "Draft of International Convention for the Protection of the Stratospheric Ozone Layer," UNEP Ad Hoc Working Group of Legal and Technical Experts for the Elaboration of a Global Framework Convention for the Protection of the Ozone Layer, Stockholm. Finland, Noeway and Sweden, October 17-21, 1983, "Draft Annex Concerning Measures to Contral, Limit and Reduce the Use and Emissions of Fully Halogenated CFCs for the Protection of the Ozone Layer," UNEP Ad Hoc Working Group of Legal and Technical Experts for the Elaboration of a Global Framework Convention for the Protection of the Ozone Layer, Geneva. 預算評估方面的資料例如：UNEP Secretariat, December 10-17, 1982, "Financial Implications of the Implementation of the Convention for the Protection of the Ozone Layer," UNEP Ad Hoc Working

經過 4 年的籌備，會議於 1985 年 3 月在奧地利的維也納正式召開，共計 36 個國家同意與會。[45]聯合國環境署執行長 Mustafa Tolba 在開幕式上發表演說呼籲各國應集體合作來對抗臭氧層問題。[46]在會議當中，與會國通過《維也納臭氧層保護公約》（The Vienna Convention for the Protection of the Ozone Layer，又稱「維也納公約」），公約承認臭氧層問題會對人類健康與環境造成有害影響，並決定將透過後續談判來擬定管制全球 CFCs 排放量的議定書（protocol）。[47]但本公約的內容主要著重在研究與觀測等跨國合作事務上，其他方面僅做原則性的聲明，對於排放量更未設定任何管制措施或時間表。

此外，在會議當中僅有美國、蘇聯、白俄羅斯、丹麥、荷蘭、挪威等 20 個國家及歐洲經濟共同體簽署《維也納公約》，其他諸如英國、澳洲、奧地利、摩洛哥、盧森堡、墨西哥等直至會議結束後才陸續簽署。至於澳洲、巴西、愛爾蘭、日本、西班牙、菲律賓等 10 個與會國則未簽署公約（見表 5-1）。因為沒有實質證據顯示有嚴格管制 CFCs 的急迫性，所以導致各國在談判時難以達成共識，這也突顯出「科學證據」是國際合作不可或缺的重要環節。

Group of Legal and Technical Experts for the Elaboration of a Global Framework Convention for the Protection of the Ozone Layer, Geneva.

[45] 此次會議發函邀請所有國家，最後同意參與會議的國家數目共 36 國。而保加利亞、中國、厄瓜多、印尼、突尼西亞、烏拉圭、南斯拉夫等國則是派觀察員與會。另外，其他參與者包括聯合國機構、歐洲經濟共同體等國際組織，以及歐洲化學製造商聯合會（European Council of Chemical Manufacturers' Federation）、國際商會（ICC）、歐洲噴霧罐聯合會（Federation of European Aerosol Associations）等三個非政府組織。參考資料：UNEP, 1985, *Vienna Convention for the Protection of the Ozone Layer: Final Act.* Nairobi, Kenya: UNEP, p. 1.

[46] 請參閱：Mustafa Tolba, March 18, 1985, "Facing a Distant Threat," The Opening Session of the Conference of Plenipotentiaries on the Protection of the Ozone Layer, Vienna.

[47] 議定書的擬定方式可參閱《維也納公約》第 2 條與第 8 條。另外，公約第 16 條第 1 項規定：要成為議定書的締約國，這個國家或區域經濟組織必須先成為維也納公約的締約國。

表 5-1：維也納臭氧層保護公約之簽署情況統計

簽署情況	總計	
在維也納會議上簽署（1985.03.22）	與會國	：20
	區域經濟組織	：1
於會後簽署	與會國	：6
	非與會國	：1
未簽署	與會國	：10
	觀察員	：7

註：1.《維也納公約》第 12 條規定本公約從 1985 年 3 月 22 日至 1986 年 3 月 21 日期間開放簽署。

2.《公約》第 17 條第 1 項規定本公約於第 20 份批准、接受（acceptance）、核准（approval）或加入（accession）文書交存之日後的第 90 天生效。

3.《維也納公約》共有 27 個國家和 1 個區域經濟組織簽署。經批准程序後於 1988 年 9 月 22 日生效。

資料來源：筆者參考以下資料自行統計製表。UNEP, 1985, *Vienna Convention for the Protection of the Ozone Layer: Final Act*. Nairobi, Kenya: UNEP, pp. 1-30. UNEP, 2012, "Signature Vienna Convention," in UNEP Website, http://ozone. unep.org/new_site/en/treaty_ratification_status.php.

兩個月後，1985 年 5 月，由 J. C. Farman、B. G. Gardiner 與 J. D. Shanklin 等人組成的英國南極測量隊在《自然》（Nature）期刊發表報告，觀測結果顯示南極洲哈雷灣（Halley Bay）上空同溫層的臭氧濃度明顯下降。[48]為了檢證哈雷灣觀測站的研究成果，NASA 科學家們逐年調閱 1978 年發射的雨雲七號（Nimbus-7）衛星之觀測資料，[49]結果發現南極上空臭氧濃度下降的情況已經持續了數年，[50]而且每年 9 月至 10 月期間會出現極大的「臭

[48] J. C. Farman, B. G. Gardiner and J. D. Shanklin, 1985, "Large Losses of Total Ozone in Antarctica Reveal Seasonal ClOx/NOx Interaction," *Nature*, Vol. 315, No. 6016, pp. 207-210.

[49] 這項研究工作是由兩個科學團隊分別進行，團隊的領導人是 Susan Solomon 及 Donald F. Heath。

[50] Cass Peterson, October 21, 1986, "Antarctica's Ozone Hole Keeps Scientists Puzzled: Expedition Fails to Confirm Theories," *The Washington Post*, A3. Mark Landler, October 21, 1986, "Polar Ozone Hole May Occur Elsewhere," *Los Angeles Times*, A4. Susan Solomon, Rolando R. Garcia, F. Sherwood Rowland and Donald J. Wuebbles, 1986, "On the Depletion of Antarctic Ozone," *Nature*, Vol. 321, No. 6072, pp. 755-758.

氧層破洞」（Ozone Hole）。[51]這個消息雖然立刻引起各方關注，但它們皆屬於「間接」觀測證據，無法證明 CFCs 的排放是導致臭氧層稀薄的主因，[52]所以各國對此議題依然未能達成一致共識。

　　另一方面，企業界此時亦聯合抵制國際管制的訴求。1980 年在杜邦公司的贊助及發起之下，多家化學企業組成「CFC 政策聯盟」（Alliance for Responsible CFC Policy）。這個聯盟除了遊說政府之外，更出版報告或發表言論來反對管制。例如，CFC 政策聯盟的主席 Richard Barnett 在 1986 年撰文表示：臭氧層問題不會對人類的健康或環境造成立即威脅，臭氧層問題的解決必須以可信的科學共識作為基礎並且與全球各國合作，因此我們反對美國政府片面採行的管制行動。[53]或如，CFC 政策聯盟在 1987 年出版報告指出：「估計約有 1 萬家美國企業使用 CFCs 來製造商品，這些企業提供約 71 萬 5 千個工作機會」，倘若禁止 CFCs 產品將會對經濟造成嚴重傷害。[54]

　　為了加快擬定議定書的進程，聯合國環境署（UNEP）於 1986 年至 1987 年 3 月期間又舉行三次特設工作小組會議。[55]首先，在 1986 年 11 月的日內瓦會議上，美國代表呼籲各國在短期內應凍結破壞臭氧層物質的排放量，並且分階段停用 95%此類化學物質。[56]同時，蘇聯、加拿大、歐洲共同體、

---

[51] 臭氧破洞並非指臭氧層完全消失，而是這個地區的臭氧濃度十分稀薄。請參閱：Walter Sullivan, November 7, 1985, "Low Ozone Level Found Above Antarctica," *The New York Times*, B21. NASA, 1980, "Ozone Hole Watch," NASA Goddard Space Flight Center Website, http://ozonewatch.gsfc.nasa.gov/SH.html.

[52] 例如 NASA 科學家 Susan Solomon 在接受記者訪問時表示：「我們現今仍然無法肯定地為臭氧層破洞的成因下定論」。參考資料：Cass Peterson, October 21, 1986, "Antarctica's Ozone Hole Keeps Scientists Puzzled: Expedition Fails to Confirm Theories," *The Washington Post*, A3.

[53] Cass Peterson, September 17, 1986, "Chlorofluorocarbon Group Supports Production Curbs," *The Washington Post*, A26. Richard Barnett, November 16, 1986, "The U.S. Can't Do the Job All Alone," *The New York Times*, F2.

[54] Alliance for Responsible CFC Policy, 1986, *The Montreal Protocol: A Briefing Book*. Rosslyn, VA: Alliance for Responsible CFC Policy.

[55] 全名為：籌備氟氯碳化物議定書之法律與科技專家特設工作小組（Ad Hoc Working Group of Legal and Technical Experts for the Preparation of the Protocol on CFCs to the Vienna Convention for the Protection of the Ozone Layer）。

[56] UNEP, December 1-5, 1986, "Draft Report of the Ad Hoc Working Group on the Work of it First Session," Ad Hoc Working Group of Legal and Technical Experts for the Preparation of the Protocol on CFCs to the Vienna Convention for the Protection of the Ozone Layer, Geneva, p. 4.

美國等也提出議定書草案。[57]而自然資源保衛協會（Natural Resources Defense Council, NRDC）、環境保衛基金（Environmental Defense Fund）等非政府組織則在會議上發表演說，[58]呼籲各國應盡快通過時間表來進行管制。[59]會後，美國代表 Richard E. Benedick 向記者表示：「與會各國基本上同意臭氧層問題確實存在，但歧異處是到底要用多大程度以及多快的速度來管制這個問題」。[60]

其次，1987 年 2 月的維也納會議也面臨類似的困境。與會國只有加拿大、瑞典、挪威、芬蘭等支持美國的提案，願意凍結所有產品的排放量並且分階段停用破壞臭氧層物質。而其他諸如日本、[61]或部分歐洲國家則認

---

57 UNEP, December 1-5, 1986, "Revised Draft Protocol on CFCs Submitted by the US Preamble," Ad Hoc Working Group of Legal and Technical Experts for the Preparation of the Protocol on CFCs to the Vienna Convention for the Protection of the Ozone Layer, Geneva. UNEP, December 1-5, 1986, "Draft Protocol on CFCs or Other Ozone-Modifying Substances Submitted by Canada," Ad Hoc Working Group of Legal and Technical Experts for the Preparation of the Protocol on CFCs to the Vienna Convention for the Protection of the Ozone Layer, Geneva. UNEP, December 1-5, 1986, "USSR Proposal for Article II," Ad Hoc Working Group of Legal and Technical Experts for the Preparation of the Protocol on CFCs to the Vienna Convention for the Protection of the Ozone Layer, Geneva. UNEP, December 1-5, 1986, "Proposal by the European Community," Ad Hoc Working Group of Legal and Technical Experts for the Preparation of the Protocol on CFCs to the Vienna Convention for the Protection of the Ozone Layer, Geneva.

58 UNEP, December 1-5, 1986, "Statement of David A. Wirth, Nature Resource Council," Ad Hoc Working Group of Legal and Technical Experts for the Preparation of the Protocol on CFCs to the Vienna Convention for the Protection of the Ozone Layer, Geneva. UNEP, December 1-5, 1986, "Ozone Depletion and Climate Change: A Statement on CFCs and Related Compounds by the International Environmental Community," Ad Hoc Working Group of Legal and Technical Experts for the Preparation of the Protocol on CFCs to the Vienna Convention for the Protection of the Ozone Layer, Geneva.

59 此次會議共有下列幾個非政府組織與會：國際科學聯合總會（ICSU）、歐洲化學製造商聯合會、環境保衛基金（Environmental Defense Fund）、歐洲噴霧罐聯合會、國際商會、自然資源保衛協會（Natural Resources Defense Council, NRDC）、世界資源機構（World Resources Institute）。

60 Benedick 是美國海洋暨國際環境與科學事務局（OES）的副助理國務卿。Special to The New York Times, December 2, 1986, "Action Urged on Ozone," The New York Times, C11. Philip Shabecoff, December 7, 1986, "Consensus on the Threat to the Ozone," The New York Times, E28.

61 另外，日本代表也主張管制措施必須以科學證據為基礎，並且考量到開發中國家的立場。目前 CFCs 造成的問題大多是已開發工業國家造成，因此開發中國家不應被加以相同程度的管制。參考資料：UNEP, February 23-27, 1987, "Report of the Ad Hoc Working

為除非有新的科學證據出現，否則僅需凍結部分產品且不需要分階段禁用。[62]針對此種情況，美國代表 Benedick 會後表示：「部分國家將短期利益置於集體責任之上，試圖拖延決議以規避國際管制」。[63]

　　最後，在 3 月的日內瓦會議當中，美國參眾兩院議員也一同與會表達對政府的支持。[64]而聯合國環境署（UNEP）執行長 Tolba 則在會議上呼籲各國應盡快採取行動，若議定書能在 1988 年以前生效，預計就能在 2000 年時將排放量削減至零。[65]雖然各國仍對管制的細節有爭議，例如歐洲共同體僅同意分階段禁用 20%的產品。[66]但大部分國家皆同意應對破壞臭氧層物質採行國際管制，因此決議將在 1987 年 9 月於加拿大的蒙特婁舉行制定議定書之國際會議。[67]

Group on the Work of Its Second Session," Ad Hoc Working Group of Legal and Technical Experts for the Preparation of the Protocol on CFCs to the Vienna Convention for the Protection of the Ozone Layer, Vienna, pp. 6-7.

[62] Henry Kamm, February 26, 1987, "30 Nations Meet on Rules to Protect Ozone Layer," *The New York Times*, A7.

[63] Henry Kamm, February 28, 1987, "U.S. Blames Europe for Lack Of Ozone-Protection Accord," *The New York Times*, p, 2.

[64] 但美國政府內部亦存在著意見分歧之情況，例如內政部長 Donald Hodel 在 1987 年 6 月表示：「只要人人出門時戴上寬邊帽和墨鏡，臭氧層就不是問題」（the use of hats and sunglasses to guard against the lethal sunlight of an ozoneless atmosphere）。資料來源：Time Magazine, June 08, 1987, "Environment: Don Hodel's Ray-Ban Plan," http://www. time.com/time/magazine.

[65] UNEP, April 27-30, 1987, "Report of Ad Hoc Working Group on the Work of Its Third Session," Ad Hoc Working Group of Legal and Technical Experts for the Preparation of the Protocol on CFCs to the Vienna Convention for the Protection of the Ozone Layer, Geneva, p. 2. Special to The New York Times, April 28, 1987, "U.N. Panel Urges Steps For Preserving Ozone," *The New York Times*, A3. Thomas W. Nertter, May 1, 1987, "U.N. Parley Agrees to Protect Ozone," *The New York Times*, A1.

[66] UNEP, April 27-30, 1987, "Report of Ad Hoc Working Group on the Work of Its Third Session," Ad Hoc Working Group of Legal and Technical Experts for the Preparation of the Protocol on CFCs to the Vienna Convention for the Protection of the Ozone Layer, Geneva, pp. 5-6.

[67] UNEP, April 27-30, 1987, "Report of Ad Hoc Working Group on the Work of Its Third Session," Ad Hoc Working Group of Legal and Technical Experts for the Preparation of the Protocol on CFCs to the Vienna Convention for the Protection of the Ozone Layer, Geneva, p. 10.

　　1987 年 9 月 14 日蒙特婁會議正式召開，共計有 55 個國家與會。[68]在會議期間爭論依然存在，其中的焦點包括：一，開發中國家認為國際管制將會帶來極大的經濟損失，因為它們在進行現代化的同時，對冷媒或其他 CFCs 產品有著極大的需求。二，針對排放量的計算方式，歐洲經濟共同體（EEC）的代表主張它們 12 個國家應被視為同一個整體。[69]但美國談判代表 Lee Thomas 認為此種方式不但可能使部分國家得以規避管制，[70]更讓它們國內的化學產品製造商有管道取得不公平的競爭優勢，[71]因此極力反對此提案。[72]三，蘇聯代表反對將 CFCs 產量凍結在 1986 年的水平上。

　　四，最大的爭議點在於，美國政府主張議定書必須待批准國的總排放量達到全球的 90%以後才開始生效。美國環境保護署（EPA）官員 Dave Cohen 認為這可以使國際合作更有效且公平。[73]但其他與會國或非政府組織卻有不同看法，例如奧地利代表 Manfried Lang 表示：「倘若美國繼續堅持 90%的門檻，則最後將不會有議定書出現」。[74]或如，自然資源防衛協會代表 David Wirth 向記者表示：「美國政府此舉是在阻礙國際管制，給予少數國家讓議定書無法生效的權力」。[75]

---

[68] 此次會議發函邀請所有國家，最後同意參與會議的國家數目共 55 國，包括阿爾及利亞（Algeria）、阿根廷、澳洲、奧地利、比利時、巴西、布吉納法索（Burkina Faso）、白俄羅斯、加拿大、智利、中國、哥倫比亞、剛果等。而多明尼加、厄瓜多、匈牙利、印度、科威特、波蘭等 6 國則是派遣觀察員參與。另外，亦有國際商會、歐洲噴霧罐聯合會、歐洲化學製造商聯合會、綠色和平組織（Greenpeace）、地球之友（Friends of the Earth）、CFCs 政策聯盟、自然資源保衛協會（NRDC）、環境保衛基金（EDF）等非政府組織參與集會。

[69] 歐洲經濟共同體此時成員包括：比利時、丹麥、法國、西德、希臘、愛爾蘭、義大利、盧森堡、荷蘭、葡萄牙、西班牙、英國等。

[70] Lee Thomas 同時也是美國環境保護署的官員。

[71] 例如，把工廠遷移至排放配額較高的國家進行生產。

[72] Michael Weisskopf, September 16, 1987, "45 Nations near Treaty on Ozone," *The Washington Post*, A1. Los Angeles Times, September 16, 1987, "U.S.-Europe Compromise Leads to Ozone Pact," *Los Angeles Times*, B15.

[73] Michael Weisskopf, September 9, 1987, "EPA would Make Ratification of Ozone Pact more Difficult," *The Washington Post*, A5.

[74] Philip Shabecoff, September 15, 1987, "Ozone Treaty Nears, but Obstacles Remain," *The New York Times*, C1.

[75] The New York Times, September 9, 1987, "U.S. Move to Weaken Plan on Ozone Is Seen," *The New York Times*, A8.

但因為大部分國家皆贊成推行國際管制，而且美國政府也願意讓步。所以各國在 9 月 16 日通過《關於破壞臭氧層物質議定書》（Montreal Protocol on Substances that Deplete the Ozone Layer）（以下簡稱蒙特婁議定書）。首先，議定書將締約國區分成「第五條國家」（開發中國家）與「非第五條國家」（已開發國家）等兩種類別，並規定開發中國家享有 10 年的緩衝期（第 5 條），[76]而且可以獲得技術援助（第 10 條）。其次，將管制品區分成第一類「CFC 物質」與第二類「海龍」（Halon，以下簡稱 Halon）等兩種（議定書附件 A），[77]並規定這兩類物質的消費量及生產量係以 1986 年作為基準。但開發中國家為了國內發展需要，其生產量可以比基準值高 10%（第 2 條第 1 項）。此外，第一類物質必須分階段減少消耗量，1994 年 6 月以後減量 20%，1999 年 6 月以後減量 50%（第 2 條第 3 項及第 4 項）。最後，各國承諾將推動資金補助計畫來幫助開發中國家發展替代技術或產品（第 5 條第 3 項）。

簡言之，《蒙特婁議定書》係以分階段停用 50%的 CFCs 物質作為主要目標，並給予開發中國家不同的減量標準。從議定書的內容可以看出美國政府所做的讓步，例如起初提議禁用所有產品，最後僅分階段減量 50%的 CFCs 物質；以及原本堅持批准國的總排放量必須達到全球的 90%，後來讓步至 2/3。而因為部分國家對議定書的內容仍有疑義，所以在蒙特婁會議上只有美國、英國、法國、德國、日本等 24 個國家簽署，其他如蘇聯、以色列、澳洲等國於會後才陸續簽署，而中國、巴西、哥倫比亞、祕魯等 13 個與會國則未簽署議定書（見表 5-2）。

---

[76] 開發中國家可以自議定書生效日起延後 10 年才實施管制。
[77] 第一類物質包括：CFC-11、CFC-12、CFC-113、CFC-114、CFC-115。第二類物質指：Halon-1211、Halon-1301、Halon-2402。

表 5-2：蒙特婁議定書之簽署情況統計

簽署情況	總計	
在蒙特婁會議上簽署（1987.09.16）	與會國	：24
	區域經濟組織	：1
於會後簽署	與會國	：18
	非與會國	：3
未簽署	與會國	：13
	觀察員	：6

註：1.《蒙特婁議定書》第 15 條規定本議定書自 1987 年 9 月 16 日至 1988 年 9 月 15
　　日期間開放簽署。
　　2.《蒙特婁議定書》第 16 條規定若能同時符合以下要件，則議定書預計於 1989
　　年 1 月 1 日生效：至少有 11 個國家或區域經濟體交存批准、接受、核准或加入
　　之文書；批准國或區域經濟體的總排放量必須達到全球 CFCs 排放量的 2/3、以
　　及《維也納公約》已經生效。若這些條件在當日未滿足，則本議定書將於條件
　　滿足之日起的第 90 天生效。
　　3.《蒙特婁議定書》共有 45 個國家和 1 個區域經濟組織簽署。經批准程序之後於
　　1989 年 1 月 1 日生效。
資料來源：筆者參考以下資料自行統計製表。UNEP, September 16, 1987, "Montreal
　　　　　Protocol on Substances that Deplete the Ozone Layer: Final Act," UNEP
　　　　　Document, Montreal, pp. 1-2. UNEP, 2012, "Signature Montreal Protocol," in
　　　　　UNEP Website, http://ozone.unep.org/new_site/en/treaty_ratification_status.php.

　　綜合而論，此時（1987 年 9 月之前）科學證據已經證實臭氧層的確正
在逐年稀薄，並能夠粗略地計算出耗損速率。然而，針對「臭氧層耗損是
否為 CFCs 物質所導致？」這個問題卻尚無定論。倘若未解決此一不確定
性，則各國在批准國際公約或議定書時將依然無法消除歧見。

　　為了獲取臭氧層破洞的直接證據，在蒙特婁會議進行的同時，美國
NASA 在 Robert T. Watson、Estelle P. Condon、A. F. Tuck 等科學家的主持
下，於 1987 年 8 月至 9 月展開「機載南極臭氧實驗」（Airborne Antarctic
Ozone Experiment, AAOE）計畫，科學家們搭乘兩架高空研究飛機進入南
極臭氧層破洞內蒐集證據。[78]其後分析測得的數據顯示，破洞當中一氧化

---

[78] Shirley Christian, September 22, 1987, "Pilots Fly over the Pole into Heart of Ozone
Mystery," *The New York Times*, C1. Michael Weisskopf, October 1, 1987, "Ozone

氯的濃度比一般大氣層高出百倍，而且此區域的臭氧含量消失近 75%。易言之，這個研究成果證實導致臭氧層破洞的元兇是含氯之化合物。[79]此證據之出現，使得各國對臭氧層耗損議題的看法開始產生轉變，並且影響到後續的批准與修正國際制度之工作。

參、內化階段（1987-1989 年）

當與會國通過《蒙特婁議定書》之後，臭氧層耗損問題的治理網絡便初步成形。在這個網絡之中，存在著「刪減 CFCs 物質的排放量以保護臭氧層」的環境規範，以及明訂各國責任與義務的國際制度。而治理行為者們的下一個目標即是設法讓國家們批准國際制度並且產出合乎規範的政策作為。本節將透過歐洲國家的案例來說明內化階段的互動情況。

要使目標國接納外在的國際制度，其間的影響途徑包括外交政策、倡議、以及學習等三種類型，茲個別說明如下。首先，外交政策途徑：英國政府在 1986 年以前對臭氧層議題始終抱持著質疑，所以不願積極地參與國際管制工作。但其後在科學證據提供佐證以及民意壓力高漲等因素的影響之下，英國政府的政策立場也開始出現轉變。自 1987 年簽署《蒙特婁議定書》後，英國政府便成為該議題的倡議者，並且希望歐洲經濟共同體當中的其他國家也能為臭氧層問題付出實際行動。

英國政府的影響途徑主要以國家勸服和國際談判為主。例如，至 1988 年 8 月為止，舉凡加拿大、埃及、美國、墨西哥等皆已經批准《蒙特婁議定書》，然而歐洲共同體卻尚無任何國家批准。為了讓議定書如期生效，

Depletion Worsens, Is Linked to Man-Made Gas: Antarctic Data Bolsters Effort against CFCs," *The Washington Post*, A23. Philip Shabecoff, October 1, 1987, "Antarctica Ozone Loss is Worst Ever Recorded," *The New York Times*, A1. W. Henry Lambright, 2005, *NASA and the Environment: The Case of Ozone Depletion*. Washington, D.C.: NASA, pp. 19-23.

[79] A. F. Tuck, R. T. Watson, E. P. Condon, J. J. Margitan and O. B. Toon, 1989, "The Planning and Execution of ER-2 and DC-8 Aircraft Flights over Antarctica, August and September 1987," *Journal of Geophysical Research*, Vol. 94, No. D9, pp. 11181-11222. J. G. Anderson, W. H. Brune and M. J. Proffitt, 1989, "Ozone Destruction by Chlorine Radicals within the Antarctic Vortex: The Spatial and Temporal Evolution of ClO-O3 Anticorrelation Based on in Situ ER-2 Data," *Journal of Geophysical Research*, Vol. 94, No. D9, pp. 11465-11479.

柴契爾（Margaret Thatcher）政府在同年 9 月把臭氧層破洞列為首要的污染問題之一，並且宣布英國將帶領歐洲各國共同處理這個問題。[80]

在 10 月初舉行的歐洲共同體環境部長會議上，前述宣示便成為勸服的媒介。英國代表 Lord Caithness 向與會國重申柴契爾政府的立場並且說服各國應管制 CFCs 產品。[81]其後，在英國的推動之下，歐洲部長理事會（Council of the European Communities）於 10 月 14 日決議會員國應採納《維也納公約》與《蒙特婁議定書》，[82]而盧森堡與葡萄牙也在會後率先批准。最終，歐洲共同體於 12 月批准《蒙特婁議定書》，讓議定書得以在 1989 年 1 月 1 日生效。[83]

或如，英國政府的目標並不僅止於議定書的批准，同時更希望歐洲國家能帶領世界各國達成更大幅度地排放量削減。因此柴契爾政府於 1988 年 11 月宣布隔年將在倫敦舉辦國際會議，並呼籲世界各國應盡快提高 CFCs 的減量幅度。[84]而在英國政府的勸服之下，歐洲共同體環境委員會於 1989 年 3 月 2 日決議將分階段禁用 85% 的 CFCs 產品，並且在 2000 年停止生產及使用 CFCs。[85]另一方面，在歐洲共同體率先提高減量幅度以及擬定完全禁用的時間表之後，英國政府亦希望藉由此一角色來勸服世界各國。在 3 月 6 日召開的倫敦國際會議上，柴契爾首相主持開幕式並呼籲與會的 124 個國家應和歐洲共同體採行相同的管制措施。[86]雖然此提議遭到如蘇

[80] Nicholas Wood, September 28, 1988, "Thatcher gives Support to War on Pollution," *The Times*, p. 2. The Times, October 19, 1988, "Britain Leads Fight against Pollution," *The Times*, p. 1.

[81] Mario Modiano, October 3, 1988, "EEC Seeks Urgent Action on Ozone," *The Times*, p. 2.

[82] Council of the European Communities, October 14, 1988, "Council Decision of 14 October 1988 Concerning the Conclusion of the Vienna Convention for the Protection of the Ozone Layer and the Montreal Protocol on Substances that Deplete the Ozone Layer," Luxembourg, 88/540/EEC. Council of the European Communities, October 14, 1988, "Council Regulation of 14 October 1988 on Certain Chlorofluorocarbons and Halons which Deplete the Ozone Layer," Luxembourg, EEC No 3322/88.

[83] Philip Shabecoff, December 17, 1988, "Ozone Pact goes into Effect," *The New York Times*, p. 4.

[84] Pearce Wright, November 24, 1988, "Thatcher Calls Conference on Protecting Ozone Layer," *The Times*, p. 2.

[85] Craig R. Whitney, March 3, 1989, "12 Europe Nations to Ban Chemicals that Harm Ozone," *The New York Times*, A1. Michael McCarthy and Michael Dynes, March 3, 1989, "Total Ban on CFCs to Save Ozone Layer," *The Times*, p. 2.

[86] Craig R. Whitney, March 6, 1989, "London Talks Hear Call for '97 Ban on Anti-Ozone Chemicals," *The New York Times*, B10. Pearce Wright, Sheila Gunn and

聯、中國、印度等國的拒絕，[87]但英國也成功地讓各國了解到臭氧層議題
的嚴重性。

　　其次，倡議途徑：前述途徑主要是由國家所推動，然而非國家行為者
亦能影響歐洲國家的環境政策。一，科學社群：例如美國 NASA 的機載南
極臭氧實驗計畫主持人 Waston、或發現南極臭氧破洞的 Farman 等科學家
們透過研究成果的發表來改變歐洲各國對臭氧層問題的看法。[88]二，非政
府組織：在歐洲地區較活躍的團體包括綠色和平組織（Greenpeace）、地
球之友、以及消費者團體等，它們主要透過激發民意認同、迫使企業改善
等方式，來間接影響政府的政策。例如綠色和平組織自 1980 年代中期起透
過出版報告、舉發不法企業等方式，來喚起民眾對臭氧層問題的重視。[89]或
如，在消費者團體的施壓之下，英國超市連鎖店 Tesco 在 1988 年 6 月宣布
禁用 CFC，[90]並於隔年 1 月在產品上加註對臭氧層無害之環保標章。[91]另一
個著名的案例是，地球之友在 1988 年初要求英國噴霧罐廠商停用 CFCs，
否則將發起抵制購買的運動。最後成功使得多家噴霧罐連鎖企業如帝國化
學（Imperial Chemical Industries, ICI）、Beecham 企業、高露潔（Colgate-
Palmolive）等，宣布將分階段停用 CFCs 並研發替代品。[92]

　　　Michael McCarthy, March 6, 1989, "Thatcher at Odds with Ridley on Ozone
　　　Stance," *The Times*, p. 3.
[87] Pearce Wright, March 7, 1989, "Soviet Delegation Rejects CFC Ban," *The Times*, p.
　　　2. R. C. Longworth, March 7, 1989, "Global Accord on Ozone Stalled," *Chicago
　　　Tribune*, p. 4.
[88] Robert Matthews, January 26, 1988, "Now the Race is on to Limit Damage to the
　　　Ozone Layer," *The Times*, p. 2. Pearce Wright, November 29, 1988, "Northern
　　　Hemisphere Facing Ozone Layer Crisis," *The Times*, p. 2.
[89] John Mate, 2001, "Making a Difference: A Case Study of the Greenpeace Ozone
　　　Campaign," *RECIEL*, Vol. 10, No. 2, pp. 190-198. Pearce Wright, October 10, 1989,
　　　"Greenpeace Seeks Ban on Cleaning Chemicals," *The Times*, p. 1.
[90] The Times, June 21, 1988, "Aerosol move: Tesco to Ban Chlorofluorocarbons," *The
　　　Times*, p. 1.
[91] The Times, January 11, 1989, "A Greener Giant," *The Times*, p. 2. Michael
　　　McCarthy, January 11, 1989, "Supermarket Chain to Take on a Green Tinge," *The
　　　Times*, p. 1.
[92] The Times Staff Reporters, February 18, 1988, "Aerosols to be Made Safe: Ozone
　　　Layer Damage," *The Times*, p. 2. David Nicholson, March 21, 1988, "Why the
　　　Greens are Growing," *The Times*, p. 3.

最後，學習途徑：這個途徑意指目標國仿效其他行為者的經驗，進而獲得新的利益與偏好，而在此互動過程當中並沒有明顯的物質動機。[93]就歐洲共同體的會員國而論，英國是學習途徑的例證。簡言之，至 1987 年為止，英國參與國際管制行動的原因主要源自倡議行為者的壓力。然而，自1988 年 11 月以後，英國政府不但吸納他國（美國、加拿大或其他支持管制 CFCs 的國家）的經驗，甚至更進一步提出應增加減量幅度並擬定完全停產的時間表。而此一行動並無明顯的物質動機，[94]同時也不是國際壓力所導致的結果，[95]因此可以視為是學習途徑的例子。

肆、反饋與擴散階段（1987-1989 年）

當國際制度與規範被目標國接受之後，其所產出的政策或實踐又會影響其他行為者的立場，進而使得治理網絡逐漸擴大並加深管制的範疇。例如，雖然企業界普遍表示《蒙特婁議定書》將會增加生產成本並導致產品價格提高。[96]但當美國參議院於 1988 年 3 月通過《蒙特婁議定書》的批准案之後，[97]杜邦公司以及其他製造商立即主動宣布將分階段停止生產CFCs。[98]或如，歐洲經濟共同體在 1989 年 3 月決議將在 2000 年完全停止生產 CFCs，其後在倫敦國際會議上，諸如美國、加拿大、日本、紐西蘭等國也有意採相同的管制措施。[99]

---

[93] 參考資料：Jeffrey T. Checkel, 1999, "Social Construction and Integration," op. cit., p. 548.

[94] 減量幅度的提高反而會增加英國政府的成本負擔。

[95] 此時國際上的共識是分階段減少 50%的 CFCs 排放量。

[96] Jonathan Hicks, September 17, 1987, "Chemical Industry Sees Rush to Invent Safer Alternatives," *The New York Times*, A12. Ellen Goldbaum, David Hunter, Conrad B. MacKerron and Shota Ushio, September 30, 1987, "A Treaty to Ground CFCs May Push Prices Upward," *Chemical Week*, p. 6. Alan Freeman, September 17, 1987, "Nations Sign Pact to Protect Ozone Layer by Reducing CFCs Output," *Wall Street Journal*, p. 1.

[97] Michael Weisskopf, March 15, 1988, "Senate Approves International Ozone Treaty," *The Washington Post*, A14.

[98] Philip Shabecoff, March 21, 1988, "Industry Acts to Save Ozone," *The New York Times*, A1. Cass Peterson, March 25, 1988, "Ban on CFCs Urged to Save Ozone Shield," *The Washington Post*, A1.

[99] The Times, March 8, 1989, "Ozone Conference," *The Times*, p. 1.

　　為了說明這個時期的擴散情況，本文將《維也納公約》與《蒙特婁議定書》的批准國數量整理如下（見表 5-3）。從 1986 年至 1989 年 12 月為止，批准《維也納公約》的國家數目由 8 個增加至 56 個，佔聯合國會員國總數的 35.22%；而《蒙特婁議定書》的批准國則從 29 個擴大到 51 個，佔聯合國會員國總數的 32.08%。

表 5-3：維也納公約與蒙特婁議定書之批准國數量統計

年份	維也納公約			蒙特婁議定書		
	批准國數目	累計	百分比（國家總數）	批准國數目	累計	百分比（國家總數）
1986	8	8	5.03（159）			
1987	8	16	10.06（159）			
1988	20	36	22.64（159）	29	29	18.24（159）
1989	20	56	35.22（159）	22	51	32.08（159）
1990	15	71	44.65（159）	13	64	40.25（159）

註：1. 統計時段：至 1990 年為止。
　　2. 僅累計國家數量，不包括區域經濟體。
資料來源：筆者參考聯合國環境署（UNEP）的資料庫數據自行統計。UNEP Ozone Secretariat, 2012, "Status of Ratification," http://ozone.unep.org/new_site/en/treaty_ratification_status.php.

　　另一方面，目標國產出的決策或實踐也會對治理網絡造成反饋的影響，進而突顯出當前國際制度存在的缺陷。具體的例子包括：一，美國與英國政府皆在《蒙特婁議定書》通過之後的隔年（1988 年）對世界各國提出呼籲，建議應提高 CFCs 物質的削減量以防止臭氧層耗損可能帶來的危害。二，在 Watson、Rowland、Wofsy 等數十位科學家的帶領下，「臭氧趨勢小組」（Ozone Treads Panel）在 1988 年 3 月出版《國際臭氧趨勢小組報告》（Report of the International Ozone Treads Panel）。[100]報告指出在 1969 年至 1986 年這段期間，北半球（北緯 30 度至 64 度）臭氧層的平均耗減量約

---

[100] 國際臭氧趨勢小組是在美國 NASA、國家海洋暨大氣總署（National Oceanic and Atmospheric Administration, NOAA）、聯邦航空總署（Federal Aviation Administration, FAA）、世界氣象組織、以及 UNEP 等機構的籌組之下於 1986 年 10 月建立，其成立目的是希望了解全球臭氧層的結構是否出現改變。

為 1.7%至 3%，若在冬季甚至可高達 6.2%。易言之，臭氧層稀薄是一種全球性的問題，而非僅出現在南極地區。此外，導致臭氧層耗損問題的主因包括 CFCs、Halon、甲烷等物質，所以報告亦建議各國應嚴加管制這些氣體的排放量。[101]三，美國環境保護署（EPA）署長 Lee M. Thomas 在 1988 年 9 月公開批評《蒙特婁議定書》根本無法解決問題。他認為應該全面禁止所有對臭氧層有害的化學物質，而非逐步減少 50%的 CFCs 消耗量。[102]四，或如前文提及，英國柴契爾政府在 1988 年 11 月表示世界各國應盡快將排放量的削減額度提升至 85%。[103]

伍、再回饋階段（1989 年－1990 年）

以下是臭氧層治理網絡至 1990 年為止的發展情況。首先，批准國數量逐年增加且國際制度如期生效：共 71 個（44.65%）國家批准《維也納公約》且 64 個（40.25%）國家批准《蒙特婁議定書》（見表 5-4）。此外，這兩個國際制度皆在開放各國批准的 3 年之內達到生效要件。

表 5-4：已開發國家與開發中國家之批准情況

年份	維也納公約		蒙特婁議定書	
	已開發國家	開發中國家	已開發國家	開發中國家
1986	8	0	-	-
1987	6	2	-	-
1988	13	7	24	5
1989	1	19	5	17
1990	2	13	2	11
總計（百分比）	30（42.225）	41（57.75）	31（48.44）	33（51.56）

註：1. 統計時段：至 1990 年為止。僅統計國家數量，不包括區域經濟體。
　　2. 開發中國家之歸類以《蒙特婁議定書》之第五條國家名單為準。
資料來源：筆者自行統計。

---

[101] Ozone Trades Panel, 1988, *Report of the International Ozone Treads Panel: 1988*. World Meteorlogical Orizational Global Ozone Research and Monitoring Project, pp. 1-5.

[102] Philip Shabecoff, September 27, 1988, "EPA Chief Asks Total Ban on Ozone-Harming Chemicals," *The New York Times*, A20.

[103] Pearce Wright, November 24, 1988, "Thatcher Calls Conference on Protecting Ozone Layer," *The Times*, p. 2.

其次，已開發國家與開發中國家均參與國際環境管制：雖然開發中國家的批准數目稍高於已開發國家，但參與國的經濟條件並沒有特別偏重某一類別（見表 5-4）。易言之，國家的經濟發展情況並未對國際制度的批准造成嚴重制約。

最後，《蒙特婁議定書》的執行情況良好：自議定書在 1989 年 1 月 1 日生效後，非第五條國家（已開發國家）的 CFCs 生產量及消耗量皆呈現下降的趨勢，而且沒有任何批准國違反規定。另外，雖然第五條國家（開發中國家）擁有 10 年的寬限期，但除了墨西哥、委內瑞拉、阿根廷等 3 國的生產量，以及墨西哥、烏干達、奈及利亞、巴拿馬、新加坡等 17 國的消耗量有所增加之外。其餘如南非、埃及、肯亞、委內瑞拉、約旦等 18 國的生產量或消耗量皆往下滑落（見表 5-5）。

表 5-5：蒙特婁議定書之執行情況統計

	非第五條國家		第五條國家	
	CFCs 生產量	CFCs 消耗量	CFCs 生產量	CFCs 消耗量
不符規定	0	0	0	0
上升但符合規定	0	0	3	17
下降	12	19	2	16
未生產	19	-	28	-
無資料	-	12（註2）	-	-
n=	31	31	33	33

註：1. 統計時段：1989 年 1 月至 1990 年 12 月。僅統計國家數量，不包括區域經濟體。
　　2. 歐洲經濟共同體的 12 個會員國雖然未提供個別的 CFCs 消耗量資料，但歐洲經濟體的總體消耗量則呈現大幅下降的趨勢。
資料來源：筆者按聯合國環境署（UNEP）的資料庫數據自行統計。UNEP Ozone Secretariat, 2012, "Data Access Center," http://ozone.unep.org/new_site/en/index. php.

然而，如上一節所述，臭氧層議題的治理網絡本身亦存在著缺陷。簡言之，《蒙特婁議定書》被詬病之處包括：一，分階段削減的產品類別僅限於 CFCs 物質，其餘諸如 Halon 或甲烷等並未進行相同的規範。二，議定書的目標是在 1999 年減量 50%的 CFCs 排放量，但諸如美國或英國等認為此削減額度不足以解決臭氧層耗損問題。三，雖然在議定書第五條第三項中承諾會給予開發中國家資金補助，但具體的細節並未確實成形。

而這些不良因素也對治理網絡產生了負向再回饋，促使國際上出現修正既有制度的呼聲。1989 年 5 月，《蒙特婁議定書》第一屆締約國會議（Meeting of the Parities, MOP）在赫爾辛基召開。與會國呼籲應革新《蒙特婁議定書》的管制措施，將 CFCs 產品的削減量提升至 85%，並於 2000 年之前分階段停用所有的 CFCs 物質；同時應把 Halon 物質列入分期停用的名單當中。此外，已開發國家必須設立信託基金來協助開發中國家進行技術轉移、研發或訓練等工作。[104]會後，與會國發表《保護臭氧層之赫爾辛基宣言》（Helsinki Declaration on the Protection of the Ozone Layer）宣示將盡快解決前述問題。[105]而臭氧層治理網絡在這些負向再回饋的推動之下，又進入到另一輪社會化倡議歷程。

陸、新一輪社會化倡議歷程：從「修正」邁向「強化」（1990 年－至今）

自 1990 年起至今，《蒙特婁議定書》經過 6 次修正，其中包括 4 次大型的修正案。簡言之，與會國是按以下步驟來補強國際制度：一，增列被管制物並且確立分階段停產的時間表；二，將停產的時限提前；三，設定第五條國家分階段停產的時間表。接下來將以 1990 年及 1992 年兩次修正情況為例來做說明。

1990 年 6 月，在倫敦舉行的第二屆締約國會議（MOP2）中，95 國政府代表著手商討《蒙特婁議定書》的增補方案。[106]此次集會做出以下決議

---

[104] UNEP, May 2, 1989, "Report of the Parities to the Montreal on the Work of Their First Meeting," First Meeting of the Parities to the Montreal Protocol on Substances that Deplete the Ozone Layer, pp. 7-8. Craig R. Whitney, May 6, 1989, "Industrial Countries to Aid Poorer Nations on Ozone," *The New York Times*, p. 6.

[105] UNEP, May 2, 1989, "Report of the Parities to the Montreal on the Work of Their First Meeting," First Meeting of the Parities to the Montreal Protocol on Substances that Deplete the Ozone Layer, Appendix 1.

[106] 此次會議共有 54 個議定書締約國、42 個非締約國、以及聯合國機構參加。另外，諸如 CFCs 政策聯盟、英國消費者協會、地球之友、綠色和平組織、國際商會、世界野生動物基金會（World Wide Fund for Nature, WWF）等非政府組織也共同與會。

（又稱為《倫敦修正案》）：一，附件 A 第一類 CFCs 物質的生產量及消耗量在 1995 年 1 月以後減量 50%、1997 年 1 月後減量 85%、2000 年 1 月後必須完全停止生產與使用（議定書第 2A 條）。[107]二，在附件 B 增列 CFCs 的被管制物質，[108]並於 1993 年減量 10%、1997 年減量 85%、2000 年以後完全停止使用（議定書第 2C 條）。三，將 Halon、四氯化碳（Carbon Tetrachloride, CCI4）、以及三氯乙烷（Trichloroethane, C2H3C13）納入分期停產名單（議定書第 2B、D、E 條）。[109]三，第五條國家仍擁有寬限期，而且與會國同意設立多邊基金來協助開發中國家（議定書第 10 條）。[110]

接著，在 1992 年 11 月舉行的第四次締約國會議（MOP4）中，與會的 99 國政府代表又進一步強化了管制措施。[111]具體的決議包括（又稱為《哥本哈根修正案》）：一，附件 A 第一類 CFCs 物質的生產量與消耗量應在 1994 年 1 月減量 75%，1996 年 1 月完全停止使用（議定書第 2A 條）。二，Halon 物質應於 1994 年 1 月以後完全停用（議定書第 2B 條）。三，附件 B 第一類 CFCs 物質應在 1993 年 1 月減量 10%，1994 年減量 75%，1996 年完全停用（議定書第 2C 條）。四，四氯化碳在 1995 年減量 85%，1996 年完全停用（議定書第 2D 條）。五，三氯乙烷在 1994 年減量 50%，1996 年停止使用（議定書第 2E 條）。六，增列氟氯烴（Hydrochlorofluorocarbons, HCFCs）、氟溴烴（Hydrobromofluorocarbons, HBFCs）、溴化甲烷（Methyl Bromide）為被管制物（議定書第 2F、G、H 條）。[112]

---

[107] 附件 A 第一類物質：CFC-11、CFC-12、CFC-113、CFC-114、CFC-115。

[108] 附件 B 第一類物質：CFC13、CFC111、CFC112、CFC211、CFC212、CFC213、CFC214、CFC215、CFC216、CFC217。

[109] 海龍（Halon）在 1995 年減量 50%，2000 年以後完全停止使用（議定書第 2B 條）。四氯化碳在 1995 年減量 85%，2000 年以後完全停止使用（議定書第 2D 條）。三氯乙烷在 1995 年減量 30%，2000 年減量 70%，2005 年停止使用（議定書第 2E 條）。UNEP, June 29, 1990, "Report of the 2nd Meeting of the Parties to the Montreal Protocol," Second Meeting of the Parities to the Montreal Protocol on Substances that Deplete the Ozone Layer, London, pp. 17-32.

[110] 這筆基金由專門的執行委員會（executive committee）以及聯合國機構共同管理，相關資料請參閱：Multilateral Fund for the Implementation of the Montreal Protocol, 2012, "About Us," http://www.multilateralfund.org/default.aspx.

[111] 共有 75 個議定書締約國、25 個非締約國、聯合國機構、政府間組織、非政府組織等參與集會。

[112] 氟氯烴在 2004 年 1 月減量 35%，2010 年減量 65%，2015 年減量 90%，2020 年完全停用。氟溴烴在 1996 年 1 月完全停止生產與使用。溴化甲烷的生產量與消耗量自 1995 年 1 月開

　　本文將《蒙特婁議定書》的管制措施修正內容整理成下表（請見表 5-6）。綜合而論，除了被管制物的種類增加之外，停產的時間也大幅提前。這反映出世界各國對臭氧層耗損問題已經有著一致的共識，並且承認這個問題具有管制的急迫性。

表 5-6：蒙特婁議定書之歷年修正情況

1992 年 倫敦修正案	1994 年 哥本哈根修正案	1995 年 第 7 次締約國會議	1997 年 蒙特婁修正案	1999 年 北京修正案	2007 年 第 19 次締約國會議
附件A第一類物質 1995（-50） 1997（-85） 2000（-100）	1994（-75） 1996（-100）			2003（-10） 2005（-50） 2007（-85） 2010（-100）	
海龍 1995（-50） 2000（-100）	1994（-100）			2005（-50） 2010（-100）	
附件B第一類物質 1993（-10） 1997（-85） 2000（-100）	1993（-10） 1994（-75） 1996（-100）			2007（-85） 2010（-100）	
四氯化碳 1995（-85） 2000（-100）	1995（-85） 1996（-100）				
三氯乙烷 1995（-30） 2000（-70） 2005（-100）	1994（-50） 1996（-100）				

始凍結在 1991 年的水平上。UNEP, November 23, 1992, "Report of the Fourth Meeting of the Parties to the Montreal Protocol," Fourth Meeting of the Parities to the Montreal Protocol on Substances that Deplete the Ozone Layer, Copenhagen, pp. 35-43.

[續表 5-6]

1992年 倫敦 修正案	1994年 哥本哈根 修正案	1995年 第7次 締約國會議	1997年 蒙特婁 修正案	1999年 北京 修正案	2007年 第19次 締約國會議
氟氯烴	2004（-35） 2010（-65） 2015（-90） 2020（-99.5） 2030（-100）				2010（-75） 2015（-90） 2020（-100） **2015（-10） 2020（-35） 2025（-67.5） 2030（-100）**
氟溴烴	1996（-100）				
溴化甲烷	1995（凍結 在1991年的 消耗量水平 上）	2001（-25） 2005（-50） 2010（-100）	1999（-25） 2001（-50） 2003（-70） 2005（-100）	**2005（-10） 2015（-100）**	
一氯 一溴 甲烷				2002（-100）	

註：1. 粗黑框內的是與第五條國家有關的規定；其餘部分則係針對非第五條國家所設
　　 立的規定。
　　2. 灰色塊代表該物質尚未被列入管制名單。
資料來源：筆者自行整理。

　　而透過這數次修正也大幅提升《蒙特婁議定書》的管制效力（見圖
5-4）。如下圖所示，A 曲線代表在沒有任何國際管制時，破壞臭氧層物質
濃度的上升情況。F 虛線則表示破壞臭氧層物質達到零排放時的情況。從
圖中可以發現，1987 年的《蒙特婁議定書》（B）僅能略為降低有害物質的
濃度。但經過倫敦（C）、哥本哈根（D）、北京（E）等修正案的補充，國
際管制的效力逐漸趨近零排放（F）的目標。

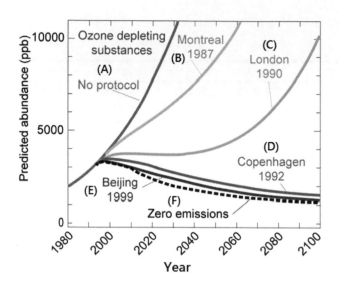

圖 5-4：蒙特婁議定書的管制效用及其修正

註：1. ppb 代表十億分之一。
　　2. 圖中的曲線代表破壞臭氧層物質（ODS）的預估濃度。
資料來源：A. R. Ravishankara, Michael J. Kurylo and Christine A. Ennis, eds., 2008, *Trends in Emission of Ozone-Depleting Substances, Ozone Layer Recovery and Implications for Ultraviolet Radiation Exposure*. Washington, D.C.: U.S. Climate Change Science Progrem, p. 16.

　　綜合上述，在新一輪社會化倡議歷程中，治理行為者們積極地補強制度來改善管制功效。同時，治理網絡也加入更多新的成員國。如下表所示，當前所有聯合國會員國皆已批准《維也納公約》與《蒙特婁議定書》，只有部分國家尚未批准修正案（見表 5-7）。此種情況突顯出，修正國際制度之後所產生的正向再回饋已經促使臭氧層耗損的治理網絡逐步朝「強化」的方向發展。

表 5-7：臭氧層議題之批准國數量統計

	維也納公約	蒙特婁議定書	倫敦修正案	哥本哈根修正案	蒙特婁修正案	北京修正案
批准國總數	196	196	195	196	190	178
尚未批准的國家總數	0	0	1（註1）	1（註2）	7（註3）	19（註4）

註：1. 南蘇丹。
　　2. 南蘇丹。
　　3. 波札那、利比亞、摩洛哥、尼加拉瓜、巴布亞紐幾內亞、沙烏地阿拉伯、南蘇丹。
　　4. 亞塞拜然、巴林、玻利維亞、波札那、查德、吉布地、厄瓜多、海地、伊朗、哈薩克、肯亞、利比亞、茅利塔尼亞、摩洛哥、尼加拉瓜、巴布亞紐幾內亞、祕魯、沙烏地阿拉伯、南蘇丹。
　　5. 統計時段：至 2012 年為止。
資料來源：筆者按聯合國環境署（UNEP）的資料庫數據自行統計。UNEP Ozone Secretariat, 2012, "Status of Ratification," http://ozone.unep.org/new_site/en/treaty_ratification_status.php.

　　另外，就總體（全球）的執行情況而論，治理網絡的管制成效十分良好。以 CFCs 及 Halons 等兩種物質為例，其消耗量與生產量自《蒙特婁議定書》生效之後（1989 年）即明顯下滑（見圖 5-5），而且無論是已開發國家或開發中國家皆呈現出相同的趨勢（見圖 5-6 與圖 5-7）。

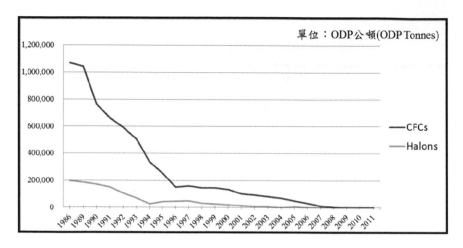

圖 5-5：破壞臭氧層物質（ODS）之管制成效

註：1. 時段：1986 年至 2011 年。
　　2. 此曲線表示生產量及消耗量。
資料來源：筆者按聯合國環境署（UNEP）的資料庫數據自行繪圖。UNEP Ozone
　　　　　Secretariat, 2012, "Data Access Center," http://ozone.unep.org/new_site/en/
　　　　　index.php.

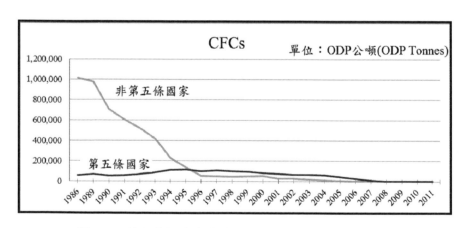

圖 5-6：第五條國家與非第五條國家管制 CFCs 的成效

註：1. 時段：1986 年至 2011 年。
　　2. 此曲線表示生產量及消耗量。
資料來源：筆者按聯合國環境署（UNEP）的資料庫數據自行繪圖。UNEP Ozone
　　　　　Secretariat, 2012, "Data Access Center," http://ozone.unep.org/new_site/en/
　　　　　index.php.

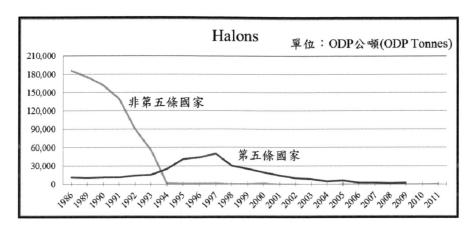

圖 5-7：第五條國家與非第五條國家管制 Halons 物質的成效

註：1. 時段：1986 年至 2011 年。
　　2. 此曲線表示生產量及消耗量。
資料來源：筆者按聯合國環境署（UNEP）的資料庫數據自行繪圖。UNEP Ozone
　　　　　Secretariat, 2012, "Data Access Center," http://ozone.unep.org/new_site/en/
　　　　　index.php.

　　雖然這些管制措施無法立即恢復臭氧層的濃度，而且受到大氣中既存
的有害物質之影響，近年來臭氧層的稀薄程度有時會突然增高。[113]例如，
根據美國國家海洋暨大氣總署（National Oceanic and Atmospheric
Administration, NOAA）以及 NASA 的衛星資料顯示，在 1998 年與 2006 年
曾出現兩次有紀錄以來最大的南極臭氧層破洞。[114]但這些例子也顯示出倘
若未能及時管制將會帶來何種危害，因此臭氧層治理網絡在問題的減緩上
確實發揮了貢獻。

---

[113] 據科學家估計，破壞臭氧層物質在大氣中的存續期如下：CFC-11（45 年）、CFC-12（100
年）、三氯乙烷（5 年）、CFC-113（85 年）等。易言之，即使在 1980 年代採取國際管制，
地球的臭氧層濃度也無法在 50 年之內立即恢復。參考資料：UNEP, 2011, "The New SPARC
ODS Lifetime Assessment," 8th Meeting of the Ozone Research Managers of the
Vienna Convention, Geneva, http://ozone.unep.org/Meeting_Documents/research-
mgrs/8orm/Reimann_1_Lifetimes.pdf.
[114] Richard A. Kerr, 1998, "Deep Chill Triggers Record Ozone Hole," *Science*, Vol. 282,
No. 5388, p. 391. NASA, 2006, "Ozone Hole Watch," http://ozonewatch.gsfc.nasa.
gov/.

第二節　各類行為者的國際會議參與情況

在全球環境治理研究領域的論點設定之中，國家與非國家類型的行為者皆是治理網絡的重要組成元素。然而，它們在參與時所占有的比重分布為何？是否會因時間的不同而出現變化？這些層面必須要先行釐清，如此才能夠辨認某類行為者的確積極且持續的參與國際管制工作。

而本文採取的觀察指標是從「國際會議的參與情況」來著手，所謂的國際會議係指：與國際環境制度的擬定或修正有關的正式集會。在臭氧層議題中，此種集會包括：維也納會議、蒙特婁會議、以及歷次締約國會議（Meeting of Parties, MOP）等。透過對這些會議的檢視，可以了解到底何種類型的參與者數量最多，以及在不同時段裡行為者的數量有無出現改變。

本書將參與者分成：國家代表、政府機構、[115]企業團體、[116]環境非政府組織、[117]國際組織、[118]科學團體等 6 種類型。[119]前兩者（政府與政府機構）屬於國家行為者，其餘則為非國家行為者，統計的結果如下（見表 5-8）。

---

[115] 有時某些國家除了派遣談判代表與會之外，其他政府機構也會一同出席，例如美國環保署、美國空軍等。

[116] 指企業、由企業籌組的非政府組織、企業聯盟、產業合作聯盟等。

[117] 該組織是以保護環境為宗旨，但其成立目的不是為了營利，而且也並非由企業所籌組。

[118] 指聯合國機構、區域經濟組織、跨政府組織等。

[119] 該團體是以研究、調查、教育等作為目標，包括研究中心、實驗室、學校等，但不包括聯合國的研究機構。

表 5-8：臭氧層國際會議的出席情況統計

	國家行為者		非國家行為者				非國家行	行為者
	國家 代表	政府 機構	企業團體	環境非政 府組織	國際 組織	科學 團體	為者總數 （A）	總數 （N）
1985	37	0	3	1	5	0	9	46
1987	55	2	12	3	8	4	27	84
1989	31	0	5	5	12	0	22	53
1990	95	0	22	8	11	7	48	143
1991	68	0	8	3	10	3	24	92
1992	99	0	32	5	11	8	56	155
1993	87	0	13	2	6	3	24	111
1994	94	0	19	13	11	5	48	142
1995	117	1	37	16	14	12	79	197
1996	106	0	29	10	9	8	56	162
1997	118	1	74	17	13	16	120	239
1998	131	0	28	13	13	5	59	190
1999	131	1	47	10	9	7	73	205
2000	108	0	13	2	11	2	28	136
2001	107	0	8	5	17	5	35	142
2002	144	0	3	3	14	4	24	168
2003	128	0	26	2	14	3	45	173
2004	129	0	35	5	10	8	58	187
2005	139	0	20	4	12	5	41	180
2006	135	2	46	3	10	7	66	203
2007	156	0	39	8	15	2	64	220
2008	143	2	27	5	14	5	51	196
2009	146	1	38	3	10	5	56	203
2010	138	1	42	5	12	7	66	205
2011	125	2	52	4	8	7	71	198
平均	110.68	0.52	27.12	6.2	11.16	5.52	50	161.2
百分比（A）			（54.24）	（12.40）	（22.32）	（11.04）		
百分比 （N）	（68.66）	（0.32）	（16.82）	（3.85）	（6.92）	（3.42）	（31.02）	

註：1985 年維也納會議、1987 年蒙特婁會議、1989 至 2011 年為締約國會議（MOP）。
資料來源：筆者按歷年會議記錄的與會名單自行統計。UNEP Ozone Secretariat, 2012,
　　　"Meeting Documents," http://ozone.unep.org/Meeting_Documents/.

　　第一，非國家行為者的參與情況：在 1985 年至 2011 年間的臭氧層國際會議當中，「企業團體」是數量最多的參與者，佔非國家行為者總數的 54.24%。其次依序是國際組織（22.32%）、環境非政府組織（12.40%）、科學團體（11.04%）。平均每年約有 28 個企業團體、12 個國際組織、7 個環境非政府組織、以及 6 個科學團體與會。

　　第二，國家與非國家行為者的數量比較：就總體層面觀之，平均每年約有 162 個行為者參與臭氧層國際會議。其中以「國家行為者」的數量最多，佔所有行為者總數的 68.98%；而非國家行為者的數量僅佔 31.02%。這兩種類型的參與者數量約呈現 7：3 的比重。

　　前述分析是從總體的層面來討論，接下來將由冷戰時期、1990 年代、以及 21 世紀等三個時段來檢視其中的發展情況（見表 5-9）。第三，行為者總數的變化：從冷戰時期至 2011 年為止，參與臭氧層會議的行為者總數不斷上升。參與者從平均 61 個增加至 185 個。第四，國家行為者的數量變化：在這三個時段當中，參與臭氧層會議的國家代表數量逐期攀升，從冷戰時期平均約 41 個國家至 21 世紀成長到約 134 個參與國。

　　第五，非國家行為者的數量變化：雖然非國家行為者在這三個時段裡都僅佔行為者總數的 30%，但其數量在 90 年代以及 21 世紀這兩個時段皆有著極為明顯的提昇。在冷戰時期每年平均約 20 個非國家行為者參加臭氧層國際會議，但在其後兩個時段裡數量增加至 59 個以及 51 個。

表 5-9：臭氧層國際會議的各時段參與情況比較

	國家代表	政府機構	企業團體	環境非政府組織	國際組織	科學團體	非國家行為者（A）	行為者總數（N）
冷戰時期（1985-1989）	41.00	0.67	6.67	3.00	8.33	1.33	19.33	61
百分比（A）			（34.51）	（15.52）	（43.09）	（6.88）		
百分比（N）	（67.21）	（1.10）	（10.93）	（4.92）	（13.66）	（2.18）	（31.69）	
1990年代（1990-1999）	104.60	0.30	30.90	9.70	10.70	7.40	58.7	163.6
百分比（A）			（52.64）	（16.52）	（18.23）	（12.61）		
百分比（N）	（63.94）	（0.18）	（18.89）	（5.93）	（6.54）	（4.52）	（35.88）	
21世紀（2000-2011）	133.17	0.67	29.08	4.08	12.25	5.00	50.42	184.25
百分比（A）			（57.68）	（8.09）	（24.30）	（9.92）		
百分比（N）	（72.28）	（0.36）	（15.78）	（2.21）	（6.65）	（2.71）	（27.36）	

註：除括弧內的資料，其餘數值皆為平均數。
資料來源：筆者自行統計。

　　另外，各種類型的非國家行為者所佔的比重也因時期不同而有所改變。在冷戰時期，國際組織的數量最多（佔非國家行為者總數的 43.09%），其次依序為企業團體（34.51%）、環境非政府組織（15.52%）、科學團體（6.88%）。然而，國際組織在 90 年代所佔的比重明顯下降（18.23%），企業團體的數量則大幅提升，約佔非國家行為者總數的五成（52.64%）。至於環境非政府組織雖然數量增加，但比重仍維持在 17%左右。而科學團體的比重則上升至與非政府組織相近（12.61%）。最後，在 21 世紀當中，環境非政府組織與科學社群的參與數量略微下滑（分別為 8.09%與 9.92%）；而企業團體依然是數量最多的參與者（57.68%）。

第六，非國家行為者的多樣性：在冷戰時期參加國際會議的企業、環境非政府組織、及科學社群皆以歐美國家的團體為主，例如歐洲化學製造商聯合會（European Council of Chemical Manufacturers' Federations, CEFIC）、歐洲噴霧罐聯合會（Federation of European Aerosol Associations）、杜邦公司、環境保衛基金、歐洲環境政策協會（Institute for European Environmental Policy）等。但在 1990 年代以後，行為者的多樣性逐漸增加，開始出現其他地區的團體。例如，日本電機製造業協會（Japan Electrical Manufacturers Association, JEMA）、澳洲保育基金會（Australian Conservation Foundation）、烏干達的綠色替代與和平運動（Green Alternatives and Peace Movement Uganda）等。

第七，某些非國家行為者的持續參與度很高（屆數超過 5 次），茲舉例如下。一，企業團體：例如國際商會（ICC）、歐洲噴霧罐聯合會、歐洲化學製造商聯合會（CEFIC）、杜邦公司、CFC 政策聯盟、日本電機製造業協會（JEMA）、日本氯化溶劑衛生協會（Japan Association for Hygiene of Chlorinated Solvents, JAHCS）等。二，環境非政府組織：例如自然資源保衛協會（NRDC）、環境保衛基金、綠色和平、地球之友、世界野生動物基金會（World Wide Fund for Nature International, WWF）等。三，國際組織：如歐洲共同體（歐洲聯盟）、聯合國發展署（UNDP）、聯合國環境署（UNEP）、世界氣象組織（WMO）等。四，科學團體：如台灣的工業技術研究院（Industrial Technology Research Institute, ITRI）、美國肺臟協會（American Lung Association）等。

第八，從前述統計結果可以發現，非國家行為者確實積極地參與國際會議。尤其是企業團體，因為會議所作成的決議與其商業獲利有關，所以在 1990 年代可以明顯地發現只要有重大修正案需要審議，當年度的企業團體數目便會增加（見圖 5-8）。[120]

---

[120] 至於環境非政府組織與科學社群雖然有類似的增長情況，但差異較不明顯而且與修正案的年份並未完全相符。

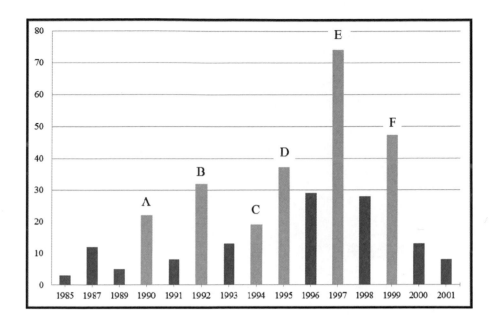

圖 5-8：1990 年代臭氧層國際會議的企業團體數量統計

註：A（MOP2）、B（倫敦修正案）、C（哥本哈根修正案）、D（MOP7）、E（蒙特婁
　　修正案）、F（北京修正案）。
資料來源：筆者繪圖。

　　綜合而論，本節透過統計數據來說明各類行為者的參與情況。雖然在
數量比重上存在著差異，但確實有諸多國家與非國家行為者積極且持續地
參加臭氧層議題的管制工作。

第三節　行為者的權力互動網絡

　　本節討論的主要問題如下：在臭氧層治理網絡的發展過程中，行為者
們運用哪些類型的權力來達成己欲之目標以及其間的互動為何？在第四
章已針對權力的施加要件進行介紹，此處將以這些要件作為分析的基礎並
透過網絡圖像來呈現出行為者的權力互動情況，筆者運用的繪製程式是
UCINET 6.0 版網絡分析軟體。

　　然而，因為本節討論的主題是「權力」，所以節點（行為者）之間的連結不是由「交流或接觸的有無」來判定，而是從「權力施加方是否改變接收方的行為或決策」此一角度來確認節點的關係。例如，企業團體向美國政府採取遊說（意圖施加強制權力），但美國政府卻決定管制 CFCs 產品。如此一來，這兩個節點間便無強制權力的連結存在。

　　接下來，本文將分析以下三個時段的權力互動：問題與規範塑造、國際制度構建、以及治理網絡運作等。另外，此處也一併統整各時期的權力使用情況。

壹、問題與規範塑造

　　首先，在臭氧層議題的問題與規範塑造時段中，行為者的強制權力互動情況如下圖所示（見圖 5-9）。可以發現此類權力存在於：一，政府部門之間；二，民眾對政府、民眾對企業；三，環境非政府組織對企業（例如發起聯合拒買運動）；四，企業團體之間、企業對其雇用的學者；五，媒體對企業（報導負面新聞）。

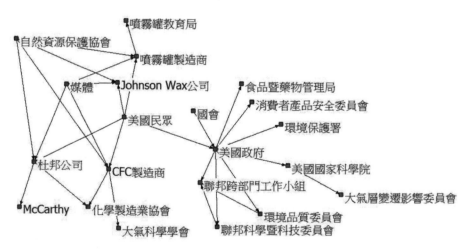

圖 5-9：臭氧層議題之強制權力網絡（問題與規範塑造）

資料來源：筆者繪圖。

　　其次，這個時段的制度權力存在於：一，支持臭氧層耗損理論的科學家透過官方研究機構來影響政府；二，政府對企業；三，政府對民眾（見圖 5-10）。雖然美國政府頒布的法規僅對製造商的產品設限，但這個法規也讓民眾認知到此類商品有害環境，進而間接地改變民眾的消費行為；所以政府與民眾之間亦存在著制度權力。

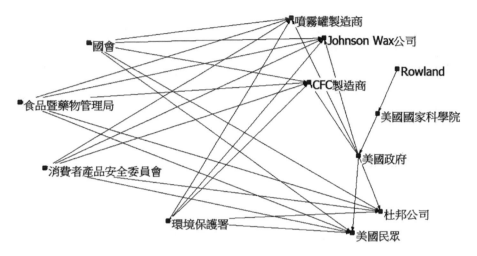

圖 5-10：臭氧層議題之制度權力網絡（問題與規範塑造）

資料來源：筆者繪圖。

　　再者，結構權力出現在：支持臭氧層耗損理論的科學家與國會之間（見圖 5-11）。因為這些科學家在知識論述結構上佔據較高的地位，所以被邀請至聽證會上報告，最後成功影響國會對該議題的認知與行動。另外，雖然企業團體雇用的科學家如 McCarthy 也一同參與聽證會，但其觀點並未被國會接受，因此兩者之間不存在結構權力的連結。

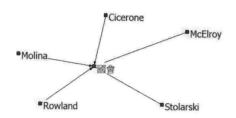

圖 5-11：臭氧層議題之結構權力網絡（問題與規範塑造）

資料來源：筆者繪圖。

　　最後，產出權力的情況則較為複雜（見圖 5-12）。權力接收方包括：媒體、美國民眾、美國政府、國會、與企業團體所成立的研究單位。而權力的施加則來自：支持臭氧層耗損理論的科學家、政府機構、企業團體、企業團體雇用的科學家。[121]

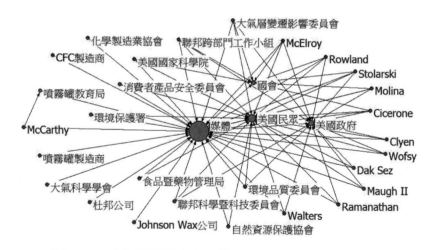

圖 5-12：臭氧層議題之產出權力網絡（問題與規範塑造）

資料來源：筆者繪圖。

---

[121] 一，對媒體施加權力的行為者包括：支持臭氧層耗損理論的科學家、官方研究機構、美國政府、企業團體。二，國會的權力來源為：支持臭氧層耗損理論的科學家、官方研究機構。三，美國政府的權力施加方：支持臭氧層耗損理論的科學家、官方研究機構。四，美國民眾的權力施加方：支持臭氧層耗損理論的科學家、官方研究機構、美國政府。五，企業團體成立的研究機構之權力施加方：該團體雇用的科學家。

貳、國際制度構建

　　首先，國際制度構建時期的強制權力主要施加在企業團體上，其來源包括：公民社會、媒體、環境非政府組織。同時，此權力也出現在：政府單位、以及企業集團對其籌組的協會或聯盟等之間（見圖 5-13）。

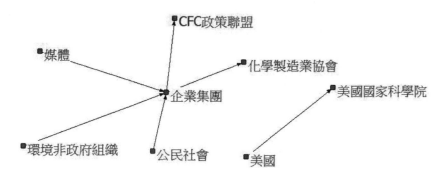

圖 5-13：臭氧層議題之強制權力網絡（國際制度構建）

資料來源：筆者繪圖。

　　其次，制度權力的最大施加者為美國政府，其率先於 1978 年禁用 CFCs 噴霧罐產品，在這個法規的示範作用影響下，歐盟、挪威、丹麥、芬蘭、瑞典、加拿大等其後也跟進採用類似的規定（見圖 5-14）。綜合而論，制度權力來自政府與國際組織（歐洲經濟共同體、聯合國環境署）。而接收方則包括：公民社會、企業、國際組織（臭氧層協調委員會）。

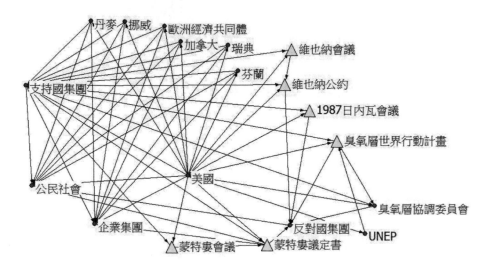

圖 5-14：臭氧層議題之制度權力網絡（國際制度構建）

註：三角形表示國際會議或國際法，它們僅擔任權力的媒介，而其餘節點則是行為者。
資料來源：筆者繪圖。

　　另一方面，國際法的簽約國也會產生制度權力。雖然此時尚未進入批准程序，但這些國家的簽署代表認可國際法的效力，進而影響到未簽約國的批准意願（見圖 5-15）。而同時簽署這兩份國際制度的國家們則比其他簽約國發揮更大的制度權力。

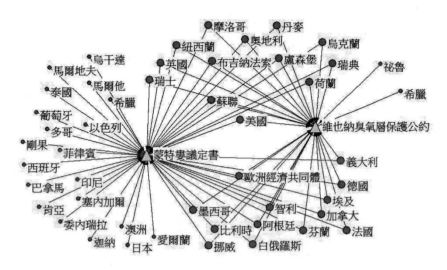

圖 5-15：國際制度簽約國之制度權力網絡（臭氧層議題）

註：三角形表示國際法，它們僅擔任權力的媒介。
資料來源：筆者繪圖。

　　再者，結構權力的施加者為：聯合國環境署執行長 Tolba、以及美國政府。在國際談判場域的結構中，Tolba 位居不具國家利益的地位，這有利於向國家進行勸說並協調各方意見。至於美國政府則在國際體系位居前兩強之一，其願意率先自我限制 CFCs 商品，對世界各國亦有著因結構地位而產生的示範作用（見圖 5-16）。

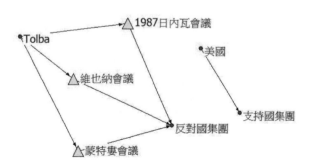

圖 5-16：臭氧層議題之結構權力網絡（國際制度構建）

註：三角形表示國際會議，它們僅擔任權力的媒介。
資料來源：筆者繪圖。

最後，國際制度構建時期的產出權力接收方包括：媒體、公民社會、政府、環境非政府組織、以及負責彙整資料的國際組織（臭氧層協調委員會）等行為者。而起源則來自：企業集團、企業雇用的科學團體、支持臭氧層耗損理論的科學團體、官方研究機構、以及負責科學研究的國際組織（見圖 5-17）。

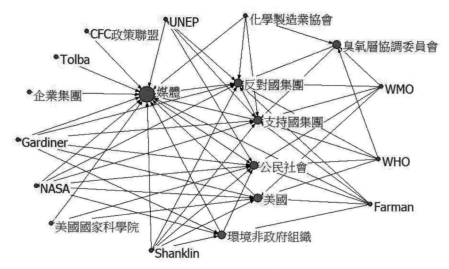

圖 5-17：臭氧層議題之產出權力網絡（國際制度構建）

資料來源：筆者繪圖。

參、治理網絡運作

在臭氧層議題的治理網絡成形之後，強制權力存在於以下互動中：一，環境非政府組織對企業團體；二，公民社會對企業團體、公民社會對未批准國；三，媒體對企業團體、媒體對未批准國；四，企業對其所屬的聯盟或研究機構；五，已開發國家對開發中國家。已開發國家之所以能夠施加強制權力，主要是透過多邊基金的補助來增強開發中國家的參與動機，因此兩者間產生權力連結（見圖 5-18）。

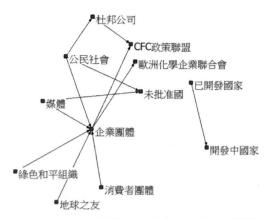

圖 5-18：臭氧層議題之強制權力網絡（治理網絡運作）

資料來源：筆者繪圖。

　　其次，制度權力的施加者包括：國際組織、官方機構、批准國、已開發國家。至於接收方則為：官方研究機構（臭氧層趨勢小組）、未批准國、開發中國家、公民社會、企業團體。其中比較特別的例子是，英國政府透過歐洲共同體及倫敦國際會議來推行擴大減量額度的國際制度，進而對批准國與未批准國產生制度權力（見圖 5-19）。

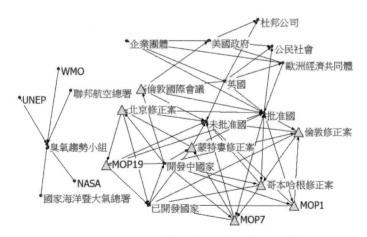

圖 5-19：臭氧層議題之制度權力網絡（治理網絡運作）

註：三角形表示國際會議或國際法，它們僅擔任權力的媒介。
資料來源：筆者繪圖。

　　另外，制度權力也來自「使國際制度生效之批准國」。它們不但讓制度得以開始運作，更影響其他國家的批准意願。尤其是位居中間區塊的美國、英國、加拿大、蘇聯等國家，因為同時影響著這兩個國際制度，所以它們發揮的制度權力比其他批准國更高（見圖 5-20）。

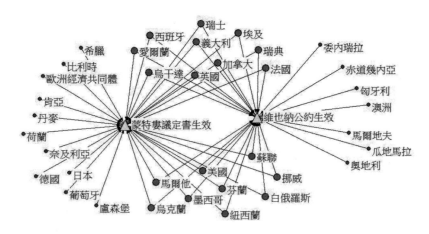

圖 5-20：使國際制度生效之批准國的制度權力網絡（臭氧層議題）

註：三角形表示國際法，它們僅擔任權力的媒介。
資料來源：筆者繪圖。

　　再者，杜邦公司是此時期施加結構權力的行為者（見圖 5-21）。因為該公司在全球 CFCs 的生產結構當中居於最大製造商的地位，所以當它在 1988 年宣布分階段停產 CFCs 時，對其他企業便產生結構權力。

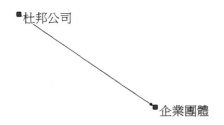

圖 5-21：臭氧層議題之結構權力網絡（治理網絡運作）

資料來源：筆者繪圖。

　　最後，產出權力的主要接收方為：媒體、批准國、未批准國、開發中國家、公民社會等。而權力的施加則來自：科學團體、政府、企業團體、企業聘用的研究機構、環境非政府組織、國際組織、及已開發國家（見圖 5-22）。

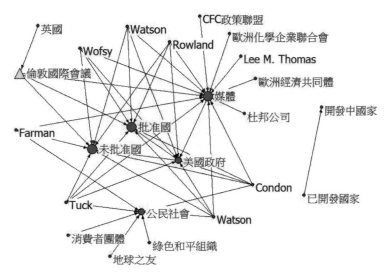

圖 5-22：臭氧層議題之產出權力網絡（治理網絡運作）

註：三角形表示國際會議，它們僅擔任權力的媒介。
資料來源：筆者繪圖。

　　綜合上述，茲將各時期的權力使用情況整理如下（見表 5-10）。在表中可以發現幾項特色：一，因為科學證據十分明確，所以支持臭氧層耗損理論的科學社群能夠同時對政府、媒體、公民社會等施加產出權力。至於企業團體及其雇用的科學社群則僅能向媒體施加產出權力，卻無法影響決策制定的結果。二，公民社會以及媒體只能透過經濟因素、負面資訊的傳播等途徑來施加強制權力。而國際組織則相反，它無法對其他行為者直接施加強制權力，但可以透過制度、結構、或知識來進行影響。三，環境非政府組織在初期僅扮演倡議者的角色，但自國際制度構建時期之後，它們也開始發布調查報告來向公民社會施以產出權力。四，結構權力的施加者包括科學家、強權國、及跨國性的大企業等，它們分別在知識、國際體系、與市場等結構中位居優勢地位。

表 5-10：臭氧層耗損議題的權力運用情況

時段	行為者	強制	制度	結構	產出
問題與規範塑造	美國政府（包括國會）	✓	✓		✓
	公民社會（民眾）	✓			
	企業團體	✓			✓
	科學社群（支持理論）		✓	✓	✓
	科學社群（質疑理論）				✓
	環境非政府組織	✓			
	媒體	✓			
國際組織構建	政府	✓	✓	✓	✓
	公民社會	✓			
	企業團體	✓			✓
	科學社群（支持理論）				✓
	科學社群（質疑理論）				✓
	環境非政府組織	✓			✓
	媒體	✓			
	國際組織		✓	✓	✓
治理網絡運作	政府	✓	✓		✓
	公民社會	✓			
	企業團體	✓		✓	✓
	科學社群（支持理論）				✓
	科學社群（質疑理論）				✓
	環境非政府組織	✓			✓
	媒體	✓			
	國際組織		✓		✓

資料來源：筆者整理。

第六章

全球暖化

在當今各類文獻中常將「全球暖化」與「氣候變遷」混用，但兩者的內涵實有差異，故先在此說明。一，氣候變遷這個概念在 20 世紀初期的自然科學文獻中即開始被使用。[1]科學家在分析地質或化石資料時發現地球過去的氣溫曾出現數次變動，使得氣候變得炎熱或酷寒，進而導致生物或人類文明的毀滅，[2]因此便藉著氣候變遷一詞來指稱此種現象。二，雖然氣溫上升不是一種新穎的事物，但全球暖化這個概念則是至 1970 年代以後才正式出現。其意指人為排放的二氧化碳氣體在溫室效應的影響下，使得地球氣溫逐漸增高並且改變氣候。

然而，為何本文不採用氣候變遷一詞作為案例的標題？簡言之，全球暖化不是導致氣候變遷的唯一因素，其餘包括：火山爆發、太陽輻射、地球運行軌道、洋流、森林砍伐等皆會改變氣候。因為氣候變遷的成因很多，而當代人們關注的主要是「全球暖化導致的氣候變遷」這個議題。所以此處以全球暖化作為標題，以便讓概念更明確。接下來，將介紹全球暖化的治理網絡發展歷程。

---

[1] Isaiah Bowman, 1909, "Man and Climatic Change in South America," *The Geographical Journal*, Vol. 33, No. 3, pp. 267-278. Nature, 1913, "The Origin of Climatic Changes," *Nature*, Vol. 92, No. 2304, pp. 479-480. Nature, 1914, "Secular Climatic Changes in America," *Nature*, Vol. 93, No. 2337, pp. 617-618. Joseph Barrell, 1917, "Probable Relations of Climatic Change to the Origin of the Tertiary Ape-Man," *The Scientific Monthly*, Vol. 4, No. 1, pp. 16-26.

[2] Ellsworth Huntington, 1917, "Climatic Change and Agricultural Exhaustion as Elements in the Fall of Rome," *The Quarterly Journal of Economics*, Vol. 31, No. 2, pp. 173-208. Axel Steensberg, 1951, "Archæological Dating of the Climatic Change in North Europe About A.D. 1300," *Nature*, Vol. 168, No. 4277, pp. 672-674.

第一節　治理網絡的發展歷程

壹、問題與規範塑造階段（1824 年－1987 年）

全球暖化的問題發現歷程十分漫長，最早可追溯至 19 世紀初期，前後長達近 150 年（1824 年至 1970 年）。這個問題的理論基礎與科學數據散見於下述學者的研究當中。首先，暖化與地球表面的保溫作用有關，這個現象是 Jean-Baptiste-Joseph Fourier 在 1824 年提出。[3]他認為地球的熱量來自於太陽輻射、星際輻射、以及地球內部的原始溫度。[4]當太陽輻射進入大氣層後，其熱量被海洋與土壤吸收，而大氣則猶如玻璃罩（glass plate）般隔絕並吸收被反射的輻射，[5]使得地表的溫度得以維持恆定。[6]其後，Claude S. M. Pouillet 與 John Tyndall 兩人分別在 1838 年以及 1861 年透過實驗證明大氣的確具有保溫作用。[7]

其次，瑞典科學家 Svante August Arrhenius 於 1896 年又重拾這個主題。他用「溫室」（hot-house）一詞來指稱這種效應，並且主張大氣中的碳酸

---

[3] 原文為法文，而在 1837 年由 E. Burgess 翻譯成英文。請參閱：Joseph Fourier, 1824, "Remarques Générales Sur Les Températures Du Globe Terrestre Et Des Espaces Planétaires," *Annales de Chimie et de Physique*, Vol. 27, pp. 136-167. E. Burgess, 1837, "General Remarks on the Temperature of the Terrestrial Globe and the Planetary Spaces; by Baron Fourier," *American Journal of Science*, Vol. 32, pp. 1-20.

[4] Joseph Fourier, 1824, "Remarques Générales Sur Les Températures Du Globe Terrestre Et Des Espaces Planétaires," op. cit., p. 137.

[5] Fourier 並未使用「溫室效應」一詞來指稱這個現象。Joseph Fourier, 1824, "Remarques Générales Sur Les Températures Du Globe Terrestre Et Des Espaces Planétaires," op. cit., p. 154.

[6] 1827 年 Fourier 在另一篇文章亦提及相同的主題，請參閱：Joseph Fourier, 1827, "Mémoire Sur Les Températures Du Globe Terrestre Et Des Espaces Planétaires," *Mémoires de l'Académie Royale des Sciences*, Vol. 7, pp. 569-604.

[7] Claude S. M. Pouillet, 1838, "Mémoire su la chaleur solaire, sur les pouvoirs rayonnants et absorbants de l'air atmosphérique, et sur les températures de l'espace," *Comptes Rendus de l'Académie des Sciences*, Vol. 7, No. 2, pp. 24-65. 英譯版：Richard Taylor, 1846, "Memoir on Solar Heat, the Radiative Effects of the Atmosphere, and the Temperature of Space," in Richard Taylor, ed., *Scientific Memoirs*, Vol. 4. London, UK: Taylor and Francis, pp. 44-90. John Tyndall, 1861, "On the Absorption and Radiation of Heat by Gases and Vapours, and on the Physical Connexion of Radiation, Absorption, and Conduction," *Philosophical Transactions of the Royal Society of London*, Vol. 151, pp. 1-36.

會導致地球氣溫上升，而石化燃料則是產生碳酸的來源之一。[8]Arrhenius
認為此效應對人們有益，例如他在 1938 年出版的《眾世界的形成》（Worlds
in the Making）書中提及：碳酸濃度的增加能讓人類享有穩定且溫暖的氣
候，並有助於動植物的生長。[9]

其次，英國科學家 George S. Callendar 在 1938 年發表的〈人為產生的
二氧化碳及其對氣溫的影響〉（The Artificial Production of Carbon Dioxide
and Its Influence on Temperature）一文中，首度為二氧化碳造成的氣溫暖化
提供科學數據。Callendar 發現過去 50 年來（1880 年至 1930 年間）地球氣
溫每年平均以攝氏 0.005 度的比率持續升高；[10]而他也樂觀地認為這個現象
將有助於農業及養殖業的發展。[11]之後 Callendar 蒐集各地的二氧化碳資料
並估計：「大氣二氧化碳的平均含量在 1900 年為百萬分之 290，至 1935 年
則上升達百萬分之 320」。[12]

最後，為了獲得長期的科學觀測數據，美國加州大學的斯克利普斯海
洋研究所（Scripps Institution of Oceanography）與美國政府的環境科學服務
局（Environmental Sciences Services Administration）合作，自 1957 年起在夏
威夷的 Mauna Loa 火山以及南極等兩處觀測站蒐集大氣二氧化碳濃度資
料。而服務於 Mauna Loa 觀測站的美國科學家 Charles D. Keeling 在 1970 年
發表統計結果顯示：[13]1958 年的大氣二氧化碳平均濃度為百萬分之 315，至

8　Svante August Arrhenius, 1896, "On the Influence of Carbonic Acid in the Air upon
　　the Temperature of the Ground," *Philosophical Magazine and Journal of Science*,
　　Vol. 41, No, 251, pp. 237-276.
9　Svante August Arrhenius, 1908, *Worlds in the Making: The Evolution of the Universe*.
　　New York, NY: Harper & Brothers Press, pp. 59-62.
10　George S. Callendar, 1938, "The Artificial Production of Carbon Dioxide and Its
　　Influence on Temperature," *Quarterly J. Royal Meteorological Society*, Vol. 64, No.
　　275, pp. 223-237.
11　George S. Callendar, 1938, "The Artificial Production of Carbon Dioxide and Its
　　Influence on Temperature," op. cit., p. 236.
12　George S. Callendar, 1940, "Variations of the Amount of Carbon Dioxide in
　　Different Air Currents," *Quarterly J. Royal Meteorological Society*, Vol. 66, No. 287,
　　pp. 395-400. George S. Callendar, 1949, "Can Carbon Dioxide Influence Climate?"
　　Weather, Vol. 4, No. 10, pp. 310-314.
13　Charles D. Keeling, 1970, "Is Carbon Dioxide from Fossil Fuel Changing Man's
　　Environment?" *Proceedings of the American Philosophical Society*, Vol. 114, No. 1,
　　pp. 10-17.

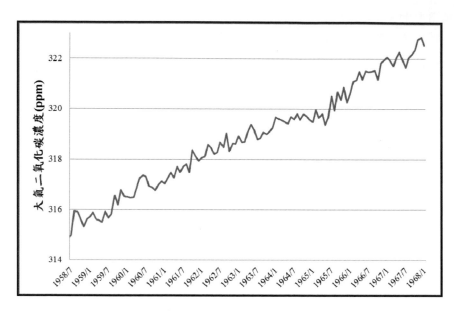

圖 6-1：基林曲線

資料來源：筆者按 Mauna Loa 觀測站的數據資料重新繪圖。NOAA Earth System Research Laboratory, 2012, "Mauna Loa CO2 Monthly Mean Data," http://www.esrl.noaa.gov/gmd/.

1967 年時上升達到百萬分之 322。上升比率約 2.22%，平均每年以 0.25%的速率增加（見圖 6-1）。此資料即為後人所稱之「基林曲線」（Keeling Curve）。[14]

前述文獻是當今暖化研究的重要基礎，但它們大多未把二氧化碳導致的氣溫變化視作是有害的問題。雖然某些科學家曾於 1950 年代對此種效應提出警告，但這些呼籲在當時並未引起決策者或倡議者的關注。例如，Gilbert N. Plass、John G. Hutton 等學者向媒體表示，工業瓦斯的排放可能

---

[14] 基林曲線持續更新至 2005 年 Keeling 過世之後，始由兒子 Ralph Keeling 接手。2012 年 8 月的數據顯示，大氣二氧化碳濃度已上升至百萬分之 392.41。但必須注意的是，Mauna Loa 觀測資料不能代表全球大氣的二氧化碳濃度。全球層次的數據需參閱美國國家海洋暨大氣總署（NOAA）的資料，其估計 2012 年 7 月的全球濃度是百萬分之 391.07。請參見：NOAA Earth System Research Laboratory, 2012, "Recent Global CO2," http://www.esrl.noaa.gov/gmd/.

會對氣候造成負面影響。[15]其後 Plass 在 1956 年發表的〈二氧化碳與氣候〉（Carbon Dioxide and the Climate）一文中主張：目前尚無資料能證實二氧化碳是導致氣候變遷的決定性因素，但這個效應所造成的氣溫上升將會嚴重威脅到數個世紀以後的未來世代。[16]

　　直至 1970 年代初，科學社群才開始正視人為排放的二氧化碳所導致的問題。[17]如 Helmut E. Landsberg 在 1970 年提出警訊：人類活動所排放的二氧化碳、灰塵、或都市熱島效應皆會對全球氣候造成影響。[18]或如 Keeling 在 1970 年發表的〈來自化石燃料的二氧化碳會改變人類的環境嗎？〉（Is Carbon Dioxide from Fossil Fuel Changing Man's Environment?）文章中作出以下結論：雖然二氧化碳上升的速度緩慢到讓人覺得問題根本不存在，但若全球化石燃料的使用量持續無限制地增加，21 世紀的人類或許就得面對氣候變遷帶來的威脅。[19]

　　因為尚缺乏足夠的資料與技術來釐清這個問題的內涵，所以某些科學團體發起探索性的研究計畫，希望改善此一不足。例如，在麻省理工學院（Massachusetts Institute of Technology, MIT）的資助下，來自 14 個國家的 30 位氣象學者組成「人類的氣候影響研究小組」（Study of Man's Impact on Climate, SMIC），並於 1971 年 6 月在斯德哥爾摩集會。[20]學者們同意人類活

15　The Washington Post, May 5, 1953, "Industrial Gases Warming Up Earth, Physicist Notes Here," *The Washington Post*, p. 5. The New York Times, September 25, 1955, "Why Earth Warms: Scientist Blames Man-Made Changes on Earth's Surface," *The New York Times*, E11. The New York Times, October 28, 1956, "Warmer Climate on the Earth May Be Due To More Carbon Dioxide in the Air," *The New York Times*, p. 1.

16　Gilbert N. Plass, 1956, "Carbon Dioxide and the Climate," *American Scientist*, Vol. 44, No. 3, pp. 315-316.

17　相關新聞報導請參閱：Los Angeles Times, January 15, 1970, "Is Mankind Manufacturing a New Ice Age for Itself?" *Los Angeles Times*, C7. Chicago Tribune, February 6, 1970, "Take Your Choice," *Chicago Tribune*, p. 12. Harold M. Schmeck, Jr., April 30, 1970, "Scientist Sees Man's Activities Ruling Climate by 2000," *The New York Times*, p. 46. William R. Graham, May 31, 1970, "Mystery of Climate: Man Tinkers With Survival," *Los Angeles Times*, L1.

18　Helmut E. Landsberg, 1970, "Man-Made Climatic Changes," *Science*, Vol. 170, No. 3964, pp. 1265-1274.

19　Charles D. Keeling, 1970, "Is Carbon Dioxide from Fossil Fuel Changing Man's Environment?" op. cit., pp. 14-17.

20　會議由麻省理工學院的 Carroll L. Wilson 與 William H. Matthews 兩人主持，而美國國家大氣研究中心（National Center for Atmospheric Research）的 William W. Kellogg 與哈佛大學的 G. D. Robinson 則擔任科學協調員。

動的確可能會影響氣候，[21]並呼籲應盡快發展出適當的氣象模型與觀測技術來深入了解這個問題。[22]

或如，在美國能源部的「布洛克海文國家實驗室」（Brookhaven National Laboratory）發起與資助之下，包括 Keeling、Kellogg 在內的數百名科學家於 1972 年 5 月展開大氣二氧化碳的相關研究。並於隔年（1973 年）8 月出版《碳與生物圈》（Carbon and the Biosphere）調查報告說明二氧化碳在大氣、海洋、及陸地的循環過程。[23]

然而，此時期蒐集到的數據資料存在一個反常的現象，使得部分科學家對暖化論點有著不同的看法。例如，Richard A. Kalnicky 在 1974 年指出：北半球的平均氣溫在 1890 年至 1945 年間上升約攝氏 0.6 度，但在 1945 年到 1960 年代末期卻下降了 0.3 度。[24]倘若地球氣溫因人為排放的二氧化碳而持續增高，為何又會突然大幅降低？Kalnicky 在檢視美國與西歐的案例之後，他認為季風的循環模式才是導致氣溫變動的主因。[25]

其後，哥倫比亞大學的 Wallace S. Broecker 於 1975 年對此種反常現象提出不同的解釋。[26]Broecker 在《自然》期刊上發表文章並首次在標題使用「全球暖化」這個詞彙。他認為這一波近 30 年的降溫是自然界的氣候循環（climatic cycles）所引發，此循環將氣溫上升的幅度拉低。但這波循環約在 1980 年到達最低點，此後二氧化碳導致的暖化效應將顯著提升。Broecker 估計「大氣二氧化碳濃度每增加 10%，全球平均氣溫將上升攝氏

---

[21] 但這不是有意的影響，而是「意外導致的氣候改造」（inadvertent climate modification）。

[22] Science News of the Week, 1971, "Man's Impact on Climate: What Is Ahead?" *Science News*, Vol. 100, No. 5, p. 73. William H. Matthews, William H. Kellogg and G. D. Robinson, eds., 1971, *Man's Impact on the Climate*. Cambridge, MA: The MIT Press. SMIC, 1971, *Inadvertent Climate Modification: Report of the Study of Man's Impact on Climate*. Cambridge, MA: The MIT Press.

[23] George M. Woodwell and Erene V. Pecan, eds., 1973, *Carbon and the Biosphere: Proceedings of the 24th Brookhaven Symposium in Biology, Upton, New York, May 16-18, 1972*. Springfield, VI: Technical Information Center, Office of Information Services, and United States Atomic Energy Commission.

[24] Richard A. Kalnicky, 1974, "Climatic Change Since 1950," *Annals of the Association of American Geographers*, Vol. 64, No. 1, p.101.

[25] Richard A. Kalnicky, 1974, "Climatic Change Since 1950," op. cit., pp.100-112.

[26] Wallace S. Broecker, 1975, "Climatic Change: Are We on the Brink of a Pronounced Global Warming?" *Science*, Vol. 189, No. 4201, pp. 460-463.

0.3 度」。[27]若按此速度持續發展，人們在 2010 年時所經歷到的全球暖化幅度將超越過去 1000 年的氣溫。

　　雖然部分學者質疑 Broecker 的論點，例如 Stephen H. Schneider 與 Clifford Mass 認為即使氣溫在 1980 年以後上升，其幅度亦不會過度劇烈，因為太陽黑子（Sunspot）與火山灰才是影響氣候的主要因素。[28]但全球暖化的論點卻廣獲研究者的支持與討論，例如 Paul E. Damon 與 Steven M. Kunen 在〈全球變冷？〉（Global Cooling）一文指出，暖化的情況亦在南半球出現，這說明人類活動的確對氣候系統產生作用。另外，經濟學者 William D. Nordhaus 則著眼在控制策略層面，分析人們在面對不同的二氧化碳增加幅度時需支出的管制成本。[29]或如，H. H. Lamb 與 H. T. Mörth 兩人觀察北極洋海冰的結冰情況之後認為，氣候變遷主要是由季風等自然要素而導致，但人類急速的科技發展亦是潛在成因之一。[30]

　　簡言之，雖然在「人為排放的二氧化碳」與「全球暖化」兩者間仍存在著不確定性，但前述研究結果突顯出人類活動所造成的暖化確實是個重要的環境問題。而學者們亦積極地對政府進行影響，例如 Nordhaus 在 1977 年擔任卡特（Jimmy Carter）總統的經濟顧問時向美國政府與媒體表示：若不限制快速增長的二氧化碳排放量，則人類在 21 世紀初所面臨的暖化幅度可能會超越過去 10 萬年的增幅。政府必須在 40 年內限制大氣二氧化碳的含量，並選擇其他能源替代方案如核能。[31]

---

[27] Wallace S. Broecker, 1975, "Climatic Change: Are We on the Brink of a Pronounced Global Warming?" op. cit., p. 462.

[28] Stephen H. Schneider and Clifford Mass, 1975, "Volcanic Dust, Sunspots, and Temperature Trends," *Science*, Vol. 190, No. 4216, pp. 741-746.

[29] William D. Nordhaus, 1977, "Economic Growth and Climate: The Carbon Dioxide Problem," *The American Economic Review*, Vol. 67, No. 1, pp. 341-346.

[30] H. H. Lamb and H. T. Mörth, 1978, "Arctic Ice, Atmospheric Circulation and World Climate," *The Geographical Journal*, Vol. 144, No. 1, pp. 1-22. 其他文獻請參閱：B. J. Mason, 1977, "Man's Influence on Weather and Climate," *Journal of the Royal Society of Arts*, Vol. 125, No. 5247, pp. 150-165. Charles F. Cooper, 1978, "What Might Man-Induced Climate Change Mean?" *Foreign Affairs*, Vol. 56, No. 3, pp. 500-520.

[31] Walter Sullivan, June 3, 1977, "Climate Peril May Force Limits On Coal and Oil, Carter Aide Says," *The New York Times*, p. 55.

在科學社群的倡議之下，全球暖化問題於 1970 年代中期獲得美國政府與國際組織的重視，並逐步成為備受討論的環境議題。[32]首先，官方研究機構開始對此問題進行調查。例如，美國國家科學院所屬的國家研究院（National Research Council）、地球物理研究委員會（Geophysics Study Committee）、數學與物理科學會（Assembly of Mathematical and Physical Sciences）、以及地球物理研究部（Geophysics Research Board）等四個單位在 1974 年籌組「能源與氣候研究小組」（Panel on Energy and Climate），成員包括 Keeling、Roger R. Revelle 等 15 名科學家。在加州大學教授 Revelle 的主持下，該小組於 1977 年出版調查報告指出：目前尚未證實人類的能源消耗會導致下世紀地球氣溫急速上升，但二氧化碳的確可能影響氣候，最嚴重的情況是 22 世紀的氣溫將會上升超過攝氏 6 度。為了解決當前所面臨的不確定性問題，建議美國政府與國際組織共同合作發起全球性的研究計畫。[33]而在此報告發表後，研究小組成員更舉行會議向白宮與政府代表說明研究成果。[34]

另外，美國五角大廈的國防高等研究計畫署（Defense Advanced Research Projects Agency, DARPA）於 1978 年邀請 24 位專家對未來氣候的發展情境作預估，並出版報告表示：到了西元 2000 年，地球氣候最有可能的情況是維持過去 30 年的平均溫度，但此時大氣累積的二氧化碳將開始提升全球氣溫。倘若未採行任何管制措施，在 2010 年時氣溫可能因而增加攝氏 2 度。[35]

---

[32] 另外，媒體對此議題的關注度也明顯提高。請參閱：Chicago Tribune, October 15, 1975, "Climate Change seen in Growing Fuel Use," *Chicago Tribune*, p. 7. Bayard Webster, December 22, 1975, "Scientist Warns of Great Floods if Earth's Heat Rises," *The New York Times*, p. 47. Walter Sullivan, October 13, 1976,"Scientists Warn of Expected Rise Of Carbon Dioxide Content in Air," *The New York Times*, p.18. The Washington Post, January 30, 1977, "Changes in Earth's Weather Are Expected to Bring Trouble," *The Washington Post*, p. 6. The Times, June 22, 1976, "World's Temperature Likely to Rise," *The Times*, p. 9. Crispin Tickell, April 08, 1980, "What Man is Doing to the Climate," *The Times*, p. 12.

[33] Geophysics Study Committee, Assembly of Mathematical and Physical Sciences, Geophysics Research Board, and National Research Council, 1977, *Energy and Climate*. Washington, D.C.: National Academy of Science, pp. 4-8.

[34] Walter Sullivan, July 25, 1977, "Scientists Fear Heavy Use of Coal May Bring Adverse Shift in Climate," *The New York Times*, p. 1.

[35] National Defense University, 1978, *Climate Change to the Year 2000: A Survey of Expert Opinion*. Washington, D.C.: National Defense University. Thomas O'Toole, February 18, 1978, "Climate Experts See a Warming Trend," *The Washington Post*, A4.

　　或如，美國國家科學院於 1979 年成立「二氧化碳與氣候的特設研究小組」（Ad Hoc Study Group on Carbon Dioxide and Climate），在麻省理工學院教授 Jule G.Charney 的主持下出版報告指出：倘若二氧化碳含量在 2050 年增加兩倍，則本小組預估地球氣溫將上升攝氏 3 度。但在海洋水氣的影響下，此效應可能會延遲數十年後才出現。[36]這些變化不能再被視為是微不足道，二氧化碳無疑地會造成氣候變遷。[37]

　　其次，美國眾議院在 1982 年 3 月舉行聽證會，邀請多位官方及非政府組織研究者對暖化問題發表看法，如 Melvin Calvin、Jessica Matthews、James E. Hansen、Goerge J. Kukla、James S. Kane、Frederick A. Koomanoff 等。[38]這些專家皆同意二氧化碳的增長可能會帶來氣候變遷、海平面上升等威脅，但他們也承認目前尚無法證明其間的關聯。加上管制化石燃料的使用又需負擔龐大的經濟成本，現階段恐不易成功實施。因此與會專家建議應先設立國際性的科學研究機制，待釐清問題的內涵後再採取管制行動。[39]

　　再者，更多新的研究成果陸續在 1980 年代初期出現，增強了全球暖化倡議者的論述基礎。例如，Hansen、D. Johnson 等七位學者在 1981 年指出，全球氣溫在 1960 年代中期至 1980 年之間上升了攝氏 0.2 度，此趨勢與暖化理論的看法一致。同時，這將在 21 世紀造成以下結果：北美與中亞成為氣候變遷的災區、南極冰山融化導致海水上升、以及北極將出現西北航道等。[40]此外，Alan Robock、R. Etkins 與 E. Epstein 等人在比較海平面與氣

---

[36] Ad Hoc Study Group on Carbon Dioxide and Climate, 1979, *Carbon Dioxide and Climate: A Scientific Assessment*. Washington, D.C.: National Academy of Science, pp. 2-3.

[37] Ad Hoc Study Group on Carbon Dioxide and Climate, 1979, *Carbon Dioxide and Climate: Scientific Assessment*. op. cit., p. vii.

[38] 他們任職的單位分別為：Calvin 是加州大學柏克萊分校的勞倫斯柏克萊實驗室（Lawrence Berkeley Laboratory）教授、Matthews 是世界資源研究所（WRI）的副總裁、Hansen 是美國 NASA 甘德（Goddard）太空研究中心主任、Kukla 任職於拉蒙多哈提地質學觀測所（Lamont-Doherty Geological Observatory）、Kane 是美國能源部能源研究中心副處長（Deputy Director）、Koomanoff 服務於美國能源部的二氧化碳研究院（Carbon Dioxide Research Division）。

[39] House of Representatives, March 25, 1982, *Carbon Dioxide and Climate: The Greenhouse Effect*. Washington, D.C.: US Government Printing Office.

[40] James Hansen, D. Johnson, A. Lacis, S. Lebedeff, P. Lee, D. Rind and G. Russell, 1981, "Climate Impact of Increasing Atmospheric Carbon Dioxide," *Science*, Vol. 213, No. 4511, pp. 957-966.

溫的增減情況後發現，當氣溫增加攝氏 1 度時，海平面也同時上升 88 公釐。[41]換言之，全球暖化確實導致海平面上升。

另一方面，政府部門的研究結論亦支持暖化理論。例如，卡特總統所屬的環境品質委員會（Council on Environmental Quality, CEQ）主席 Gus Speth 在 1981 年表示，[42]美國政府應將二氧化碳議題列為能源政策中的優先事項，並且領導世界各國研發可再生能源以及限制石化燃料的使用。[43]或如，美國環境保護署在 Hansen、Willian Emaneul、Martin Miller 等學者的協助下，在 1983 年出版報告預估全球氣溫在 21 世紀中期將上升攝氏 2 度，至 2100 年將增至攝氏 5 度。而環境保護署建議若能在 2000 年之前全面立法禁止使用碳與石油，則可以把暖化 2 度的趨勢延緩至 2065 年。[44]

最後，國際組織在 1970 年代末期起開始構建跨國平台，讓學者們彼此交流意見。例如，在世界氣象組織（WMO）贊助下，來自 40 國的 300 名科學家於 1979 年 2 月在日內瓦召開第一屆「世界氣候會議」（World Climate Conference, WCC），[45]並由美國國家科學院氣候研究局（Climate Research Board）的 Robert M. White 博士擔任主持人。[46]雖然在會議上科學家們對暖化理論的看法不同，[47]但普遍同意此問題具有潛在風險，[48]因此決議發表《世

---

[41] Alan Robock, R. Etkins and E. Epstein, 1983, "Global Mean Sea Level: Indicator of Climate Change?" *Science*, Vol. 219, No. 4587, pp. 996-998.

[42] 環境品質委員會直屬於美國總統辦公室，其任務是協助總統擬定環境與能源政策。

[43] Gus Speth, ed., 1981, *Global Energy Futures and the Carbon Dioxide Problem*. Washington, D.C.: Council on Environmental Quality. Bill Stall, January 14, 1981, "Quick Action on Greenhouse Effect Urged," *Los Angeles Times*, B11. The Washington Post, January 14, 1981, "Report Warns Of Possible Shift In Climate Zones," *The Washington Post*, A12.

[44] Stephen Seidel and Dale Keyes, 1983, *Can We Delay a Greenhouse Warming? The Effectiveness and Feasibility of Options to Slow a Build-Up of Carbon Dioxide in the Atmosphere*. Washington, D.C.: Environmental Protection Agency, pp. i-v.

[45] 世界氣候會議迄今舉行過三屆，分別為 1979 年、1990 年、2009 年。請參閱：World Meteorological Organization, 2012, "History," http://www.wmo.int/wcc3/history_en.php.

[46] World Meteorological Organization, 1979, *Proceedings of the World Climate Conference: A Conference of Experts on Climate and Mankind*. Geneva, Switzerland: World Meteorological Organization.

[47] 例如英國學者 B. John Mason、澳洲學者 W. J. Gibbs 等人質疑暖化理論的證據力，而美國學者 Robert R. Kates、加拿大學者 F. Kenneth Hare、西德學者 H. Flohn 等人則支持暖化理論。請參閱：Walter Sullivan, February 16, 1979, "Scientists at World Parley Doubt Climate Variations Are Ominous," *The New York Times*, D13. Walter Sullivan,

界氣候會議宣言》（Declaration of the World Climate Conference），呼籲國際組織與世界各國應發起研究計畫來進行資料蒐集與分析。[49]為了回應此訴求，世界氣象組織在 1979 年建立世界氣候計畫（World Climate Programme, WCP）；[50]隔年（1980 年）並與國際科學理事會（International Council for Science, ICSU）合作推動世界氣候研究計畫（World Climate Research Programme, WCRP）。[51]

　　此類由國際組織發起的科學會議在 1980 年至 1987 年間密集召開，討論的內容大多著重資料整合、評估標準、氣象模型、或測量技術等方面。例如，1980 年、1983 年及 1985 年，聯合國環境署、世界氣象組織、以及國際科學理事會（ICSU）等三個機構邀請各國學者在奧地利的菲拉赫（Villach）集會。在會後出版的報告中指出：溫室效應氣體的確能夠影響地球氣溫，至於氣溫上升的幅度則取決於政府的能源政策與石化燃料的使用量。[52]其後，在 1987 年，這三個國際組織又分別於菲拉赫（Villach）和義大利的貝拉吉歐（Bellagio）兩地舉行工作小組會議。此次會議更加肯定

February 14, 1979, "Climatologists Are Warned North Pole Might Melt," *The New York Times*, A21. Walter Sullivan, February 20, 1979, "Disaster Tolls Needlessly High, Conference on Climate Is Told," *The New York Times*, C2.

[48] George Alexander, February 14, 1979, "Carbon Dioxide Climate Change Debated," *Los Angeles Times*, B16. Walter Sullivan, February 24, 1979, "A Vast Interdisciplinary Effort To Predict Climate Trend Urged," *The New York Times*, p. 44.

[49] World Meteorological Organization, 1979, *Declaration of the World Climate Conference*. Geneva, Switzerland: World Meteorological Organization, pp. 1-4.

[50] World Meteorological Organization, 2012, "World Climate Programme: Historical Background," http://www.wmo.int/pages/prog/wcp/wcp.html. George Alexander, February 19, 1979, "Somber Scientists Study Climate Changes," *Los Angeles Times*, A14.

[51] WCRP, 2012, "History," http://www.wcrp-climate.org/history.shtml.

[52] World Meteorological Organization, 1981, *Joint WMO/ICSU/UNEP Meeting of Experts on the Assessment of the Role of CO2 on Climate Variations and Their Impact. Villach, Austria, November, 1980*. Geneva, Switzerland: World Meteorological Organization. M. L. Parry and T. R. Carter, eds., 1984, *Assessing the Impact of Climate Change in Cold Regions. Villach, Austria, September 19-23, 1983*. Laxenburg, Austria: International Institute for Applied Systems Analysis. World Meteorological Organization, 1986, *Report of the International Conference on the Assessment of the Role of Carbon Dioxide and of other Greenhouse Gases in Climate Variations and Associated Impacts. Villach, Austria, October 9-15, 1985*. Geneva, Switzerland: World Meteorological Organization.

且直接的表示：溫室效應氣體的增加是人類活動造成的結果，而這些氣體將導致暖化與氣候變遷。工作小組建議各國應擬定長期的計畫來解決問題，並且同時運用調適（adaptation）與限制（limitation）等兩種策略。[53]

綜上所述，科學社群是全球暖化議題的倡議者，其成員包括官方研究機構、以及非政府性質的研究單位如世界資源研究所等。而環境非政府組織亦是倡議網絡的成員，例如地球之友或綠色和平組織等。[54]在美國政府與國際組織的協助之下，這個議題於 1980 年代初期正式進入到國際場域中，並由科學社群擔任代表出席國際會議。雖然此時尚無任何國家採行管制措施，但科學研究成果顯示暖化所帶來的威脅不容忽視。與此同時，這也產生了解決問題的需求，使得這個議題進入到國際制度構建階段。

貳、國際制度構建階段（1987 年－1997 年）

在國際層次中，美國政府積極地希望喚起各國對暖化議題的重視，而此種政策立場主要源自國內倡議者的訴求。例如參議院在 1987 年 11 月及 1988 年 6 月舉行聽證會，[55]甘德太空中心主任 Hansen 在聽證會上指出：1988 年的氣溫打破有儀器以來的氣溫紀錄，現今我們可以在 99%的信心水準下確定地球自 1980 年代起開始暖化，而此種趨勢與溫室效應的影響有關。[56]其他如環境保衛基金的 Michael Oppenheimer、或世界資源研究所的 William P. Moomaw 等非政府組織學者亦受邀與會，並向議員們表示同意全球暖化

---

53 Jill Jaeger, 1988, *Developing Policies for Responding to Climate Change: A Summary of the Discussions and Recommendations of the Workshops Held in Villach （28 September-2 October, 1987 ） and Bellagio （9-13 November, 1987 ）, Under the Auspices of the Beijer Institute, Stockholm.* Geneva, Switzerland: World Meteorological Organization, pp. iii-iv.

54 環境非政府組織透過媒體向民眾傳播暖化議題的重要性。請參閱：Rafe Pomerance, June 8, 1980, "Coal Must Not Become King," *The Jerusalem Post*, p. 14.

55 United States Senate, November 9-10, 1987, *Greenhouse Effect and Global Climate Change: Part 1.* Washington, D.C.: US Government Printing Office.

56 United States Senate, June 23, 1988, *Greenhouse Effect and Global Climate Change: Part 2.* Washington, D.C.: US Government Printing Office, pp. 39-49. Philip Shabecoff, June 24, 1988, "Global Warming Has Begun, Expert Tells Senate," *The New York Times*, A14. John Noble Wilford, August 23, 1988, "His Bold Statement Transforms the Debate On Greenhouse Effect," *The New York Times*, C4.

論點。會後，科羅拉多州議員 Timothy E. Wirth 向媒體表示：科學證據已經十分充分，現在國會必須思考該如何延緩暖化的趨勢以及應對氣候變遷。[57]

　　自 1987 年起，藉助於美國雷根（Ronald Reagan）政府及倡議行為者的推動，全球暖化被納進國際組織的議程中，成為各國討論的主題。1987 年 6 月，在奈諾比（Nairobi）舉行的聯合國環境署（UNEP）會議上，管理委員會（Governing Council）採納美國代表提交的「全球氣候變遷」議案，承諾聯合國環境署將持續關注人類活動所導致的氣候變遷議題（第 14/20 號決議）。[58]同年 12 月，聯合國大會通過「環境領域中的國際合作」議案，[59]要求聯合國環境署、世界氣象組織（WMO）、以及國際科學理事會（ICSU）三者應共同合作並強化對全球氣候變遷的研究（第 42/184 號決議）。[60]

　　隔年（1988 年）6 月，在聯合國環境署的支持下，「大氣層變遷的世界會議」（World Conference on the Changing Atmosphere）於加拿大多倫多召開。[61]這是首次由政府代表與科學社群兩者共同參與的全球暖化會議。[62]經過多次討論後，與會者同意氣候暖化對社會、經濟與安全等層面具有潛在威脅，因此決定通過「保護大氣層行動計畫」（Action Plan for the Protection

[57] Philip Shabecoff, June 24, 1988, "Global Warming Has Begun, Expert Tells Senate," *The New York Times*, A14.
[58] UNEP, 1987, *UNEP: Report of the Governing Council on the Work of Its 14th Session, 8-19 June 1987.* New York, NY: United Nations.
[59] 支持國包括美國、蘇聯、英國等 149 個國家，只有以色列投下反對票。資料來源：UN General Assembly, 1987, *Forty-Second Session, General Assembly Provisional Verbatim Record of the 96th Meeting.* New York, NY: United Nations, pp. 43-45.
[60] UN General Assembly, 1987, "International Co-operation in the Field of the Environment," United Nations, A/RES/42/184, http://www.un.org/documents/ga/res/42/a42r184.htm.
[61] 全名為：「大氣層變遷的世界會議：對全球安全的意涵」（World Conference on the Changing Atmosphere: Implications for Global Security）。請參見聯合國環境署第 14/20 號決議：UNEP, 1987, *UNEP: Report of the Governing Council on the Work of Its 14th Session, 8-19 June 1987.* op. cit.
[62] 與會者包括：46 國政府代表、300 多名科學家、國際組織、以及非政府組織。在開幕式上，挪威首相 Gro Harlem Brundtland 及加拿大首相 Brian Mulroney 兩人呼籲各國應採取行動對抗溫室效應問題。參考資料：World Meteorological Organization, 1988, *The Changing Atmosphere: Implications for Global Security. Conference Held in Toronto, Canada, 27-30 June 1988.* Geneva, Switzerland: World Meteorological Organization, p. 292. Philip Shabecoff, June 28, 1988, "Norway and Canada Call for Pact to Protect Atmosphere," *The New York Times*, C4. Philip Shabecoff, July 1, 1988, "Parley Urges Quick Action to Protect Atmosphere," *The New York Times*, A3.

of the Atmosphere）。該行動計畫建議盡速擬定國際性的架構公約來管制溫室效應氣體，目標是在 2005 年時將全球二氧化碳排放量削減 20%（以 1988 年為基準）。[63]同時應設立世界大氣層基金（World Atmosphere Fund）來補助各國進行減排及發展可再生能源科技。[64]而諸如地球之友、自然資源保衛協會（NRDC）等環境非政府組織也對這項計畫表示讚許。[65]

　　此外，1988 年 11 月，世界氣象組織與聯合國環境署邀請 31 國政府在日內瓦集會，[66]會中決定成立「政府間氣候變遷小組」（Intergovernmental Panel on Climate Change, IPCC，以下簡稱 IPCC）來進行科學資料評估及因應策略規劃等工作。[67]而在同年 12 月舉行的聯合國大會上，會員國們通過「為現今與未來世代保護全球氣候」之議案。[68]該議案除了認可 IPCC 的功能外，更主張氣候變遷是人類共同關心的問題，呼籲各國政府採取實際行動來防止氣候變遷（第 43/53 號決議）。[69]另外，1989 年 3 月，在法國、荷蘭與挪威的發起下，24 國於荷蘭海牙發表《海牙環境宣言》（Hague Declaration on the Environment）。[70]該宣言建議在聯合國的架構當中設立新

---

[63] 已開發國家應率先負擔減排責任。

[64] World Meteorological Organization, 1988, *The Changing Atmosphere: Implications for Global Security. Conference Held in Toronto, Canada, 27-30 June 1988.* op. cit., pp. 292-304.

[65] Ronald Kotulak, July 1, 1988, "Greenhouse Effect Spurs Global Fears," *Chicago Tribune*, p. 16.

[66] 政府代表包括：美國、英國、蘇聯、中國、日本、東德、西德等 31 國。國際組織則包含：聯合國歐洲經濟委員會（ECE）、聯合國糧農組織、聯合國教科文組織、國際科學理事會、歐洲共同體委員會（CEC）等。而聯合國環境署執行長 Tolba 及世界氣象組織秘書長 G. O. P. Obasi 也在開幕式上致辭。參考資料：World Climate Programme Publications Series, 1988, *WMO/UNEP Intergovernmental Panel on Climate Change. Report of the Frist Session of the WMO/UNEP IPCC, Geneva, November 9-11, 1988.* New York, NY: World Meteorological Organization. The New York Times, November 13, 1988, "35-Nation Conference Addresses Global Warming," *The New York Times*, p. 11.

[67] IPCC 僅整合既有的科學文獻以及評估全球暖化所造成的自然、經濟或社會影響，最後出版報告供決策者參考。請參閱：IPCC Website, 2012, "History," http://www.ipcc.ch. 李河清，2004 年，〈知識社群與全球氣候談判〉，《問題與研究》，第 43 卷，第 6 期，頁 73-102。

[68] UN General Assembly, 1988, *Forty-Third Session, General Assembly Provisional Verbatim Record of the 70th Meeting.* New York, NY: United Nations, pp. 66-68.

[69] UN General Assembly, 1988, "Protection of Global Climate for Present and Future Generations of Mankind," United Nations, A/RES/43/53, http://www.un.org/documents/ga/res/43/a43r053.htm.

[70] 簽訂國包括：法國、挪威、荷蘭、印度、埃及、馬爾他、日本、澳洲、巴西、加拿大、象牙海岸、西德、匈牙利、印尼、義大利、約旦、肯亞、紐西蘭、塞內加爾、西班牙、瑞典、突尼西亞、辛巴威、委內瑞拉等 24 國。但美國、蘇聯、或英國等並未參加此次會議。

的決策與管制措施來處理大氣層保護的相關事宜。[71]其後，針對暖化議題所進行的國際談判與制度建構工作便相繼展開。

　　然而，企業界此時出現反對聲浪，因為管制溫室效應氣體將直接衝擊到石油業或以石化燃料作為動力來源的產業。諸如阿莫科（Amoco）、美國石油協會（American Petroleum Institute）、雪弗龍（Chevron）、艾克森（Exxon）、福特（Ford）、通用汽車（General Motors）、殼牌（Shell）、杜邦等數十家企業在 1989 年組成「全球氣候聯盟」（Global Climate Colation, GCC）與「氣候協會」（Climate Council），並透過公關或遊說等方式來阻礙國際管制。[72]

　　在企業界的影響下，當布希（George H. W. Bush）總統在 1989 年上台後，美國政府的暖化政策立場開始出現轉變。首先，某些學者認為全球暖化的論點仍存在著高度不確定性，而這些見解便成為布希政府反對國際管制的立論基礎。例如，Kirby Hanson、George A. Maul、Thomas R. Karl、Henry F. Diaz 等任職於國家海洋暨大氣總署（NOAA）的科學們在 1989 年發表文章指出：在重新檢視過去的氣象資料後，我們發現沒有證據能夠顯示北半球氣溫在 1895 年至 1987 年間持續暖化，[73]目前的氣象模型亦無法精確地預測氣溫變化的趨勢。[74]此研究成果不但受到媒體關注，[75]更引發支持者與質

[71] The Netherlands, 1989, "Hague Declaration on the Environment," *International Legal Materials*, Vol. 28, No. 5, pp. 1308-1310. Edward Cody, March 12, 1989, "Global Environmental Power Sought," *The Washington Post*, A27.

[72] Peter Newell and Matthew Paterson, 1998, "A Climate for Business: Global Warming, the State and Capital," *Review of International Political Economy*, Vol. 5, No. 4, pp. 683-688. Peter Newell and Matthew Paterson, 1996, "From Geneva to Kyoto: The Second Conference of the Parties to the UN Framework Convention on Climate Change" *Environmental Politics*, Vol.5, No.4, pp.729-735.

[73] Kirby Hanson, George A. Maul and Thomas R. Karl, 1989, "Are Atmospheric Greenhouse Effects Apparent in the Climatic Record of the Contiguous U.S. (1895-1987)?" *Geophysical Research Letters*, Vol. 16, No. 1, p. 49-52.

[74] Thomas R. Karl, J. Dan Tarpley, Robert G. Quayle, Henry F. Diaz, David A. Robinson and Raymond S. Bradley, 1989, "The Recent Climate Record: What It Can and Cannot Tell Us," *Reviews of Geophysics*, Vol. 27, No. 3, pp. 405-430.

[75] 例如：Peter Gorner, January 8, 1989, "Greenhouse Effect is a Clouded Issue," *Chicago Tribune*, p. 23. Peter Gorner, January 15, 1989, "Greenhouse Effect Worries May be Blooming Too Soon," *Chicago Tribune*, D1. Philip Shabecoff, January 26, 1989, "U.S. Data Since 1895 Fail To Show Warming Trend," *The New York Times*, A1. Philip J. Hilts, January 27, 1989, "No Global Warming Seen in 96 Years of U.S. Data," *The Washington Post*, A3.

疑者兩方的論戰。例如氣象學家 Patrick Michaels 在報章上撰文批評暖化理論的案例選擇有偏誤，[76]而甘德太空中心主任 Hansen 則於後發文反駁。[77]

其次，雖然諸如環境保護署署長 William K. Reilly、國務卿 James A. Baker 等建議布希政府應制定二氧化碳的減排方案，[78]但均未被採納。[79]此外，政府當局更試圖淡化問題，例如甘德太空中心主任 Hansen 在 1989 年 5 月向媒體表示，他準備遞交到參議院聽證會的證詞遭到白宮管理及預算辦公室（While House Office of Management and Budget）修改，將結論改為暖化仍具有很大的不確定性。[80]而此一「竄改證詞」爭議為布希政府帶來極大壓力，使其隨後表示將把全球暖化列為優先議題，並且帶領世界各國擬定管制協定。[81]

總和而論，布希總統任內（1989 年 1 月至 1993 年 1 月）傾向維護企業界的利益，其暖化政策主要採取「反對設立國際減排制度」的立場。但因為來自政府內部、科學團體、及環境非政府組織的壓力，所以被迫必須支持國際架構公約的擬定。[82]易言之，此時美國政府不再是暖化議題的積

[76] Patrick Michaels, January 8, 1989, "The Greenhouse Climate of Fear," *The Washington Post*, C3.
[77] James E. Hansen, February 11, 1989, "I'm Not Being an Alarmist about the Greenhouse Effect," *The Washington Post*, A23.
[78] John M. Goshko, January 31, 1989, "Baker Urges Steps on Global Warming," *The Washington Post*, A6. Philip Shabecoff, March 14, 1989, "E.P.A. Proposes Rules to Curb Warming," *The New York Times*, C7.
[79] Philip Shabecoff, May 13, 1989, "E.P.A. Chief Says Bush will not Rush into a Treaty on Global Warming," *The New York Times*, p. 9.
[80] Hansen 原本的證詞指出人類活動所排放的二氧化碳會導致氣溫暖化。資料來源：The New York Times News Service, May 8, 1989, "White House Agency Alters Scientist's Testimony," *Chicago Tribune*, p. 6. Philip Shabecoff, May 8, 1989, "Scientist Says Budget Office Altered His Testimony," *The New York Times*, A1. Nathaniel Sheppard, Jr., May 9, 1989, "Scientist Defends Warmup Alarm," *Chicago Tribune*, p. 3.
[81] Philip Shabecoff, May 10, 1989, "White House Says Bush Will Call Meeting About Global Warming," *The New York Times*, B6. Philip Shabecoff, May 12, 1989, "U.S., in a Shift, Seeks Treaty on Global Warming," *The New York Times*, A1. Terry Atlas and R. C. Longworth, July 17, 1989, "Summit Ends with Pledge on Environment," *Chicago Tribune*, p. 1. Michael Weisskopf, May 13, 1989, "U.S. Commits to Talks on Greenhouse," *The Washington Post*, A1. Chicago Tribune, September 1, 1989, "U.S. Assigns Priorities for Environment," *Chicago Tribune*, p. 8.
[82] 參考資料：David Hoffman, April 20, 1990, "Bush Struggles for 'Balance' Between 2 Sharp Edges," *The Washington Post*, A1.

極推動者，因為經濟利益與不確定性等考量使其拒絕接受減低排放量之限制，僅願意繼續推動科學研究或架構公約等無拘束力之事務。

例如，1989 年 11 月在荷蘭諾德維克（Noordwijk）舉行的部長級會議上，[83]與會者通過《諾德維克氣候變遷宣言》（Noordwijk Declaration on Climate Change），內容包括：一，各國應控制、限制或削減溫室氣體的排放量。二，IPCC 應在 1990 年的報告中說明二氧化碳的減量目標。三，大部分已開發國家同意應固定二氧化碳的排放量，而固定排放量的第一階段目標必須在 2000 年時完成。四，在擬定架構公約與議定書時可參考保護臭氧層之《維也納公約》的設定方式。[84]雖然此宣言把削減及固定排放量列入其中，但並非所有國家都支持這項限制，諸如美國、日本、蘇聯、英國等皆表示不願遵守。[85]

從 Noordwijk 會議可以發現各國對暖化議題的看法存在著差異。基本上，所有國家都同意必須擬定架構公約來確立國際合作的框架，但爭議點在於是否應設立減低排放量之議定書。此種分歧自 1990 年開始便影響著國際談判的結果，本文將其分成「環境管制優先」以及「科學證據優先」等兩種立場，茲說明於後。

一，環境管制優先：雖然尚無法消除暖化議題的不確定性，但部分國家認為應盡快採取減排措施，因為既有的資料顯示人類活動確實可能造成氣候變遷，若繼續拖延恐為時已晚。諸如法國、丹麥、西德、荷蘭等歐洲國家是此立場的支持者，它們在 Noordwijk 會議上即希望設立具約束力的國際減排制度。[86]於後，這些國家在 1990 年又提議歐洲共同體應率先在 2000

83　參與國包括：美國、蘇聯、英國、中國、日本、菲律賓等 67 國。另有 12 個國際組織參加，如歐洲共同體委員會、聯合國糧農組織、聯合國教科文組織、世界銀行等。

84　Ministerial Conference on Atmospheric Pollution and Climate Change, 1989, *The Noordwijk Declaration on Climate Change: Ministerial Conference held at Noordwijk, the Netherlands on 6th and 7th November 1989*. Hague, Netherlands: Netherlands Ministry of Housing, Physical Planning and Environment.

85　所以宣言內容才採用「大部分已開發國家皆同意」之詞句，而非「所有已開發國家皆同意」。參考資料：Paul L. Montgomery, November 7, 1989, "U.S. and Japan Refuse Curbs on Carbon Dioxide," *The New York Times*, A12. Glenn Frankel, November 8, 1989, "Nations Pass Resolution on Environment," *The Washington Post*, A33.

86　Paul L. Montgomery, November 7, 1989, "U.S. and Japan Refuse Curbs on Carbon Dioxide," op. cit., A12.

年之前凍結溫室效應氣體的排放量（以 1990 年為基準），並且徵收碳稅或能源稅。[87]

　　二，科學證據優先：某些決策者認為國際環境管制必須有明確的科學證據作為基礎，所以應待釐清問題的本質後再制訂減排的額度與時間表。舉凡美國、英國等都支持此立場。以美國為例，布希總統在 1990 年 2 月的 IPCC 會議上發表演說並承諾增加國內的研發經費，藉此展現重視暖化研究的決心。[88]此外，美國政府認為無論是凍結或削減二氧化碳排放量皆需付擔龐大成本，所以不宜貿然進行。例如在 1990 年 5 月舉行的「卑爾根永續發展會議」（Bergen Conference on Sustainable Development）上，[89]美國代表以成本過高為理由反對凍結排放量的提案。[90]另一方面，以歐洲地區為例，英國政府對歐盟共同體的凍結排放量計畫抱持抗拒的態度，並且聯合西班牙、葡萄牙、希臘等國共同反對此計畫。[91]雖然在其他會員國的壓力下英國政府始同意設定減碳目標以及時間表，但卻堅持與歐洲共同體採行不同標準，將時限從 2000 年延後至 2005 年。[92]

---

[87] 此提案在 1990 年 10 月的歐洲環境部長會議上達成共識，但具體的實行細節則尚未決定。參考資料：Michael McCarthy, March 22, 1990, "Patten Heading for Pollution Dispute with EC," *The Times*, p. 2. Michael McCarthy, October 30, 1990, "EC Pact on Global Warming," *The Times*, p. 1. Michael McCarthy, October 30, 1990, "UK Benefits in EC Deal to Tackle Global Warming," *The Times*, p. 2.

[88] World Climate Programme Publications Series, 1990, *Report of Third Session of the WMO/UNEP IPCC, Washington, D.C., February 5-7, 1990*. Geneva, Switzerland: IPCC, pp. 1-4. Michael Weisskopf, February 6, 1990, "Bush Pledges Research on Global Warming," *The Washington Post*, A1.

[89] 由挪威政府與聯合國歐洲經濟委員會（UNECE）聯合舉辦。

[90] 美國政府估計凍結二氧化碳排放量需花費的成本將遠超過整年度的國民生產毛額（Gross National Product, GNP），此時美國一年的國民生產毛額約 3 兆美元。請參閱：Michael McCarthy, May 16, 1990, "US Fears Over Cost of Global Warming," *The Times*, p. 2. R. B. Singh, 1991, "Conference News: Bergen Conference on Sustainable Development," *International Journal of Environmental Studies*, Vol. 37, pp. 121-129.

[91] The New York Times, June 9, 1990, "Britain Blocks European Move on Pollution," *The New York Times*, p. 5. Michael McCarthy, June 8, 1990, "EC Avoids Split over Greenhouse Gases," *The Times*, p. 1.

[92] Michael McCarthy, May 24, 1990, "Britain Sets It　s Target for CO2 Emission," *The Times*, p. 3. Peter Guilford and Michael McCarthy, June 1, 1990, "Brussels May Use Carbon Tax to Force UK into Line," *The Times*, p. 2. Michael McCarthy, October 29, 1990, "Decision Day over Global Warming Dispute with EC," *The Times*, p. 2.

　　前述對立的情況亦出現在 1990 年 10 月舉行的第二屆世界氣候會議
（WCC-2）上。部分國家雖改變立場，例如日本、英國、加拿大轉而與澳
洲、紐西蘭、歐洲共同體等支持凍結排放量；但中國、美國仍主張科學證
據優先。[93]然而，即使立場有著歧異，但與會國皆同意應設立暖化議題的
國際合作框架，所以制度建構的工作依舊持續進行。[94]而歐洲共同體此時
也成為全球暖化議題的積極推動者。

　　1990 年 8 月，IPCC 出版氣候變遷的《第一次評估報告》（First Assessment
Report, FAR），三個工作小組分別就氣候變遷的內涵、影響、以及因應策
略進行分析。報告指出：一，人類活動確實增加了大氣層中的溫室效應氣
體濃度。[95]二，地表氣溫在過去 100 年內增加攝氏 0.3 至 0.6 度，海平面則
上升 10 至 20 公分。三，全球暖化對農林業、生態系統、水資源、海洋、
極地冰蓋等造成威脅。四，按管制措施的嚴格程度來作區分，最差的情境
是 21 世紀的全球氣溫將以每 10 年上升攝氏 0.3 度的速率增加（情境 A），
最佳的情境是每十年增加 0.1 度（情境 D）。[96]五，建議各國應盡快擬訂架
構公約與議定書，並且強化氣候變遷的相關研究。[97]

　　為回應國際談判的需求，聯合國大會於 1990 年 12 月成立「氣候變遷
架構公約之政府間談判委員會」（International Negotiating Committee for a
Framework Convention on Climate Change, INC/FCCC，以下簡稱 INC/FCCC）

---

[93] Matlise Simons, November 8, 1990, "U.S. View Prevails at Climate Parley," *The New York Times*, A9. Michael Weisskopf and William Booth, November 6, 1990, "In West, U.S. Stands Alone on Warming Issue," *The Washington Post*, A5.

[94] Michael McCarthy, November 8, 1990, "World Agreement to Fight Warming," The Times, p. 1.

[95] 但 IPCC 並未斷定人類活動即是導致暖化的直接因素。

[96] 情境 A：完全不採取管制方案且持續使用石化燃料。情境 B（低排放）：以天然氣取代石化燃料並停止伐林。情境 C（控制策略）：在 21 世紀末期改用可再生能源及核能。情境 D（加速策略）：在 21 世紀初改用可再生能源及核能，以及控制工業國家的排放量，但讓發展中國家的排放量略為增加。因為目前科學界對於雲、海洋、海冰所導致的氣候影響以及溫室氣體的來源與沉積等方面仍欠缺了解，所以本報告也聲明此處所做的預測尚存在著不確定性。

[97] 請參閱： J. T. Houghton, G. J. Jenkins and J. J. Ephraums, eds., 1990, *Climate Change: The IPCC Scientific Assessment*. New York, NY: Cambridge University Press. W. J. McG. Tegart, G. W. Sheldon and D. C. Griffiths, eds., 1990, *Climate Change: The IPCC Impacts Assessment*. Canberra, Australia: Australian Government Publishing Service. IPCC, 1990, *Climate Change: The IPCC Response Strategies*. Geneva, Switzerland: WMO/UNEP.

（第 45/212 號決議）。[98]而一連串集會也在 1991 年至 1992 年 5 月間密集展開。[99]

在談判過程中，各方爭議焦點在於「是否將減排方案列入公約」以及「開發中國家的管制方式」等主題。雖然布希政府在 1992 年 2 月曾一度提出行動議程（action agenda）表示考慮凍結排放量，[100]但卻始終強烈反對將減量目標與時間表列入架構公約中。[101]此外，產油國與第三世界國家亦無意參與國際管制。[102]經過多次協調與修正，最後各國代表於 1992 年 5 月擬定《聯合國氣候變遷架構公約》（United Nations Framework Convention on Climate Change, UNFCCC，以下簡稱氣候變遷架構公約），[103]並且在 6 月舉行的「聯合國環境暨發展會議」（United Nations Conference on Environment and Development, UNCED）上開放簽署。[104]

《氣候變遷架構公約》臚列暖化議題的談判、研究、資料審查等框架，[105]並宣示將維持大氣層中溫室氣體的濃度水平，[106]以防止人為干擾影響到氣候系統（第 2 條）。[107]締約國必須提供溫室氣體的排放資訊，並在後續締約國會議上審閱履行情況（第 4 條第 1 項、第 7 條、第 12 條）。另外，《公約》將締約國分成「附件一國家」、「附件二國家」、以及「其他締約

---

[98] UN General Assembly, 1990, "Protection of Global Climate for Present and Future Generations of Mankind," United Nations, A/RES/45/212, http://www.un.org/documents/ga/res/45/a45r212.htm.

[99] 這段期間共召開 6 次擬定架構公約的國際會議。

[100] Michael Weisskopf, February 5, 1991, "U.S. Gets Mixed Reviews on Global Warming Plan," The Washington Post, A3.

[101] 至於歐洲共同體會員國、日本、加拿大則贊成此提案。參考資料：William K. Stevens, September 10, 1991, "At Meeting on Global Warming, U.S. Stands Alone," The New York Times, C1. The New York Times, September 22, 1991, "U.S. Continues to Resist Mandatory Emissions Cuts," The New York Times, p. 19.

[102] Paul Lewis, March 3, 1992, "U.N. Opens Environment Talks; Europe Spurs U.S. to Act Urgently," The New York Times, A1.

[103] William K. Stevens, May 10, 1992, "143 Lands Adopt Treaty to Cut Emission of Gases," The New York Times, p. 14.

[104] 在巴西的里約熱內盧召開，又稱為地球高峰會（Earth Summit）。

[105] United Nations, 1992, "United Nations Framework Convention on Climate Change," UNFCCC Website, http://unfccc.int/2860.php.

[106] 但公約並未規定減排額度與時間表。

[107] 此一水平應當在生態系統能夠適應氣候變化、糧食生產免於受到威脅、經濟發展能夠持續進行之時間範圍內實現（第 2 條）。

國」等三類。附件一國家應率先擬定政策及措施來限制溫室氣體的排放（第
4 條第 2 項），[108]而附件二國家則須提供資金補助發展中國家以及島嶼或低
窪國家（第 4 條第 3、4、5、8 項）。[109]易言之，《氣候變遷架構公約》要
求已開發國家帶領其他國家解決氣候變遷問題，至於相關資金則由「全球
環境基金」（Global Environment Facility, GEF）來統籌管理。[110]

　　此次聯合國環境暨發展會議共有 177 個國家參加，大部分國家都簽
署了《氣候變遷架構公約》，例如美國、俄羅斯、中國、英國、日本、
歐洲共同體等。而會後又增加捷克、格瑞那達、利比亞、馬利、獅子山
國、斯洛伐克、南非、巴拿馬等 8 國。但諸如汶萊、伊拉克、科威特、
卡達、沙烏地阿拉伯、敘利亞、阿拉伯聯合大公國、土耳其、南斯拉夫等
15 個與會國則未簽署，它們大多是石化燃料的生產國（見表 6-1）。易言
之，暖化管制的反對者除了企業界，亦包括經濟利益可能受到損害的產
油國。

---

[108] 包括：美國、英國、烏克蘭、土耳其、瑞士、瑞典、西班牙、俄羅斯、羅馬尼亞、葡萄牙、
波蘭、挪威、紐西蘭、荷蘭、盧森堡、立陶宛、拉脫維亞、日本、義大利、愛爾蘭、冰島、
匈牙利、希臘、德國、法國、芬蘭、愛沙尼亞、丹麥、捷克斯洛伐克、加拿大、保加利亞、
比利時、白俄羅斯、奧地利、澳洲等 35 個國家以及歐洲共同體。

[109] 包括：美國、英國、土耳其、瑞士、瑞典、西班牙、葡萄牙、挪威、紐西蘭、荷蘭、盧森
堡、日本、義大利、愛爾蘭、冰島、希臘、德國、法國、芬蘭、丹麥、加拿大、比利時、
奧地利、澳洲等 24 個國家以及歐洲共同體。

[110] 全球環境基金係由聯合國發展署（UNDP）、聯合國環境署（UNEP）以及國際復興暨開發銀
行（International Bank for Reconstruction and Development）等三個機構在 1991
年成立，其處理的議題包括：生物多樣性、氣候變遷、有機汙染、沙漠化、臭氧耗竭等。
資料來源：Global Environment Facility, 2012, "Areas of Work," http://www.
thegef.org/gef/home.

表 6-1：聯合國氣候變遷架構公約之簽署情況統計

簽署情況	總計	
在聯合國環境暨發展會議上簽署 （1992.06.03-14）	與會國	：154
	非與會國	：2
	區域經濟組織	：1
於會後簽署	與會國	：5
	非與會國	：3
末簽署	與會國	：15

註：1. 《氣候變遷架構公約》第 20 條規定本公約在聯合國環境暨發展會議舉行期間，
以及其後 1992 年 6 月 20 日至 1993 年 6 月 19 日之間開放簽署。

2. 《公約》第 23 條第 1 項規定本公約於第 50 份批准、接受、核准或加入文書交
存之日後的第 90 天生效。

3. 《氣候變遷架構公約》共有 164 個國家和 1 個區域經濟組織簽署。經批准程序
後於 1994 年 3 月 21 日生效。

資料來源：筆者參考以下資料自行統計製表。United Nations, 1993, *Report of the United
Nations Conference on Environment and Development, Rio de Janeiro, 3-14
June 1992. Volume II, Proceedings of the Conference.* New York, NY: United
Nations, pp. 1-3. UNFCCC, 2012, "Status of Ratification of the Convention,"
http://unfccc.int/2860.php.

在架構公約開放簽署之時，美國政府又因為總統大選而改變政策立場。柯林頓（Bill Clinton）政府於 1993 年 1 月上台並承諾將更動原有的暖化決策。[111]同年 10 月，柯林頓政府提出減排方案，計畫在 2000 年時把溫室氣體排放量凍結在 1990 年的水平上，並且呼籲企業自願性地設定減排標準。[112]另外，在國際層次的姿態亦轉為積極，例如美國與其他已開發國家在 1994 年 3 月同意提供 20 億美元的經費協助貧窮國家處理暖化問題。[113]而此種立場上的轉變亦對後續的暖化談判產生助力。

---

[111] Ruth Marcus, April 22, 1993, "U.S. to Sign Earth Pact: Clinton Also Backs Emissions Targets," *The Washington Post*, A1.

[112] Gary Lee, October 18, 1993, "Clinton Sets Plan to Cut Emissions," *The Washington Post*, A1. John H. Cushman, Jr., October 19, 1993, "Clinton Urging Voluntary Goals on Air Pollution," *The New York Times*, A23. The New York Times, October 20, 1993, "Clinton asks Help on Pollution Goal," *The New York Times*, A20.

[113] Paul Lewis, March 17, 1994, "Rich Nations Plan $2 Billion for Environment," *The New York Times*, A7.

　　自 1994 年 3 月起，INC/FCCC 開始蒐集締約國履行情況之資訊。[114]雖然執行情況還有待討論，但為了強化管制的成效，島國聯盟（Alliance of Small Island States, AOSIS）的代表千里達與托巴哥向 INC/FCCC 提交氣候變遷議定書草案。[115]此提案受到包括美國在內的所有與會國支持，並同意將草案排入締約國大會的議程中（第 11/1 決議）。[116]

　　其後，第一屆締約國會議（First Conference of the Parties, COP1）於 1995 年 3 月在德國柏林舉行。與會國在審閱執行情況後發現，大部分國家的溫室氣體排放量仍持續增加，所以決定展開議定書或其他法律文件的擬定程序，藉此強化附件一國家的履行承諾（第 1/CP.1 決議）。[117]此決議名為「柏林授權」（Berlin Mandate），締約國成立「柏林授權特設小組」（the Ad Hoc Group on Berlin Mandate, AGBM）來執行此項工作，並預計在 1997 年舉行的第三屆締約國會議上審閱相關法律文件。諸如美國、英國等大部分國家皆支持柏林授權，僅有科威特、沙烏地阿拉伯、或委內瑞拉等產油國表示保留意見。[118]

　　1996 年 7 月，第二屆締約國會議（COP2）在瑞士日內瓦召開。在此次會議上，IPCC 的《第二次評估報告》（Second Assessment Report, SAR）成為各國討論的焦點。報告指出人類活動確實會對全球氣候產生顯著影

---

[114] 《氣候變遷架構公約》第 12 條第 5 項規定締約國應在公約生效後的 6 個月內提供履行情況資訊。

[115] 島國聯盟於 1991 年成立，由各洋區的小島國家組成，例如萬那杜、貝里斯、古巴、新加坡、吐瓦魯等。至 2012 年為止共有 39 個會員國與 4 個觀察員。資料來源：AOSIS, 2012, "Members," http://aosis.org/. INC/FCCC, 1995, *Letter dated 20 September 1994 from the Permanent Representative of Trinidad and Tobago to the United Nations in New York to the Executive Secretary of the Interim Secretariat, Transmitting a Draft Protocol to the United Nations Framework Convention on Climate Change on Greenhouse Gas Emissions Reduction.* New York, NY: United Nations.

[116] INC/FCCC, 1995, *Report of the Intergovernmental Negotiating Committee for a Framework Convention on Climate Change on the Work of Its Eleventh Session Held at New York from 6 to 17 February 1995. Part two: Recommendations to the Conference of the Parties and Other Decisions and Conclusions of the Committee.* New York, NY: United Nations, pp. 50-51.

[117] UNFCCC, 1995, *Report of the Conference of the Parties on Its First Session, Held at Berlin from 28 March to 7 April 1995. Part Two: Action taken by the Conference of the Parties at Its First Session.* New York, NY: United Nations, pp. 4-6.

[118] UNFCCC, 1995, *Report of the Conference of the Parties on Its First Session, Held at Berlin from 28 March to 7 April 1995. Part One: Proceedings.* New York, NY: United Nations, p. 24.

響，溫室氣體濃度預計在 21 世紀末達到工業化時代前的 2 倍，並且將導致地表暖化與氣候改變。[119]針對 IPCC 的研究成果，諸如澳洲、美國、紐西蘭、愛爾蘭、德國、薩摩亞等透過〈日內瓦部長宣言〉（Geneva Ministerial Declaration）之文件表示肯定，並主張《第二次評估報告》為議定書及國際管制行動奠下科學基礎，世界各國應盡快實現柏林授權的目標。[120]然而，俄羅斯以及巴林、約旦、科威特、奈及利亞、阿曼、卡達、沙烏地阿拉伯、蘇丹、敘利亞、阿拉伯聯合大公國、委內瑞拉、葉門、伊朗等產油國則拒絕接受〈部長宣言〉，並認為《第二次評估報告》尚未釐清問題的因果關係。[121]

　　1997 年 12 月，第三屆締約國大會（COP3）在日本京都舉行，共有 158 個締約國與會。為了向其他國家表明支持議定書的決心，柯林頓政府派出副總統高爾（Alert Gore）親抵會場。[122]雖然美國、歐盟、中國、島國聯盟等各方對減排幅度有著不同的看法，但最終還是順利通過《聯合國氣候變遷框架公約之京都議定書》（Kyoto Protocol to the United Nations Framework

---

[119] 但本報告也承認這些結論仍具有不確定性。請參閱：J.T. Houghton, L.G. Meira Filho, B.A. Callander, N. Harris, A. Kattenberg and K. Maskell, eds., 1996, *Climate Change 1995: The Science of Climate Change*. New York, NY: Cambridge University Press. Robert T. Watson, Marufu C. Zinyowera, Richard H. Moss and David J. Dokken, eds., 1996, *Climate Change 1995: Impacts, Adaptations and Mitigation of Climate Change: Scientific-Technical Analyses*. New York, NY: Cambridge University Press. James P. Bruce, Hoesung Lee and Erik F. Haites, 1996, *Climate Change 1995: Economic and Social Dimensions of Climate Change*. New York, NY: Cambridge University Press.

[120] UNFCCC, 1996, *Report of the Conference of the Parties on Its Second Session, Held at Geneva from 8 to 19 July 1996. Part Two: Action taken by the Conference of the Parties at Its Second Session*. New York, NY: United Nations, pp. 71-74. UNFCCC, 1996, *Report of the Conference of the Parties on Its Second Session, Held at Geneva from 8 to 19 July 1996. Part One: Proceedings*. New York, NY: United Nations, pp. 47-50.

[121] UNFCCC, 1996, *Report of the Conference of the Parties on Its Second Session, Held at Geneva from 8 to 19 July 1996. Part One: Proceedings*. op. cit., pp. 47-50.

[122] John M. Broder, December 2, 1997, "Gore to Join U.S. Team at Global Climate Conference in Japan," *The New York Times*, A10. Richard L. Berke, December 14, 1997, "Clinton Can Now Sing, Me and My Shadow President," *The New York Times*, p. 152.

Convention on Climate Change）（第 1/CP.3 決議）。[123]並預定自 1998 年 3 月 16 日起至 1999 年 3 月 15 日為止在聯合國總部開放簽署。

　　《京都議定書》的內容包括：[124]一，將美國、英國、俄羅斯、瑞士、瑞典、西班牙、澳洲、加拿大、希臘、德國等 34 個國家歸類為「附件一締約國」（Annex I Parties），並統整這些國家 1990 年時的二氧化碳排放比例（見表 6-2）。二，在議定書的附件 A 中列舉溫室氣體的種類，以及製造這些氣體的產業或來源。[125]同時，附件 B 臚列附件一締約國的排放量限制（見表 6-3）。[126]三，1997 年時的歐盟 15 個會員國以集體方式設定減排目標，各會員國再自行分配額度（見表 6-4）。四，附件一締約國必須確保其排放量低於限額，以便在 2008 年至 2012 年的承諾期內將溫室氣體的排放量削減 5%（以 1990 年為基準）。而每個附件一締約國也應在 2005 年時為其所作的承諾出示明顯地進展（第 3 條第 1、2 項）。

[123] UNFCCC, 1997, *Report of the Conference of the Parties on Its Third Session, Held at Kyoto from 1 to 11 December 1997. Part Two: Action taken by the Conference of the Parties at Its Third Session.* New York, NY: United Nations, pp. 4-6.
[124] United Nations, 1998, "Kyoto Protocol to the United Nations Framework Convention on Climate Change," http://unfccc.int/2860.php.
[125] 溫室氣體包括：二氧化碳、甲烷、一氧化二氮（Nitrous Oxide）、氫氟碳化合物（HFCs）、全氟化碳（PFCs）、六氟化硫（SF6）。相關產業與來源包含：能源、工業、溶劑、農業、廢棄物。
[126] 附件一國家至 2013 年為止共 42 國，其中白俄羅斯、土耳其、馬爾他、賽普勒斯（Cyprus）等 4 個國家未被列入附件 B 名單中。因為當《京都議定書》在 1997 年通過時，白俄羅斯與土耳其尚未成為《氣候變遷架構公約》的締約國；而馬爾他和賽普勒斯則分別在 2010 年和 2012 年才被改列為附件一締約國。所以這 4 個國家並未被議定書規範排放標準。

表 6-2：議定書附件一締約國及其 1990 年二氧化碳排放比例

國家	占總排放量的百分比	國家	占總排放量的百分比	國家	占總排放量的百分比
澳洲	2.1	匈牙利	0.5	波蘭	3
奧地利	0.4	冰島	0	葡萄牙	0.3
比利時	0.8	愛爾蘭	0.2	羅馬尼亞	1.2
保加利亞	0.6	義大利	3.1	俄羅斯	17.4
加拿大	3.3	日本	8.5	斯洛伐克	0.4
捷克	1.2	拉脫維亞	0.2	西班牙	1.9
丹麥	0.4	列支敦士登	0	瑞典	0.4
愛沙尼亞	0.3	盧森堡	0.1	瑞士	0.3
芬蘭	0.4	摩納哥	0	英國	4.3
法國	2.7	荷蘭	1.2	美國	36.1
德國	7.4	紐西蘭	0.2		
希臘	0.6	挪威	0.3		

註：這份名單是 1997 年的原始名單，其後又加入立陶宛、斯洛維尼亞、克羅埃西亞、烏克蘭、白俄羅斯、土耳其、馬爾他等 7 國。至 2013 年為止附件一國家共 42 國。

資料來源：UNFCCC, 1997, *Report of the Conference of the Parties on Its Third Session, Held at Kyoto from 1 to 11 December 1997. Part Two: Action taken by the Conference of the Parties at Its Third Session.* New York, NY: United Nations.

表 6-3：議定書附件 B 之溫室氣體減排目標

國家	目標
歐盟（奧地利、芬蘭、瑞典、葡萄牙、西班牙、希臘、英國、丹麥、愛爾蘭、德國、盧森堡、比利時、荷蘭、義大利、法國）、保加利亞、捷克、愛沙尼亞、拉脫維亞、列支敦士登、立陶宛、摩納哥、羅馬尼亞、斯洛伐克、斯洛維尼亞、瑞士	-8%
美國	-7%
加拿大、匈牙利、日本、波蘭	-6%
克羅埃西亞	-5%
紐西蘭、俄羅斯、烏克蘭	0
挪威	+1%
澳洲	+8%
冰島	+10%

註：1. 基準年：斯洛維尼亞（1986 年）、波蘭、保加利亞（1988 年）、匈牙利（1985 年至 1987 年）、羅馬尼亞（1989 年）；其餘國家皆為 1990 年。

2. 減排目標意指該國必須將排放量降低至基準年的特定百分比上；例如美國的排放限額為 1990 年的 93%，意即必須將排放量削減至比基準年再低 7% 的水平上；或如澳洲的排放限額為 1990 年的 108%，意即其被許可的排放量僅能達到比基準年高 8% 的水平。

3. 歐盟 15 個會員國自行分配額度以達到減排 8% 的目標。

參考資料：United Nations, 2012, "Kyoto Protocol to the United Nations Framework Convention on Climate Change 1998," Annex B, http://unfccc.int/2860.php.

表 6-4：歐盟 15 個會員國之溫室氣體減排目標

國家	目標	國家	目標
奧地利	-13%	愛爾蘭	+13%
芬蘭	0	德國	-21%
瑞典	+4%	盧森堡	-28%
葡萄牙	+27%	比利時	-7.5%
西班牙	+15%	荷蘭	-6%
希臘	+25%	義大利	-6.5%
英國	-12.5%	法國	0
丹麥	-21%		

資料來源：European Commission, 2002, "Kyoto Emission Targets," http://ec.europa.eu/clima/policies/g-gas/kyoto/index_en.htm.

　　另外，在減排制度方面。四，《京都議定書》容許締約國相互交易排放配額，此被稱為「排放交易」（Emission Trading, ET）機制（第 17 條）。五，附件一締約國可以共同執行減量計畫來轉讓或獲取「排放減量單位」（Emission Reduction Units, ERU），這個制度又被稱作「聯合執行」（Joint Implement, JI）機制（第 6 條）。[127]五，若附件一締約國幫助開發中國家進行減碳工作，則可以換取等量的「減排認證」（Certified Emission Reductions），此為「清潔發展」（Clean Development Mechanism, CDM）機制（第 12 條）。[128]

　　簡言之，《京都議定書》要求已開發國家（附件一締約國）應負擔減排責任，並且在 2012 年之前完成第一承諾期的目標（見表）。至於未被列入附件一的其他國家則無排放配額限制，僅須推行減量方案且按時提供履行資訊（第 10 條）。而包括美國、英國、俄羅斯、中國在內共 83 國以及歐

---

[127] 此機制適用在附件一國家彼此之間。例如，假設美國發起減排計畫幫助俄羅斯清除溫室氣體，而俄羅斯減少的額度則可以透過「排放減量單位」的方式轉讓給美國。參考資料：UNFCCC, 2012, "Joint Implement （JI）," http://unfccc.int/kyoto_protocol/items/2830.php.

[128] 此機制的內容在《京都議定書》中並未詳細說明。直至 2001 年的第 7 屆締約國會議（COP7），締約國通過〈馬拉喀什協定與宣言〉（Marrakesh Accords and Marrakesh Declaration）以後才確立細部架構。請參閱：UNFCCC, 2002, *Report of the Conference of the Parties on Its Seventh Session, Held at Marrakesh from 29 October to 10 November 2001. Part Two: Action taken by the Conference of the Parties.* New York, NY: United Nations.

盟都簽署議定書，但仍有 80 個與會國與觀察員未簽署（見表 6-5）。在這些未簽署的國家裡，包含如沙烏地阿拉伯、蘇丹、敘利亞、汶萊等產油國，以及 2 個（匈牙利、冰島）被列入附件一名單的國家。

表 6-5：京都議定書之簽署情況統計

簽署情況	總計	
在 1998 年 3 月 16 日 至 1999 年 3 月 15 日期間簽署	與會國 非與會國 區域經濟組織	：82 ：1 ：1
未簽署	與會國 觀察員	：75（包含 2 個附件一國家） ：5

註：1. 《京都議定書》第 24 條第 1 項規定本議定書在 1998 年 3 月 16 日至 1999 年 3 月 15 日期間於聯合國總部開放簽署。

　　2. 《京都議定書》第 25 條第 1 項規定的生效要件為：至少有 55 個締約國、以及締約的附件一國家之排放量須佔全體附件一國家 1990 年二氧化碳總排放量的 55%。當滿足這兩個要件且這些國家都交存批准、接受、核准或加入文書後，議定書將於第 90 天生效。

　　3. 《京都議定書》共有 83 個國家和 1 個區域經濟組織簽署。經批准程序後於 2005 年 2 月 16 日生效。

資料來源：筆者參考以下資料自行統計製表。UNFCCC, 1997, *Report of the Conference of the Parties on Its Third Session, Held at Kyoto from 1 to 11 December 1997. Part One: Proceedings*. op. cit., pp. 17-18. UNFCCC, 2012, "Status of Ratification of the Convention," http://unfccc.int/2860.php.

　　綜合而論，全球暖化的治理網絡至此已經初步成形。雖然科學證據尚存在著不確定性，但在美國、歐盟、島國聯盟、以及倡議行為者的推行之下，仍舊達成國際管制的決議。接下來，治理行為者們便開始推動這套削減溫室氣體排放量的國際制度，希冀能減緩暖化問題。

參、內化階段（1997 年－2009 年）

　　在內化階段當中，暖化治理網絡面臨以下困境：某些附件一國家拒絕批准議定書。本節將以美國為例，說明治理行為者如何嘗試影響美國政府的決策以及其所遭遇的阻礙。

　　自「柏林授權」在 1995 年通過後，諸如汽車製造業、農業、鋼鐵業、石化燃料等產業便試圖阻止各國政府建立國際減排制度。它們透過下列方式來傳達訴求：遊說國會、資助質疑暖化理論的科學團體、媒體宣傳、或參與國際會議等。[129]例如，在 1997 年的 COP3 會議舉行之前，全球氣候聯盟（GCC）與美國汽車製造業協會（American Association of Automobile Manufacturers）聯合推動「全球氣候資訊計畫」（Global Climate Information Project, GCIP）來抵制國際協議。[130]或如，在企業團體的影響下，美國參議院於 1997 年 7 月 25 日以 95 比 0 的票數通過「伯德－哈格爾決議」（Byrd-Hagel Resolution），[131]決議聲明：除非開發中國家亦負擔減排責任，否則柯林頓政府不應在京都會議上簽署相關文件，因為此舉將對國內經濟造成嚴重傷害。同時，即使美國政府簽署議定書，參議院也會在審議其所造成的金融與經濟影響之後才決定是否批准（S.RES.98 決議）。[132]

　　從 1998 年起，這些團體又轉而設法使議定書無法生效。[133]它們藉由國會與總統選舉這兩方面來封堵美國政府的批准行動，並且獲得顯著效果。

---

[129] Rhys Roth, September 20, 1995, "Energy Industry Has Friends in Congress," *The New York Times*, A20. Rick Atkinson, March 31, 1995, "Hot Politics of Global Warming," *The Washington Post*, A35. Gary Lee, March 21, 1996, "Industry Funds Global-Warming Skeptics," *The Washington Post*, A8.

[130] John H. Cushman, Jr., December 7, 1997, "Intense Lobbying Against Global Warming Treaty," *The New York Times*, p. 28. William K. Stevens, August 5, 1997, "Industries Revisit Global Warming," *The New York Times*, A1.

[131] 此議案是由西維吉尼亞州的 Robert Byrd 與內布拉斯加州的 Chuck Hagel 等兩位參議員提出，並有 64 位參議員參與提案連署。資料來源：The Library of Congress, 1997, "Bill Summary & Status 105th Congress（1997-1998）: S.RES.98," http://thomas.loc.gov/home/thomas.php. 另外，在 S.RES.98 決議通過後，眾議員 Joe Knollenberg 援引其內容並於 7 月 31 日向眾議院提出 H.RES.211 議案。該議案獲得 102 位眾議員的提案連署，但眾議院並未對此進行表決。不過由此可知，在企業團體的影響之下，美國的參、眾兩院皆有許多議員反對暖化問題的國際管制方式。請參閱：The Library of Congress, 1997, "Bill Text 105th Congress(1997-1998): H.RES.211.IH," http://thomas.loc.gov/home/thomas.php.

[132] Senate of the United States, 1997, "Expressing the Sense of the Senate Regarding the Conditions for the United States becoming a Signatory to Any International Agreement on Greenhouse Gas Emissions under the United Nations Framework Convention on Climate Change," 105th Congress 1st Session, S.RES.98, in U.S. Library of Congress Website, http://thomas.loc.gov/home/thomas.php.

[133] John H. Cushman, Jr., April 26, 1998, "Industrial Group Plans to Battle Climate Treaty," *The New York Times*, p. 1. Leslie Wayne, December 4, 1998, "Companies Used to Getting Their Way," *The New York Times*, C1.

例如，柯林頓政府雖於 1998 年 11 月簽署議定書，但因為預料批准程序將
受到阻礙，所以未將議定書送交參議院。另外，企業團體在 2000 年大選時
更極力資助總統候選人小布希（George W. Bush），這也使得美國政府的暖
化政策立場產生極大轉變。[134]

　　小布希政府上台後，隨即於 2001 年 3 月聲明拒絕批准《京都議定
書》，理由是此國際制度對國內經濟會造成不利影響，因為世界上 80%的
國家（包含中國與印度）都無須負擔降低排放量的責任。但小布希總統
承諾未來仍將持續發展減低碳排放的能源技術。[135]而部分國會議員也持
相同看法，例如參議員 Fuank H. Murkowski 向媒體表示，開發中國家無須
接受管制，而美國卻要削減國內的石化燃料使用量，這是一種不公平的
重擔。[136]

　　為了讓美國政府接納減排制度，治理行為者們透過下述方式來進行
影響。首先，外交政策途徑：此類途徑係以國際談判及國家勸服為主。
例如，在小布希政府宣布不會參與國際暖化管制之後，舉凡歐盟、中國、
日本、俄羅斯、加拿大等國依舊表示將繼續推動管制的進程並且陸續批
准議定書。[137]同時，隨著歷次締約國會議的召開，《京都議定書》的細部
內容逐步完備且於 2005 年生效。前述行動不但對美國政府形成外交壓

---

[134] Lizette Alvarez, March 18, 2001, "Industry Has Powerful Allies on Drilling Bill," *The New York Times*, p. 14.

[135] 2001 年 3 月，四位參議員詢問政府的暖化政策立場，小布希總統在回覆信件中即明確地作
出此聲明，請參閱：George W. Bush, 2001, "Text of a Letter from the President to Senators Hagel, Helms, Craig, and Roberts," http://georgewbush-whitehouse.archives.gov/newsreleases/2001/03/20010314.html. 其餘資料請參閱：Douglas Jehl, March 14, 2001, "Bush, in Reversal, Won't Seek Cut in Emissions of Carbon Dioxide," *The New York Times*, A1. Andrew C. Revkin, March 10, 2001, "Despite Opposition in Party, Bush to Seek Emissions Cuts," *The New York Times*, A1. Andrew C. Revkin, July 24, 2001, "178 Nations Reach a Climate Accord, U.S. Only Looks on," *The New York Times*, A1.

[136] Andrew C. Revkin, September 29, 2000, "Senators Doubt Progress on Global Warming Plan," *The New York Times*, A22.

[137] Erik Eckholm, June 15, 2001, "China Said to Sharply Reduce Emissions of Carbon Dioxide," *The New York Times*, A1. Edmund L. Andrews, July 16, 2001, "Frustrated Europeans Set to Battle U.S. on Climate," *The New York Times*, A3. Howard W. French, June 5, 2002, "Japan Ratifies Global Warming Pact, and Urges U.S. Backing," *The New York Times*, A5. Steven Lee Myers, October 23, 2004, "Russia's Lower House Approves Kyoto Treaty on Emissions," *The New York Times*, A2.

力，更有損其環境保護形象，使得其他國家在環境議題領域上取得領導地位。[138]

其次，倡議途徑：按非國家行為者的類別來區分，實際案例如下。一，非政府組織：環境組織除了採個別的倡議行動外，更藉著集體力量來傳達訴求。例如環境保衛基金、綠色和平組織、地球之友、世界野生動物基金會（WWF）、看守世界研究中心（Worldwatch Institute）等 80 餘個非政府團體組成「美國氣候行動網絡」（US Climate Action Network, USCAN），該組織透過政策倡議、媒體宣傳、以及提供溫室效應資訊等方式，來遊說美國政府並且教育大眾相關知識。[139]

二，企業團體：為了顧及品牌形象，如奇異電子（General Electric, GE）、殼牌石油、恩隆（Enron Corporation）等企業在報章上呼籲美國政府應改變暖化政策。[140]另外，企業亦與環境非政府組織合作。例如數十家美國企業與環保團體在 2001 年 1 月成立「美國氣候行動夥伴聯盟」（U.S. Climate Action Partnership, USCAP）。[141]USCAP 主張美國應對全球暖化採取行動，並且建議以 2005 年為基準，2030 年時減排 42%，2050 年減排80%。[142]

---

[138] Andrew C. Revkin, June 11, 2001, "U.S. Losing Status as a World Leader in Climate Science," *The New York Times*, A1. Braden Phillips, September 18, 2006, "Paying the Freight for Polluting the Air: Europe Takes the Lead," *The New York Times*, p. 8.

[139] USCAN 成立於 1989 年，目的是為回應全球暖化議題。這個組織在世界各地皆有分部，例如加拿大（CAN Canada）、澳洲（CANA）、法國（RAC）等。相關資料請參閱：USCAN, 2012, "About Us," USCAN Website, http://usclimatenetwork.org/about-us.

[140] Andrew C. Revkin, August 1, 2001, "Some Energy Executives Urge U.S. Shift on Global Warming," *The New York Times*, C1. Felicity Barringer and Matthew Wald, May 10, 2005, "G.E. Chief Urges U.S. to Adopt Clearer Energy Policy," *The New York Times*, C2.

[141] 企業成員包括：AES 電力公司、Alstom 電力公司、波士頓科技公司（Boston Scientific Corporation）、美鋁企業（Alcoa）、杜邦、杜克能源（Duke Energy）、艾索倫（Exelon）公司、漢威（Honeywell）、克萊斯勒（Chrysler）、陶氏化學（Dow Chemical）公司、嬌生（Johnson & Johnson）、PNM 電力瓦斯公司（PNM Resources）、殼牌石油等。而環保團體則有：環境保衛基金、自然資源保衛協會、世界資源機構（WRI）、大自然保護協會（The Nature Conservancy）、氣候及能源應變中心（Center for Climate and Energy Solutions）等。

[142] USCAP, 2005, "A Call for Action," http://www.us-cap.org/. USCAP, 2009, "A Blueprint for Legislative Action," p. 5, http://www.us-cap.org/.

　　三，個人：除了團體性的倡議行動之外，某些曾擔任政府官員的人士亦以個人身分對小布希政府施加輿論壓力。例如，曾在雷根時期擔任商務部長之 Clyde Prestowitz 在 2003 年出版的《美國遊戲》（Rogue Nation）一書中批判政府的暖化決策。[143]或如前副總統高爾（Gore）自 2006 年起藉由演講、出版刊物等方式向美國民眾傳達全球暖化的嚴重性，而「不願面對的真相」（An Inconvenient Truth）此部紀錄片更引起廣泛討論。

　　最後，學習途徑：雖然聯邦政府拒絕接受國際管制，但部分州政府則自行推動減排計劃，這些決策即是學習途徑的例證。例如，加州政府在 2002 年 7 月通過法案，率先管制非商務交通工具（載客車輛或小貨車）的溫室氣體排放量（AB No.1493 決議）。[144]其後，又於 2006 年立法設定減排目標，計畫在 2020 年時將溫室氣體排放量削減至 1990 年的水平（AB No.32 決議）。[145]此外，再生能源（renewable energy）也被列入考量的範圍內，規劃在 2020 年時加州境內的電力將有 33%是使用再生能源（AB No.107 決議、SB No.2 決議）。[146]而其他如夏威夷州、亞利桑那州、明尼蘇達州、阿拉斯加州等在 2006 年以後也個別訂定不同的管制方案。[147]

　　在面臨治理行為者的壓力時，美國政府對暖化議題的態度雖稍有更動，但大致上還是維持不參與國際管制的立場。例如，2005 年 7 月，小布希總統表示將和中國、日本、澳洲、印度、及南韓等國分享排放量控制的相關科技。[148]另外，在 2007 年 5 月又聲明願意與國際社會協商並建構新的

---

[143] Clyde Prestowitz, 2003, *Rogue Nation: American Unilateralism and the Failure of Good Intention*. New York, NY: Basic Books, pp. 111-142.

[144] California Climate Change Legislation, 2012, "Assembly Bill 1493, Chapter 200, July 22, 2002," http://www.climatechange.ca.gov/.

[145] California Climate Change Legislation, 2012, "Assembly Bill 32, Chapter 488, September 27, 2006," http://www.climatechange.ca.gov/.

[146] California Climate Change Legislation, 2012, "Senate Bill 107, Chapter 464, September 26, 2006," http://www.climatechange.ca.gov/. California Climate Change Legislation, 2012, "Senate Bill 2, Chapter 1, April 12, 2011," http://www.climatechange.ca.gov/.

[147] Center for Climate and Energy Solutions, 2012, "State Legislation from Around the Country," http://www.c2es.org/us-states-regions/key-legislation. Arizona Department of Environmental Quality, 2012, "Arizona Climate Change Initiatives," http://www.azclimatechange.gov/index.html.

[148] The New York Times, July 28, 2005, "Bush Administration Unveils Alternative Climate Pact," *The New York Times*, A2.

溫室氣體管制協定，[149]但卻始終沒有設立減排標準。[150]即使至 2009 年歐巴馬（Barack Obama）總統上台以後，美國政府依然未參與《京都議定書》。到底那些因素在內化階段中對治理行為者的影響成效造成阻礙？以下將進行說明。

簡言之，主要的阻礙因素涉及「利益」（企業與國家）、「科學觀點」、以及「管制途徑的設計」等三方面。首先，利益面：倘若參與溫室氣體減排管制，諸如能源、工業、溶劑、農業、廢棄物等國內產業的獲利將受到損害。此外，政府不但要設法補助產業進行轉型或研發新能源技術，在政治或經濟利益上更得面對其他國家的挑戰。因為正逐漸崛起的中國、印度等開發中大國無須負擔減排責任，所以它們的生產力及產品的市場價格便具有優勢。

其次，科學觀點：許多研究成果支持全球暖化的理論，但亦有部分學者對此表示質疑。因為這兩派科學社群彼此無法否定對方的論述以及提出決定性的證據，所以全球暖化議題便陷入持續爭議的狀態。

一，支持方：例如 IPCC 於 2001 年出版《第三次評估報告》（Third Assessment Report, TAR），報告中引用 Michael E. Mann、Raymond S. Bradley 與 Malcolm K. Hughes 三人的研究成果，藉此證明 20 世紀北半球氣溫與過去 1000 年相比高出甚多，因而推論此種增溫不可能純粹是自然現象。這個圖表又被人們稱作「曲棍球棒」（hockey stick）圖（見圖 6-2）。[151]IPCC 估

---

[149] Mark Landler and Judy Dempsey, June 8, 2007, "U.S. Compromise on Global Warming Plan Averts Impasse at Group of 8 Meeting," *The New York Times*, A10. Sheryl Stolberg, June 1, 2007, "Bush Proposes Goal to Reduce Greenhouse Gas," *The New York Times*, A1. Environment News Service, 2007, "G8: Bush Proposes Talks on Voluntary Global Goal for Greenhouse Gases," http://www.ens-newswire.com/ens/may2007/2007-05-31-02.asp.

[150] 例如在 2007 年 6 月的八大工業國（G8）高峰會前夕，美國政府仍然拒絕接受德國提出的減排計畫。請參閱：Helene Cooper and Andrew Revkin, May 26, 2007, "U.S. Rebuffs Germany on Greenhouse Gas Cuts," *The New York Times*, A3. Sheryl Stolberg, June 7, 2007, "As Group of 8 Starts Meeting, Bush Rebuffs Germany on Cutting Greenhouse Emissions," *The New York Times*, A14.

[151] J. T. Houghton, Y. Ding, D. J. Griggs, M. Noguer, P.J. van der Linden, X. Dai, K. Maskell and C. A. Johnson, eds., 2001, *Climate Change 2001: The Scientific Basis*. New York, NY: Cambridge University Press, pp. 2-7. Michael E. Mann, Raymond S. Bradley and Malcolm K. Hughes, 1998, "Global-Scale Temperature Patterns and Climate Forcing over the Past Six Centuries," *Nature*, Vol. 392, No. 6678, pp. 779-787. Michael E. Mann,

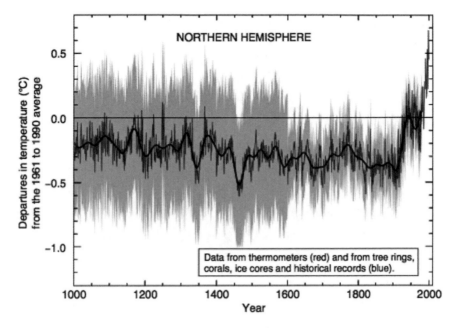

圖 6-2：過去 1000 年北半球的地表溫度變化情況

註：1. 1900 年至 2000 年間的資料主要取自溫度計數據。其餘部分則來自樹木年輪、
　　 珊瑚、冰芯與歷史紀錄。
　　2. 因為此曲線的形狀與曲棍球棒相似，故又被稱為曲棍球棒圖。
*全書最末、版權頁前附有此圖之彩色圖版，請參。
資料來源：J. T. Houghton, Y. Ding, D. J. Griggs, M. Noguer, P.J. van der Linden, X. Dai,
　　　　 K. Maskell and C. A. Johnson, eds., 2001, *Climate Change 2001: The Scientific
　　　　 Basis*. New York, NY: Cambridge University Press, p. 3.

計全球氣溫在 20 世紀上升了攝氏 0.6 度，而溫度的增加已經開始影響到生
態系統與人類生活。[152]

　　其後，IPCC 又於 2007 年出版《第四次評估報告》（Fourth Assessment
Report, FAR），並明確地提及「全球氣候系統母庸置疑的正在暖化」，無論

Raymond S. Bradley and Malcolm K. Hughes, 1999, "Northern Hemisphere Temperature
during the Past Millennium: Inferences, Uncertainties, and Limitations," *Geophysical
Research Letter*, Vol. 26, No. 6, pp. 759-762.

[152] James J. McCarthy, Osvaldo F. Canziani, Neil A. Leary, David J. Dokken and
Kasey S. White, eds., 2001, *Climate Change 2001: Impacts, Adaptation, and
Vulnerability*. New York, NY: Cambridge University Press.

是氣溫、海平面、積雪面積等數據都與此推論相符。[153]人類活動所排放的溫室氣體在 1970 年至 2004 年間增加 70%，而自 20 世紀中葉以來觀測到的氣溫增加很可能（very likely）是因為溫室氣體所致。[154]

　　除了 IPCC 的報告之外，許多書籍亦討論這方面的主題。例如，Mark Lynas 的《攝氏 6 度》（Six Degrees）一書描繪地球氣溫上升 1 至 6 度時的景況。他認為要有效減緩暖化問題，最低門檻是不能讓氣溫上升超過 2 度，而且必須在 2015 年以前凍結全球溫室氣體的排放量，並在 2050 年以前減量 85%。倘若氣溫上升超過攝氏 4 度，則無論採取何種手段都將無法阻止大氣碳含量的增加，因為此時土地、海洋、植物會開始排放蓄積的溫室氣體。[155]另外，學者 Nicholas Stern 受英國財政部之邀，針對氣候變遷造成的經濟影響進行分析，並出版兩本著作：《史登報告》（Stern Review）及《更安全星球的藍圖》（A Blueprint for a Safer Planet）。據 Stern 估計，若各國不採取行動，則氣候變遷帶來的成本與風險將讓全球每年損失 5%至 20%的國內生產總值（GDP）。相反地，削減溫室氣體每年只需花費全球 1%的國內生產總值。[156]或如，Henry Pollack 在《無冰的世界》（A World Without Ice）中透過海水溫度、海冰融化、岩心地熱等資料為暖化提供佐證。而 Pollack 博士也擔任前副總統 Gore 的科學顧問，向世人展示其研究成果。[157]

　　二，反對方：前述研究雖然博得許多注意，但也引起諸多批評。例如 S. Fred Singer 與 Dennis T. Avery 的《無法阻擋的全球暖化》（Unstoppable Global Warming）一書指出地球氣溫的升降僅是一種自然循環，而不是二氧化碳導致的結果。地球氣溫自 1850 年以來的確在增高，但這是受太陽能

[153] Core Writing Team, Rajendra K. Pachauri and Andy Reisinger, eds., 2008, *Climate Change 2007: Synthesis Report*. Geneva, Switzerland: IPCC, pp. 30-31.
[154] Core Writing Team, Rajendra K. Pachauri and Andy Reisinger, eds., 2008, *Climate Change 2007: Synthesis Report*. op. cit., pp. 36-37.
[155] Mark Lynas, 2007, *Six Degrees: Our Future on a Hotter Planet*. London, UK: Harper Collins, pp. 243-280.
[156] Nicholas Stern, 2006, "Stern Review: The Economics of Climate Change," pp. vi-vii, http://www.hm-treasury.gov.uk/. Nicholas Stern, 2009, *A Blueprint for a Safer Planet: How to Manage Climate Change and Create a New Era of Progress and Prosperity*. London, UK: Bodley Head.
[157] Henry Pollack, 2010, *A World Without Ice*. New York, NY: Penguin Group.

量影響所導致。當太陽黑子數目增多，宇宙射線進入大氣層的數量增加，氣溫便因而上升。此情形是一種人力無法阻擋的自然現象，循環週期約為1500 年。[158]

或如，Nigel Lawson 指出雖然暖化論受到大部分學者支持，但仍有許多科學家持反對立場，科學界事實上對全球暖化尚未達成定論或共識。[159] 諸如 IPCC 或《史登報告》常隱匿實情。例如，《第三次評估報告》指出地球氣溫正因二氧化碳而不斷上升，並且使得冰山消融以及增強熱帶氣旋的威力。但實際上全球氣溫上升的趨勢已經在 2000 年以後停頓；熱帶氣旋的增強與暖化無直接相關；至於南北極冰山有些雖消融，但其他卻持續增厚。更重要的是，這些文獻並未釐清：到底全球暖化有多大程度是由二氧化碳造成？諸如水蒸氣或雲層的溫室效應影響力其實遠大於二氧化碳。[160]

另外，反對方也揭露主流論點存在著違反科學規範的情況。例如，針對 Mann 等人的曲棍球棒圖，加拿大學者 Ross McKitrick 與 Steve McIntyre 兩人發現其中具有樣本選擇偏誤、過度推論、過時的數據等問題，並在 2003 年撰文逐一指出錯誤。[161]其後美國國會在 2006 年組成專家委員會對此事件進行審查，最後亦證實 Mann 等人的研究成果確實是證據不充分且人為修飾後的產物。[162]而 IPCC 並未承認錯誤，僅將曲棍球棒圖的論點在 2007 年的《第四次評估報告》中去除。另一方面，IPCC 的公正性近年來亦飽受抨擊，以「氣候門」（Climategate）醜聞為例，2009 年 11 月英國東安格利

---

[158] S. Fred Singer and Dennis T. Avery, 2007, *Unstoppable Global Warming: Every 1500 Years*. New York, NY: Rowman and Littlefield Publishers, pp. 1-38.

[159] Lawson 認為即使支持者占多數，也不能證明這個科學理論是正確無誤。科學不是靠數人頭來決定真假，吾人必須冷靜思考暖化議題。Nigel Lawson, 2009, *An Appeal to Reason: A Cool Look at Global Warming*. op. cit, pp. 5-6.

[160] Nigel Lawson, 2009, *An Appeal to Reason: A Cool Look at Global Warming*. op. cit., pp. 5-38.

[161] Stephen McIntyre and Ross McKitrick, 2003, "Corrections to the Mann et. al. (1998) Procy Data Base and Northern Hemispheric Average Temperature Series," *Energy & Environment*, Vol. 14, No. 6, pp. 751-771.

[162] Nigel Lawson, 2009, *An Appeal to Reason: A Cool Look at Global Warming*. op. cit., pp. 17-19. S. Fred Singer and Dennis T. Avery, 2007, *Unstoppable Global Warming: Every 1500 Years*. op. cit., pp. 127-132. David Holland, 2007, "Bias and Concealment in the IPCC Process: The Hockey-Stick Affair and Its Implications," *Energy & Environment*, Vol. 18, No. 7-8, pp. 951-983.

亞（East Anglia）大學的氣候研究中心遭駭客入侵，其內部的電子郵件與文件被公布在網路上。這些檔案顯示，許多科學家在撰寫 IPCC 的評估報告時，刻意採用扭曲與掩蓋的手法來製造符合全球暖化的結論，藉此爭取更多的研究經費。[163]

最後，管制途徑的設計：整體而言，美國國內的多數民眾皆同意全球暖化問題的嚴重性與國際管制的必要性。據美國「國際政策態度研究計畫」（The Program on International Policy Attitudes, PIPA）及「知識網絡民調中心」（Knowledge Networks Poll）在 2004 年與 2005 年的調查顯示，有 81% 的美國民眾贊成立法管制大型企業的溫室氣體排放量，[164]以及 73%的民眾表示美國應加入《京都議定書》。[165]此外，有 45%的民眾認為全球暖化確實是個重要的問題，政府應採低成本且漸進的方式來解決。[166]

同時，政府部門與研究機構自 2007 年起也多次發布報告承認暖化問題帶來的威脅。例如，美國國防部委外給「海軍分析中心」（Center for Naval Analysis, CAN）執行並由 11 名退休將官所撰寫的《國家安全與氣候變遷威脅》（National Security and the Threat of Climate Change）報告。[167]或者，由美國的「戰略與國際研究中心」（Center for Strategic and International Studies, CSIS）和「新美國安全中心」（Center for a New American Security, CNAS）出版的《報應的年代》（The Age of Consequences）報告。[168]另外，在「國家科學與科技委員會」（National Science and Technology Council）出版的《全球變遷對美國影響的科學評估》（Scientific Assessment of the Effects of Global Change on the United States）報告當中，美國政府承認氣溫確實正持

[163] Andrew C. Revkin, November 28, 2009, "Hacked E-Mail Data Prompts Calls for Changes in Climate Research," *The New York Times*, A8. Hoyt Clark, December 6, 2009, "Stolen E-Mail, Stoking the Climate Debate," *The New York Times*, WK10.
[164] The PIPK and Knowledge Networks Poll, 2004, "Americans on Climate Change," p. 6, in World Public Opinion Website, http://www.worldpublicopinion.org/.
[165] The PIPK and Knowledge Networks Poll, 2005, "Americans on Climate Change: 2005," p. 4, in World Public Opinion Website, http://www.worldpublicopinion.org/.
[166] The PIPK and Knowledge Networks Poll, 2005, "Americans on Climate Change: 2005," p. 6, op. cit.
[167] The CNA Corporation, 2007, "National Security and the Threat of Climate Change," in CNA Website, http://www.cna.org/.
[168] CSIS and CNAS, 2007, "The Age of Consequences: The Foreign Policy and National Security Implications of Global Climate Change," in CSIS Website, http://csis.org/.

續暖化。[169]而美國國防部在 2010 年的《四年國防回顧報告》（Quadrennial Defense Review Report 2010）裡亦將氣候變遷與能源安全列為國家安全需考量的關鍵要素。[170]

　　然而，造成爭議的主要癥結點在於：《京都議定書》係以「刪減」（mitigation）策略為主的國際制度，但美國政府認為「調適」（adaptation）才是最佳方案。[171]因為暖化問題橫跨的時間長達數百年，當前無法確定刪減排放量到底能夠減緩多大程度的問題。所以最理想的管制形式應以調適策略為主，再輔以刪減策略，如此才能兼顧經濟發展並降低成本。例如，小布希政府在 2002 年出版的《美國氣候變遷行動報告》（U.S. Climate Action Report 2002）中便強調應優先發展調適措施來因應暖化問題。[172]

　　前述觀點也受到部分學者支持，例如 Bjorn Lomborg 認為管制措施應先經過成本效益分析，如此才能確保資源被妥善運用。[173]解決全球暖化的正確方式應該是研發替代能源，而非急速地縮減石化燃料。[174]與其每年花費數百億元的成本來執行《京都議定書》，不如利用這些資源幫助開發中國家，使其有能力應對氣候變遷帶來的威脅。[175]

　　而 Lomborg 在 2004 年 5 月又與 Jagdish Bhagwati、Robert Fogel、Thomas Shelling、Douglass North 等多位學者合作發起「哥本哈根共識計畫」（Copenhagen Consensus Project），為全球議題排定優先次序。[176]他們認為

[169] Committee on the Environment and Natural Resources, 2008, *Scientific Assessment of the Effects of Global Change on the United States*. Washington, D.C.: National Science and Technology Council, p. 3.
[170] U.S. Department of Defense, 2010, "Quadrennial Defense Review Report 2010," in Department of Defense Website, http://www.defense.gov/.
[171] 刪減策略指：運用削減溫室氣體排放量之方式來處理暖化問題。而調適策略意指：發展各種因應措施來應對氣候變遷帶來的危害，例如研發替代能源、建立堤防與防洪系統、設立災難救助體系等。
[172] U.S. Department of State, 2002, *U.S. Climate Action Report: 2002*. Washington, D.C.: U.S. Department of State.
[173] Lomborg 曾參與過綠色和平組織，研究專長為統計學。他主張非政府組織或研究機構所宣傳的環保論述存在著許多問題，人們應小心地看待主流的環境保護論述。
[174] Bjorn Lomborg, 1998, *The Skeptical Environmentalist: Measuring the Real State of the World*. Cambridge, UK: Cambridge University Press, pp. 286-287.
[175] Bjorn Lomborg, 1998, *The Skeptical Environmentalist: Measuring the Real State of the World*. op. cit., pp. 322-323.
[176] 哥本哈根共識計畫的內容請參閱以下網站：Copenhagen Consensus Center, 2012, "Projects," http://www.copenhagenconsensus.com.

在資源有限的情況下，人們無法同時解決所有問題，因此必須將資源投注在優先議題上，以達成最佳的本益比。[177]這些學者發現，碳稅及《京都議定書》等措施需支付龐大成本，而且還會排擠其他如疾病、營養不良、衛生或飲水等更重要議題的資源。[178]針對暖化議題，他們建議各國應優先發展調適策略，藉此始能得到最大的淨獲利。[179]

其他持相同看法的學者包括：Singer 與 Avery 認為既然暖化是一種不可阻擋的自然趨勢，決策者應將焦點放在「調適」上。[180]而 Lawson 也指出，「適應氣候」比透過減排想「改變氣候」更容易且成本更低。諸如低碳能源、地球工程（geoengeneering）、全面徵收碳稅等都是可以考慮的政策選項。[181]或如，Anthony Giddens 主張大多數應對氣候變遷的方案都是採用儲藏、削減、壓縮或節省等方式，但因為吉登斯悖論（Giddens Paradox）的存在所以難以發揮效用。[182]解決方案必須以誘因為主並且預先完成調適的準備，才能提升管制效果。[183]受到這些論點的影響，IPCC 在其出版的《第四次評估報告》中亦提及調適策略的重要性。[184]

---

[177] 此計畫的研究焦點為：當我們有 50 億元的資金可以用來做好事，則應該先從哪些問題開始處理？議題包括：氣候變遷、傳染病、衝突與武器擴散、教育的管道、金融不穩定、治理與貪腐、水資源、營養不良與飢餓、補貼與貿易障礙等。Bjorn Lomborg, ed., 2006, *How to Spend $50 Billion to Make the World a Better Place*. New York, NY: Copenhagen Consensus Center, pp. xi-xxi.

[178] Bjorn Lomborg, ed., 2006, *How to Spend $50 Billion to Make the World a Better Place*. op. cit. Bjorn Lomborg, 2007, *Cool It: The Skeptical Environmentalist's Guide to Global Warming*. op. cit.

[179] 諸如，海水造雲白化研究（Marine Cloud Whitening Research）、能源研發（Energy R&D）平流層氣溶膠噴入（stratospheric aerosol insertion）研究、碳封存（carbon storage）研究、調適計畫、空氣捕獲（air capture）研究、科技轉移、擴大與保護森林等都是值得投資的解決方案。Bjorn Lomborg, ed., 2010, *Smart Solutions to Climate Change: Comparing Costs and Benefits*. Cambridge, UK: Copenhagen Consensus Center, pp. 381-396.

[180] S. Fred Singer and Dennis T. Avery, 2007, *Unstoppable Global Warming: Every 1500 Years*. op. cit., pp. 223-251.

[181] Nigel Lawson, 2009, *An Appeal to Reason: A Cool Look at Global Warming*. op. cit., pp. 39-46.

[182] 此悖論意指：全球暖化帶來的危險雖然很可怕，但它在日常生活中並不是有形或直接的，因此許多人會選擇袖手旁觀。然而，等這些危險變得有形或直接，到時再採取行動也已經為時已晚。

[183] Anthony Giddens, 2009, *The Politics of Climate Change*. op. cit., chap. 7.

[184] Core Writing Team, Rajendra K. Pachauri and Andy Reisinger, eds., 2008, *Climate Change 2007: Synthesis Report*. op. cit., pp. 56-62.

肆、反饋與擴散階段（1997 年－2009 年）

　　在經過內化階段之後，目標國產出的決策對暖化治理網絡發揮了反饋的作用，進而造成以下影響。一，國際管制出現歧見，包括刪減與調適之爭、管制方式的有效性、以及科學不確定性。二，突顯石化燃料不可或缺的重要角色。三，已開發國家與開發中國家之間出現矛盾，諸如中國或印度等強調暖化問題主要是已開發國家造成，故不願負擔減排責任。

　　另一方面，暖化治理網絡的擴散情況如下（見表 6-6）。首先，至 2009 年為止，共有 95%以上的聯合國會員國批准公約及議定書。而 1993 年至 1995 年之間是《氣候變遷架構公約》的批准高峰期，至於《京都議定書》則是在 2002 年至 2004 年間。此外，附件一締約國至 2004 年俄羅斯加入後始超過 55%的生效門檻。但因為美國拒絕參與國際管制，所以附件一締約國的二氧化碳排放量總額僅達到 63.7%。

　　其次，目標國產出的政策雖能使治理網絡擴大，但亦可以改變其他行為者的參與意願，進而阻礙網絡的擴張。例如，在 IPCC 公布《第二次評估報告》以及《京都議定書》進入批准階段之時，為了顧及企業形象與商譽，BP 石油、殼牌石油、杜邦、通用汽車、福特、克萊斯勒等多家企業自全球氣候聯盟（GCC）中退出，並承諾將削減溫室氣體排放量。[185] 但在 2001 年小布希政府上台之後，即使這些企業曾呼籲政府訂立排放標準，但它們並未實踐減量的承諾。直至 2005 年《京都議定書》生效及 2009 年歐巴馬總統執政後，BP 石油、殼牌石油等企業才又再度重申將進行減排。[186]

---

[185] Andrew C. Revkin, October 18, 2000, "7 Companies Agree to Cut Gas Emissions," *The New York Times*, C1.

[186] Laurie Goodstein, February 8, 2006, "Evangelical Leaders Join Global Warming Initiative," *The New York Times*, A12. Jad Mouawad, March 30, 2006, "The New Face Of an Oil Giant," *The New York Times*, C1. Clifford Krauss and Jad Mouawad, February 12, 2009, "Oil Industry Is Stressing Cooperation on Climate," *The New York Times*, B3.

表 6-6：氣候變遷架構公約及京都議定書之批准情況統計

	氣候變遷架構公約		京都議定書			
年份	批准國數目	累計	批准國數目	累計	附件一國家的排放量百分比	百分比累計
1992	9	9				
1993	42	51				
1994	64	115				
1995	35	150				
1996	13	163				
1997	6	169				
1998	6	175	5	5	-	-
1999	4	179	16	21	-	-
2000	5	184	10	31	-	-
2001	1	185	15	46	2.4	2.4
2002	2	187	54	100	41.5	43.9
2003	0	187	19	119	0.3	44.2
2004	1	188	13	132	17.4	61.6
2005	0	188	24	156	-	-
2006	2	190	12	168	-	-
2007	1	191	8	176	2.1	63.7
2008	0	191	7	183	-	-
2009	2	193	6	189	-	-
2010	0	193	2	191	-	-
2011	1	194	0	191	-	-
2012	0	194	-1	190	-3.3	60.4
2013	0	194	1	191	-	-

註：僅累計國家數量，不包括區域經濟體。

資料來源：筆者按聯合國網站的資料庫數據自行統計。UNFCCC, 2012, "Status of Ratification," http://unfccc.int/2860.php.

再者，若按「是否需承擔減排責任」此一標準來區分，[187]可以發現附件一國家與其他國家批准《京都議定書》的情況有著明顯差異（見表 6-7）。一，1998 年至 2000 年間，共有 31 個非附件一國家批准議定書，如斐濟、薩爾瓦多、巴拿馬、喬治亞、墨西哥等。但在這 3 年內，卻無任何附件一

[187] 意指國家被列入議定書的附件 B 中，必須達成特定的減低排放量目標。

國家批准議定書。直至 2001 年，羅馬尼亞與捷克才率先批准。二，2002
年是附件一國家批准的高峰期，其中包括歐盟會員國、日本、加拿大、紐
西蘭等 27 國。三，某些附件一國家出現延遲批准的情況，包括立陶宛、
瑞士（2003 年批准）、烏克蘭、俄羅斯、列支敦士登（2004 年批准）、摩納
哥（2006 年批准）、克羅埃西亞、澳洲（2007 年批准）。另外，美國則拒絕
批准。總和而論，「減排目標」確實對國家的批准情況造成阻礙，使得《京
都議定書》延遲至 2005 年才生效。

表 6-7：附件一國家與非附件一國家的批准情況統計

年份	京都議定書		
	非附件一國家	需負擔減排目標的附件一國家	其他附件一國家
1998	5	0	0
1999	16	0	0
2000	10	0	0
2001	12	2	1
2002	27	27	0
2003	17	2	0
2004	10	3	0
2005	23	0	1
2006	11	1	0
2007	6	2	0
2008	7	0	0
2009	5	0	1
2010	2	0	0
2011	0	0	0
2012	0	-1	0
2013	1	0	0
合計	152	36	3
未批准	2	1 未批准　1 退出	0

註：1.「其他附件一國家」意指被列入附件一名單，但議定書並未規範其減排目標，
　　　包括馬爾他、白俄羅斯、土耳其等 3 國。
　　2. 未批准議定書：美國、安道爾（Andorra）、羅馬教廷（Holy See）。退出：加拿大。
資料來源：筆者按聯合國網站的資料庫數據自行統計。UNFCCC, 2012, "Status of
　　　Ratification," http://unfccc.int/2860.php.

　　最後，當美國在 2001 年宣布不會參與暖化管制之後，其他附件一國家的立場並未因而轉變，諸如歐盟會員國、加拿大、日本等都在 2003 年之前批准議定書。雖然部分國家曾出現延遲批准的情況，但最後還是在 2004 年至 2007 年間加入國際減排管制（見表 6-7）。在 38 個需負擔減排目標的附件一國家中，唯有美國沒有批准議定書。

伍、再回饋階段（2009 年－2012 年）

　　為了在第一承諾期截止（2012 年）之前確定下一輪國際管制的藍圖，各國政府自 2007 年起便開始著手規畫。在第十三屆締約國會議（COP13）上，與會國通過「峇里島行動計畫」（Bali Action Plan），[188]預定在 2009 年時確定長期的減排目標及後續的國際合作方式，並且設立「長期合作行動特設工作小組」（Ad Hoc Working Group on Long-term Cooperative Action, AWGLCA）來負責事前準備的工作（第 1/CP.13 決議）。[189]

　　其後，在 2009 年的第十五屆締約國會議（COP15）上，包括美國、英國、俄羅斯、中國在內的與會國們通過「哥本哈根協議」（Copenhagen Accord），內容包括：一，聲明將共同應對氣候變遷；二，已開發國家承諾提供資金與技術幫助開發中國家執行減碳與調適工作；三，設立「哥本哈根綠色氣候基金」（Copenhagen Green Climate Fund）來執行補助開發中國家的相關計畫（第 2/CP.15 決議）。[190]

　　2010 年，各國在第十六屆締約國會議（COP16）通過「坎昆協議」（Cancun Agreements）並聲明：一，在 2012 年之後仍繼續進行國際合作；二，將努力確立 2050 年的全球減排目標、以及盡快凍結溫室氣體的排放量，並在下

---

[188] 又稱為：峇里島路線圖（Bali Road Map）。

[189] UNFCCC, 2007, *Report of the Conference of the Parties on Its Thirteenth Session, Held in Bali from 3 to 15 December 2007. Part Two: Action taken by the Conference of the Parties at Its Thirteenth Session.* New York, NY: United Nations, pp. 3-7.

[190] UNFCCC, 2009, *Report of the Conference of the Parties on Its Fifteenth Session, Held in Copenhagen from 7 to 19 December 2009. Part Two: Action taken by the Conference of the Parties at Its Fifteenth Session.* New York, NY: United Nations, pp. 4-9.

一屆締約國會議討論此議案；三，設立「調適委員會」（Adaptation Committee）以及「綠色氣候基金」（Green Climate Fund）；四，建立技術機制來執行環境科技的開發與轉移之事務（第1/CP.16決議）。[191]

2011年，第十七屆締約國會議（COP17）在南非德班舉行，與會國決議：一，建立「德班增強行動平台之特設工作小組」（Ad Hoc Working Group on the Durban Platform for Enhanced Action）來擬定能夠適用於所有締約方的議定書、法律文件或協定。並預定此項工作將在2015年完成並通過相關法律文件，以便在2020年開始生效（第1/CP.17決議）。二，已開發國家承諾在2020年之前，每年共同提供1000億美元的資金來解決開發中國家融資的需求（第2/CP.17決議）。[192]三，針對全球減排目標及凍結排放量之議案仍無結論。

另外，同時間舉行的議定書締約國會議（Conference of the Parties serving as the meeting of the Parties to the Kyoto Protocol, CMP）決定：[193]一，議定書的第二承諾期自2013年1月1日起，至2017年12月31日或2020年12月31日結束。[194]。二，盡力確保附件一締約國的總排放量在2020年時比1990年的水平減少25%至40%（第1/CMP.7決議）。[195]三，哈薩克提案修正議定書之附件B的內容（第13/CMP.7決議）。[196]

---

[191] UNFCCC, 2010, *Report of the Conference of the Parties on Its Sixteenth Session, Held in Cancun from 29 November to 10 December 2010. Part Two: Action taken by the Conference of the Parties at Its Sixteenth Session*. New York, NY: United Nations, pp. 2-31.

[192] UNFCCC, 2011, *Report of the Conference of the Parties on Its Seventeenth Session, Held in Durban from 28 November to 11 December 2011. Part Two: Action taken by the Conference of the Parties at Its Seventeenth Session*. New York, NY: United Nations, pp. 2-46.

[193] 議定書締約國會議（CMP）每年都與締約國會議（COP）在同一時段召開。此會議的參與國是《京都議定書》的批准國，自2005年議定書生效後便定期舉行。美國雖然不是議定書的締約國，但自2005年起都以觀察員的身分與會。

[194] 在2012年的締約國會議上，各國決定將2020年訂為議定書的第二承諾期截止日。

[195] UNFCCC, 2011, *Report of the Conference of the Parties Serving as the Meeting of the Parties to the Kyoto Protocol on Its Seventh Session, Held in Durban from 28 November to 11 December 2011. Part Two: Action taken by the Conference of the Parties Serving as the Meeting of the Parties to the Kyoto Protocol at Its Seventh Session*. New York, NY: United Nations, pp. 2-10.

[196] UNFCCC, 2011, *Report of the Conference of the Parties Serving as the Meeting of the Parties to the Kyoto Protocol on Its Seventh Session, Held in Durban from 28*

在前述國際會議當中，參與國僅就以下議題達成共識：補助開發中國家、建立環境基金、設立調適與技術轉移機制、擬定新的國際法文件等。但針對諸如：減排目標與時間表、凍結排放量的時限、開發中國家需負擔的減排額度、[197]國際制度的修正方式等方面，則爭議不斷且未有具體結論。至於哥本哈根與坎昆會議所作的協議皆屬非拘束性質，故無法產生規範作用。

此外，部分國家更開始展現出不願繼續參與國際制度的姿態。例如，在 2011 年德班會議中，日本、加拿大、及俄羅斯等表示拒絕加入議定書的第二承諾期。[198]或如，在德班會議結束後，加拿大隨即宣布退出《京都議定書》，[199]理由是因為中國、巴西、印度、或美國都無須負擔減排責任，但加拿大卻因為未達預定目標，所以必須支付約 136 億美元的金額來購買更多的排放額度。[200]這個例子也反映出當第一承諾期在 2012 年結束以後，暖化治理網絡的未來發展勢必會面臨許多阻礙。

另一方面，就京都議定書的執行成效觀之（見表 6-8）。首先，至 2010年為止，共有 4 個需負擔減量責任的國家（名列附件 B）未達到排放目標，包括加拿大、列支敦士登、紐西蘭、挪威等。另外，未列入附件 B 的土耳其與馬爾他則呈現持續上升的情況。

November to 11 December 2011. Part One: Proceedings. New York, NY: United Nations, pp. 13-14.

[197] 例如，中國政府在哥本哈根會議上僅承諾自行設定減碳目標，但不願意接受國際監督。請參閱： John M. Broder and James Kanter, December 15, 2009, "China and U.S. Hit Strident Impasse at Climate Talks," *The New York Times*, A1.

[198] John M. Broder, November 28, 2011, "At Meeting on Climate Change, Urgent Issues but Low Expectations," *The New York Times*, p. 8. Devon Maylie, November 29, 2011, "Climate Talks Open Amid Funding Spat," *Wall Street Journal*, p. 1.

[199] 議定書第 27 條規定：議定書對締約國生效滿 3 年之後，該國可隨時向聯合國秘書長發出退出議定書的書面通知。而任何書面通知自聯合國秘書長收到通知日起一年後生效。

[200] Nico Hines, December 13, 2011, "Canadians Pull Out of Kyoto Climate Deal," *The Times*, p. 30. Ian Auten, December 13, 2011, "Canada Announces Exit from Kyoto Climate Treaty," *The New York Times*, p. 15.

表 6-8：京都議定書締約國的執行情況統計

	附件一締約國		非附件一締約國
減排目標	國家數目	排放情況	國家數目
未達成	附件 B：　4 非附件 B：2	持續上升	116
達成	附件 B：　33 非附件 B：1	持平 下降	13 17
無資料 n＝	0 40	無資料 n＝	5 151

註：1. 統計時段：至 2010 年為止。

　　2. 附件一締約國的執行情況係以溫室氣體排放量來判斷，單位：千噸（Gg）。而
　　　非附件一締約國則以二氧化碳排放的平均趨勢來區分，單位：千噸（kt）。

　　3. 無資料的國家包括：吐瓦魯、紐埃、賴索托、諾魯、聖馬利諾。

資料來源：筆者按 UNFCCC 與世界銀行（World Bank）的資料庫數據自行統計。UNFCC,
　　　　　2012, "Time Series: Annex I," http://unfccc.int/2860.php. World Bank, 2012,
　　　　　"Data: CO2 Emissions （kt）," http://data.worldbank.org/.

　　其次，總共有 33 國達成減量目標，包括歐盟 15 國、保加利亞、捷克、愛沙尼亞、匈牙利、冰島、拉脫維亞、波蘭、羅馬尼亞、俄羅斯、斯洛伐克、瑞士、烏克蘭、立陶宛、摩納哥、澳洲、日本、克羅埃西亞、斯洛維尼亞等。而非附件 B 國家白俄羅斯亦大幅削減溫室氣體排放量。

　　再者，非附件一國家雖然不需要達到特定減排標準，但從執行成果來看，此類國家大多數都未履行降低排放量的規範。[201]包含中國、印度、巴西在內的 115 個國家二氧化碳排放量逐年高升，只有 30 個國家呈現持平或下降的趨勢。[202]

---

[201] 因為 UNFCCC 的溫室氣體資料庫僅完整統計附件一國家的數據，所以本文另外採用世界銀行的二氧化碳資料庫數據來說明其他國家的排放情況。這兩個資料庫的差別在於，溫室氣體的數據是諸如二氧化碳、一氧化二氮、甲烷、氫氟碳化合物（HFCs）、六氟化硫（SF6）等氣體的總和；而世界銀行的資料僅包括二氧化碳。

[202] 持平的國家為：烏茲別克、吉里巴斯、亞塞拜然、萬那杜、哥倫比亞、貝里斯、以色列、尼日、馬其頓前南斯拉夫共和國、幾內亞比索、剛果、蒙特內哥羅、哈薩克。而下降的國家包括：喬治亞、帛琉、蒙古、蒲隆地、巴布亞紐幾內亞、古巴、摩爾多瓦、吉爾吉斯、

　　另外，部分開發中國家的排放量近年來甚至超過已開發國家，這也是附件一國家對國際制度產生質疑的主因。例如，中國在國際談判中表明不願負擔減排限制，但其二氧化碳排放量在 2002 年時超過歐盟，至 2005 年又超過美國，其後更持續攀升（見圖 6-3）。

　　或如，印度的排放量在 2002 年與 2008 年時超過日本和俄羅斯，而加拿大雖然遠低於印度卻要負擔排放量限制，而且必須花費資金補足未達成的減排額度，遂引發爭議（見圖 6-4）。

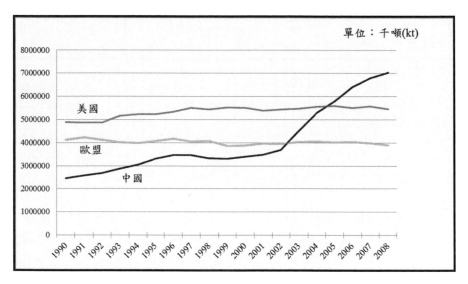

圖 6-3：中國的二氧化碳排放量增長趨勢

資料來源：筆者按世界銀行的資料庫數據繪圖。World Bank, 2012, "Data: CO2 emissions （kt），" http://data.worldbank.org/.

剛果民主共和國、阿爾巴尼亞、茅利塔尼亞、厄立垂雅、新加坡、贊比亞、加彭、塔吉克、辛巴威。

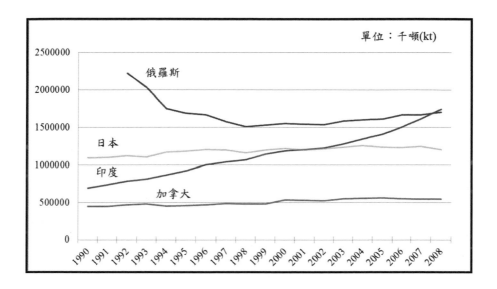

圖 6-4：印度的二氧化碳排放量增長趨勢

資料來源：筆者按世界銀行的資料庫數據繪圖。World Bank, 2012, "Data: CO2 emissions
（kt）," http://data.worldbank.org/.

　　最後，從全球層次觀之，在議定書所有 192 個締約國中，只有 37 個國
家需負擔減排責任，而這些國家又只有約 90%的成員達成減量目標。這使
得全球二氧化碳排放量不但沒有減少或維持在 1990 年的水平，反而逐年不
斷遞增（見圖 6-5）。由此可知，在《京都議定書》的管制之下，並未能夠
有效地處理全球暖化問題。

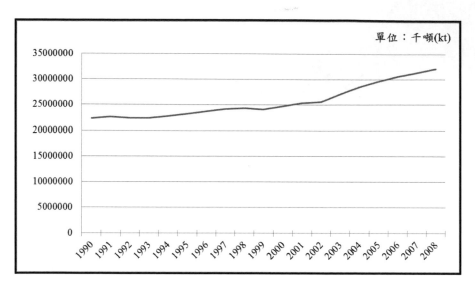

單位：千噸(kt)

圖 6-5：全球二氧化碳排放量增長趨勢

資料來源：筆者按世界銀行（World Bank）的資料庫數據繪圖。World Bank, 2012, "Data: CO2 emissions （kt），" http://data.worldbank.org/.

　　綜合而論，在執行成效不彰、科學不確定性未消除、管制途徑的設計有爭議、[203]部分大國拒絕承擔減排責任等因素所產生的負向再回饋之影響下，勢必將阻礙國際制度的更新與執行。而暖化治理網絡在 2012 年之後會如何發展？這個問題將於結論當中進行討論。

---

[203] 「制度設計」是環境治理學者近年來討論的焦點之一。例如 Frank Biermann 等 32 位學者於 2012 年 3 月在《科學》期刊上發表〈導航人類中心論〉（Navigating the Anthropocene）一文，它們認為必須以階層制的國際組織來取代聯合國永續發展委員會，並由 G20 國家擔任領導者。而在設定國際制度時應採用「限定資格的多數決」（qualified majority voting）來加速流程，並且採取比重投票（weighted voting）使所有利益皆能被考慮在內。請參見：Frank Biermann, K. Abbott, K. Backstrand, et. al., 2012, "Navigating the Anthropocene: Improving Earth System Governance," *Nature*, Vol. 335, No. 6074, pp. 1306-1307.

第二節　各類行為者的國際會議參與情況

　　本節將分析各類行為者出席全球暖化會議的情況，以了解它們的活動積極度。此處觀察的焦點為歷屆締約國會議（COP），茲將統計結果分述於後。

　　第一，非國家行為者的參與情況：在 1995 年至 2011 年間的全球暖化會議中，「環境非政府組織」及「科學團體」兩者位居參與數量的前兩名，分別佔非國家行為者總數的 34.49%與 30.58%（見表）。其次依序是企業團體（18.29%）、國際組織（16.63%）。平均每年約有 129 個環境非政府組織、114 個科學團體、69 個企業團體、以及 62 個國際組織與會。

　　第二，國家與非國家行為者的數量比較：每年平均約有 544 個行為者參加全球暖化國際會議，其中以非國家行為者的數量最多，佔所有行為者總數的 68.47%；至於國家行為者的數量則佔 31.17%。兩類參與者的數量約呈現 7：3 的比重（見表 6-9）。

表 6-9：全球暖化締約國會議的出席情況統計

	國家行為者		非國家行為者				非國家行為者總數 (A)	行為者總數 (N)
	國家代表	政府機構	企業團體	環境非政府組織	國際組織	科學團體		
1995	115	5	42	59	42	68	211	331
1996	146	0	30	34	32	40	136	282
1997	157	0	62	95	43	79	279	436
1998	149	1	54	67	46	71	238	388
1999	164	1	61	63	40	82	246	411
2000	175	1	68	69	47	94	278	454
2001	169	1	48	62	43	80	233	403
2002	166	2	36	55	50	71	212	380
2003	165	3	65	92	55	100	312	480
2004	166	1	49	79	53	94	275	442
2005	179	2	78	138	59	137	412	593
2006	179	0	41	96	56	107	300	479
2007	187	1	62	139	81	124	406	594
2008	190	3	78	172	84	124	458	651
2009	193	4	153	368	121	255	897	1094
2010	191	3	113	280	99	191	683	877
2011	191	5	118	315	102	219	754	950
平均	169.52	1.94	68.11	128.41	61.94	113.88	372.35	543.82
百分比（A）			(18.29)	(34.49)	(16.63)	(30.58)		
百分比（N）	(31.17)	(0.36)	(12.52)	(23.61)	(11.39)	(20.94)	(68.47)	

資料來源：筆者按歷年會議記錄的與會名單自行統計。UNFCCC, 2012, "Documents and Decisions," http://unfccc.int/2860.php.

接下來由 1990 年代及 21 世紀等兩個時段來檢視其間的發展（見表 6-10）。第三，行為者總數的變化：參與者總數由平均 370 個增加為 617 個，向上成長了 1.7 倍。第四，國家行為者的數量變化：暖化會議的國家代表數量往上攀升，從 1990 年代的平均 147 個國家至 21 世紀成長至 180 個參與國。第五，非國家行為者的數量變化：非國家行為者的成長情況則更為顯著，由平均 222 個增加至 435 個。

表 6-10：全球暖化締約國會議的各時段參與情況比較

	國家代表	政府機構	企業團體	環境非政府組織	國際組織	科學團體	非國家行為者（A）	行為者總數（N）
1990年代（1995-1999）	146.2	1.4	49.8	63.6	40.6	68	222	369.6
百分比（A）			（22.43）	（28.65）	（18.29）	（30.63）		
百分比（N）	（39.56）	（0.38）	（13.47）	（17.21）	（10.98）	（18.40）	（60.06）	
21世紀（2000-2011）	179.25	2.16	75.75	155.41	70.83	133	435	616.41
百分比（A）			（17.41）	（35.73）	（16.28）	（30.57）		
百分比（N）	（29.08）	（0.35）	（12.29）	（25.21）	（11.49）	（21.58）	（70.57）	

註：除括弧內的資料，其餘數值皆為平均數。
資料來源：筆者自行統計。

另外，這四類非國家行為者的比重也因時期不同而有所改變。在 1990 年代，科學團體的比重略高於環境非政府組織，兩者各佔非國家行為者總數的 30.63% 及 28.65%。其後依序是企業團體（22.43%）、與國際組織（18.29%）。但至 21 世紀以後，環境非政府組織的數量明顯提升（35.73%），而科學團體的比重依舊維持在三成左右（30.57%）。至於企業團體與國際組織則略微下滑，分別佔 17.41% 及 16.28%。

第六，非國家行為者的多樣性：無論是 1990 年代或 21 世紀，參與全球暖化會議的企業、環境非政府組織、及科學社群等皆維持高度的多樣性。這些行為者不但來自世界各個地區，其組織性質更十分多元，包括核能、風力、化學業、難民、水資源、動物保育、經濟或金融等層面。例如，歐洲核能學會（European Nuclear Society）、潔淨水行動（Clean Water Action）組織、世界風能協會（World Wind Energy Association）、挪威難民理事會（Norwegian Refugee Council）等。

　　第七，從統計數據可以發現，自《京都議定書》在 2005 年生效以及「峇里島路線圖」在 2007 年啟動之後，非國家行為者的參與數量明顯提升。此情況反映出當國際制度開始發生效力或即將進入新的調整期時，將會引起更多行為者的關注（見圖 6-6）。

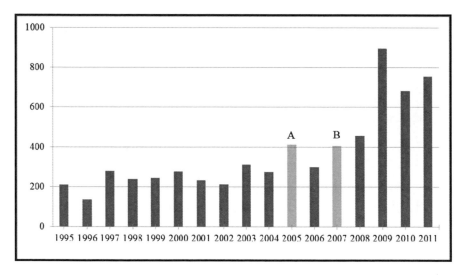

圖 6-6：全球暖化國際會議的非國家行為者數量統計

註：A（京都議定書生效）、B（峇里島路線圖啟動）。
資料來源：筆者繪圖。

　　第八，某些非國家行為者的持續參與度很高（屆數超過 5 次），茲舉例如下。一，企業團體：例如歐洲化學工業理事會（European Chemical Industry Council）、氣候協會（Climate Council）、全球氣候聯盟（GCC）等。二，環境非政府組織：如自然資源保衛協會、綠色和平、世界野生動物基金會（WWF）、國際河流網絡（International Rivers Network）、美國國家野生動物協會（National Wildlife Federation）等。三，科學團體：比如愛迪生電力研究所（Edison Electric Institute）、斯德哥爾摩環境研究所（Stockholm Environment Institute）、Pew 全球氣候變遷中心（Pew Center on Global Climate Change）、全球環境策略機構（Institute for Global Environmental Strategies）等。四，國際組織：包括聯合國發展署、聯合國糧農組織、國際海事組織（International Maritime Organization）等。

綜合而論，前述資料顯示在全球暖化議題的管制工作之中確實有諸多行為者積極且持續地參與。此外，非國家行為者的數量遠高於締約國總數，其中尤以環境非政府組織與科學社群兩者的數目最多。

第三節　行為者的權力互動網絡

接下來，本節將針對問題與規範塑造、國際制度構建、以及治理網絡運作等三個時段進行分析，以釐清行為者之間的權力互動。而這些網絡圖像皆是用 UCINET 6.0 版網絡分析軟體來繪製。

壹、問題與規範塑造

首先，在問題與規範塑造階段中，強制權力僅存在於政府機構之間；意即美國政府要求所屬的各個機構進行全球暖化議題的研究。至於其他行為者則未出現強制權力的互動關係（見圖 6-7）。

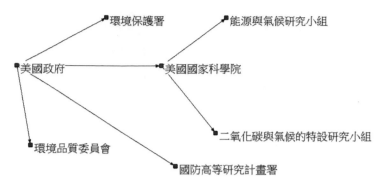

圖 6-7：全球暖化議題之強制權力網絡（問題與規範塑造）

資料來源：筆者繪圖。

其次，國際組織是制度權力的施加方，而接收方則為支持暖化理論的科學社群。兩者的互動模式如下：聯合國環境署、世界氣象組織、國際科學理事會等機構舉辦國際會議並發起研究計畫，來商討資料整合、評估標準、或氣象模型等技術面的問題，而科學家們便按會議討論之結果來進行研究或繳交數據（見圖 6-8）。

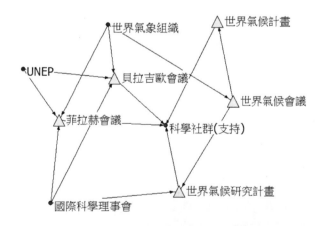

圖 6-8：全球暖化議題之制度權力網絡（問題與規範塑造）

註：三角形表示國際會議或研究計畫，它們僅擔任權力的媒介，而其餘節點則是行為者。
資料來源：筆者繪圖。

　　再者，結構權力的來源為：官方研究機構的學者、非官方研究機構的學者、以及政府顧問（這些行為者都同意全球暖化的論點）。因為它們在知識結構上佔有較高的地位，所以得以被邀請至國會或政府部門發表意見，而且也成功影響接收方的行動（見圖6-9）。

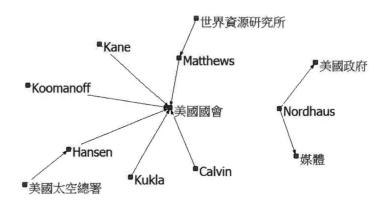

圖 6-9：全球暖化議題之結構權力網絡（問題與規範塑造）

資料來源：筆者繪圖。

　　最後，與前述三者相比，產出權力的互動較為頻繁。全球暖化理論受到政府機構、科學社群、環境非政府組織等行為者的支持，並且進而對政府、民眾、媒體施加產出權力。[204]與此同時，在問題與規範塑造階段當中，質疑暖化理論的科學社群僅能影響民眾與媒體，其網絡密度亦顯得鬆散（見圖6-10）。

---

[204] 因為國際組織此時僅負責舉行會議，故未施加產出權力。

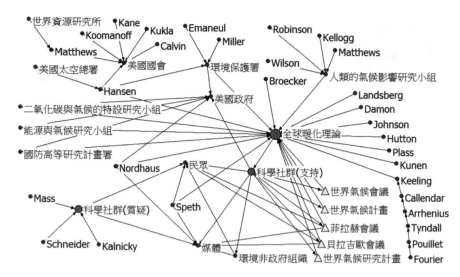

圖 6-10：全球暖化議題之產出權力網絡（問題與規範塑造）

註：三角形表示國際會議或研究計畫，它們僅擔任權力的媒介。
資料來源：筆者繪圖。

貳、國際制度構建

　　首先，在這個階段當中，強制權力主要來自企業團體、媒體、公民社會、與支持暖化理論的科學家。而接收方則為企業籌組的遊說機構、國會、企業雇用的科學專家、以及政府（見圖 6-11）。其中比較特別的例子是，Hansen 將竄改證詞的情事向媒體及公民社會公開，進而使得布希政府受到輿論壓力並且調整政策方向。

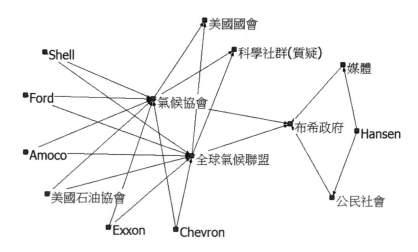

圖 6-11：全球暖化議題之強制權力網絡（國際制度構建）

資料來源：筆者繪圖。

　　其次，制度權力網絡的互動較為密集，施加方包括：企業團體、政府、科學社群、國際組織等。在此之中，暖化理論的支持者雖然成功建立國際制度，但反對者亦透過國會來阻礙政府批准議定書（見圖 6-12）。

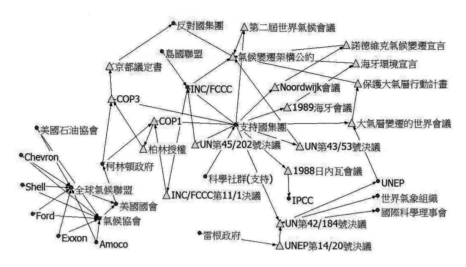

圖 6-12：全球暖化議題之制度權力網絡（國際制度構建）

註：三角形表示國際會議、決議或國際法，它們僅擔任權力的媒介。
資料來源：筆者繪圖。

　　另外，《氣候變遷架構公約》與《京都議定書》的簽約國們也施加了制度權力，影響其他國家的批准意願。至於同時簽訂這兩個國際制度的國家則發揮更大的影響力（見圖 6-13）。

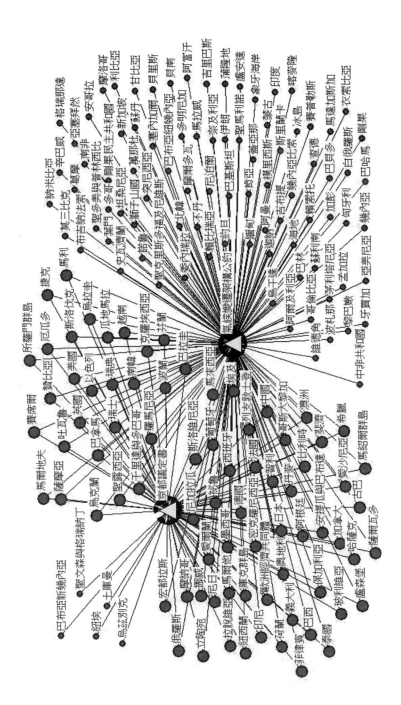

圖 6-13：國際制度簽約國之制度權力網絡（全球暖化議題）

註：三角形表示國際法，它們僅擔任權力的媒介。

資料來源：筆者繪圖。

再者，結構權力則由柯林頓政府與副總統 Gore 所施加，它們透過自身的領導地位來鞏固其他國家對國際管制的支持，進而使《京都議定書》在第三屆締約國會議上順利通過（見圖 6-14）。

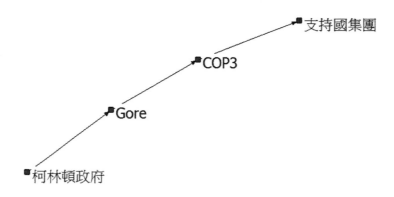

圖 6-14：全球暖化議題之結構權力網絡（國際制度構建）

資料來源：筆者繪圖。

最後，國際制度構建階段的產出權力來自：質疑暖化理論的科學社群、支持暖化的科學社群、企業團體、國際組織、以及布希政府。它們的權力施加對象包括政府、國會、媒體、公民社會等（見圖 6-15）。

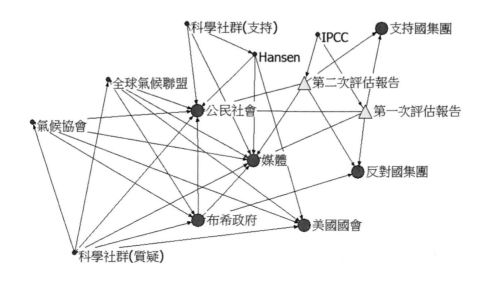

圖 6-15：全球暖化議題之產出權力網絡（國際制度構建）

註：三角形表示國際組織出版的報告，它們僅擔任權力的媒介。
資料來源：筆者繪圖。

參、治理網絡運作

　　首先，強制權力存在於下述行為者間：一，已開發國家建立環境基金來補助開發中國家。二，透過哥本哈根、坎昆、德班等決議，議定書的批准國們設立綠色氣候基金來資助非附件一國家。三，環境非政府組織與公民社會利用抵制購買或抗議等方式來迫使企業團體採取減排措施。四，企業團體藉由金錢資助與遊說等方式來使國會或執政當局拒絕批准國際制度（見圖 6-16）。

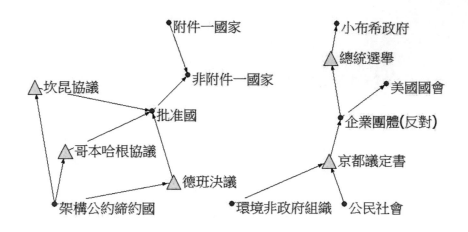

圖 6-16：全球暖化議題之強制權力網絡（治理網絡運作）

註：三角形表示國際會議、國際法或國內選舉，它們僅擔任權力的媒介。
資料來源：筆者繪圖。

　　其次，制度權力的互動包括：一，締約國在國際會議上的集體決定規範了批准國的政策行動。二，議定書批准國對企業團體與公民社會發揮制度性的約束。三，因為議定書被部分國家批准且開始生效，這迫使未批准的國家必須採行相應措施（加入議定書或設立減排方案）。四，在解決途徑的設計上，小布希政府所重視的調適策略對 IPCC 與批准國造成影響。五，反對國際管制的企業團體透過國會向柯林頓政府施加制度權力。六，在贊成管制的企業團體、科學社群、及環境非政府組織之影響下，州政府制定減排計畫來約束企業團體（見圖 6-17）。

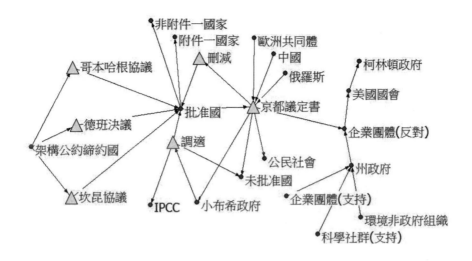

圖 6-17：全球暖化議題之制度權力網絡（治理網絡運作）

註：三角形表示國際會議、國際法或因應策略，它們僅擔任權力的媒介。
資料來源：筆者繪圖。

　　另一方面，因為《氣候變遷架構公約》與《京都議定書》是由部分附件一國家負擔減排責任，而且議定書也必須達到特定排放量門檻才能生效。所以這些附件一締約國們便能影響其他國家的批准意願，進而產生制度權力。尤其是位於中央區塊的英國、日本、瑞士、德國等國家，它們發揮的制度權力比其他批准國更高（見圖 6-18）。

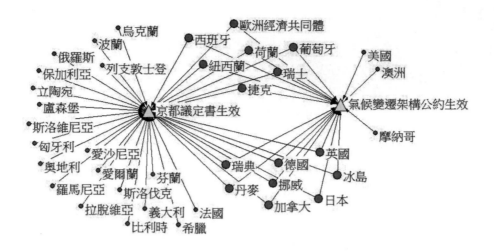

圖 6-18：使國際制度生效之附件一締約國的制度權力網絡（全球暖化議題）

註：三角形表示國際法，它們僅擔任權力的媒介。
資料來源：筆者繪圖。

　　再者，結構權力的施加者為 Gore 與 Prestowitz，因為曾擔任美國政府官員，所以在議題論述的結構上較具影響力。但他們僅成功影響公民社會與媒體，至於美國政府則未因而改變原有的政策作為（見圖 6-19）。

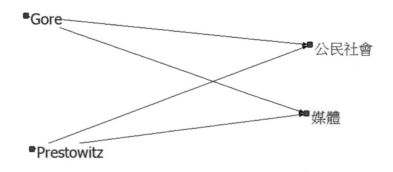

圖 6-19：全球暖化議題之結構權力網絡（治理網絡運作）

資料來源：筆者繪圖。

　　最後，在治理網絡運作階段中，產出權力主要來自：支持暖化理論的科學社群、質疑暖化理論或管制途徑的科學社群、國際組織、環境非政府組織等行為者（見圖 6-20）。

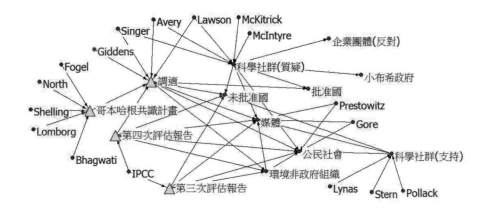

圖 6-20：全球暖化議題之產出權力網絡（治理網絡運作）

註：三角形表示國際組織報告、研究計畫或因應策略，它們僅擔任權力的媒介。
資料來源：筆者繪圖。

　　綜合而論，茲將各時期的權力使用情況整理如下（見表 6-11）。吾人可以發現幾項特色：一，在全球暖化議題的發展初期，質疑論者的網絡十分鬆散且無政策影響力，但是至治理網絡運作階段時則受到許多科學家、企業、或政府的支持。二，因為科學的不確定性仍未消除，所以舉凡支持或質疑暖化理論的科學社群們都能對政府、媒體、或公民社會等施加產出權力。三，企業團體不但向媒體與公民社會施加產出權力，更能影響政府的決策制定結果。四，國際組織無法對其他行為者施加強制與結構權力，但可以透過制度及知識來進行影響。五，公民社會、環境非政府組織、及媒體雖然試圖影響政府或企業，但常未能使接收方改變行動。六，結構權力的施加者包括科學家、現任或前任政府官員、強權國等，它們分別在知識、國際體系、和議題論述等結構中位居優勢地位。

表 6-11：全球暖化議題的權力運用情況

時段	行為者	強制	制度	結構	產出
問題與規範塑造	美國政府（包括國會）	✓		✓	✓
	公民社會				
	企業團體				
	科學社群（支持理論）			✓	✓
	科學社群（質疑理論）				✓
	環境非政府組織				✓
	媒體				
	國際組織		✓		
國際組織構建	政府		✓	✓	✓
	公民社會	✓			
	企業團體	✓	✓		✓
	科學社群（支持理論）	✓	✓		
	科學社群（質疑理論）		✓		✓
	環境非政府組織				
	媒體	✓			
	國際組織		✓		✓
治理網絡運作	政府	✓	✓	✓	
	公民社會	✓			
	企業團體	✓	✓		
	科學社群（支持理論）		✓		✓
	科學社群（質疑理論）				✓
	環境非政府組織	✓	✓		✓
	媒體				
	國際組織				✓

資料來源：筆者整理。

第七章

案例分析

接著將針對臭氧層耗損與全球暖化等案例進行分析，並且回答本書的研究問題。本章分為三個部分，個別探討「社會化倡議歷程之細部運作機制」、「環境治理網絡的成效影響因素」、以及「傳統國際關係理論的解釋能力」等主題。

第一節　治理網絡發展歷程的細部運作機制

在第四章當中，本文從總體的角度大略地介紹全球環境治理網絡的發展過程。然而，這五個階段的細部內涵仍有待說明。因此，這裡將藉由臭氧層耗損與全球暖化等實際案例來釐清各個社會化倡議階段的運作機制。所謂的「運作機制」係指該階段是經由那些事件或流程而逐步進展，以及倡議或治理行為者們必須達成哪些重要目標。

壹、問題與規範塑造階段

問題與規範塑造階段的運作流程如下：一，這個階段始於科學家發現某種現象，例如 CFCs 會分解臭氧、或地表溫度維持恆定等。二，在經過實驗、觀察、數據統計等工作之後，學者們對此種現象提出解釋並形成科學論點。三，以這個論點為基礎，科學家將這個現象界定成具有威脅性的環境問題。例如，臭氧層耗損會影響人類健康或自然生態、氣溫暖化會造成氣候變遷等。但面對同樣的現象某些學者的看法可能不同，如 Arrhenius 和 Callendar 認為暖化對人類有益處。

　　四，認同此環境問題的倡議行為者們透過媒體、刊物、遊說等管道來傳播資訊，並且設定問題的論旨及負面影響。五，某些倡議者扮演著關鍵角色，因為他們引起政府部門的關注並且使環境問題進入到政策議程之中。例如 Rowland 向國家科學院提交臭氧層耗損報告、以及學者們至國會或白宮作簡報等。六，與此同時，包括企業或科學社群在內的反對團體亦試圖影響政府，進而形成利益團體相互競逐的情況。七，執政當局重視此環境問題造成的威脅並制定相關因應決策。所謂的決策包括立法管制、加強研究、投注資源、向國際組織提案討論等。在部分案例中，此時已經出現政府的法規及公民社會的環境規範，如臭氧層耗損（見圖 7-1）。

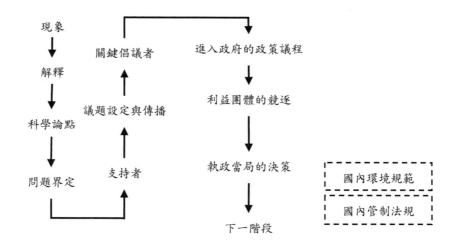

圖 7-1：問題與規範塑造階段的運作機制

註：某些環境案例在此階段並未形成規範或制度，故這兩者以虛線框作區隔。
資料來源：筆者繪圖。

　　另一方面，倡議行為者在問題與規範塑造階段必須達到下列目標。一，設定議題：簡化問題的因果關係鍊並將之與人類社會的經濟、健康、政治、或安全等面向作連結，同時提出相關訴求。二，獲得傳播管道：讓自身倡議的問題與訴求得到大眾和政府的重視。三，擴增成員數及維持影響力：除了鞏固既有的成員數量之外，倡議團體更要積極地吸納具有政策影響力的行為者。四，成功影響政府的決策：唯有將訴求轉化成政策實踐，才能讓這個環境議題持續受到重視。

貳、國際制度構建階段

就國際制度構建階段而論，其間的過程包括：一，某些國家重視此環境問題，所以在國際組織的集會上提案，使其被納入議程之中。例如臭氧層或暖化案例的美國政府。二，國際組織成為各國相互競逐與交流意見的平台，而國內的利益團體也影響著政府代表的立場。三，在達成國際管制的共識之後，與會國們設立新的國際組織來進行資料蒐集或法規擬定的工作。四，支持管制的國家們決議通過公約和議定書（見圖 7-2）。

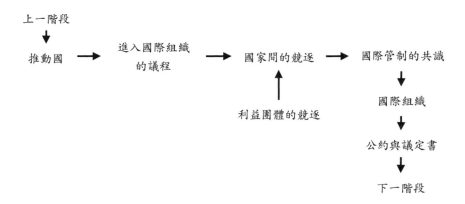

圖 7-2：國際制度構建階段的運作機制

資料來源：筆者繪圖。

此外，推動國要達成下述目標，以利國際制度構建階段的推展。一，設定議題：除了讓環境問題列入議程之外，更要設法使其他國家認可這是一個值得持續關注的議案。二，塑造國際環境規範：讓世界各國同意有必要為此問題付出行動。三，凝聚國際管制的共識：影響它國的政策立場，使得制度的構建工作可以開始進行。四，提供誘因及負擔責任：無論是公約或議定書都必須先得到與會國的普遍認同，為了達到此目的，推動國必須提供誘因來吸引其他國家，例如資金補助、或給予開發中國家寬限期等。而推動國也要率先負擔管制責任，如美國在 1977 年禁用 CFCs 噴霧罐、或歐盟國家設定排放量標準等。另一方面，倡議行為者的目標則是：確保政府部門遵從環境管制的承諾。

參、內化階段

　　內化階段的起點有兩個，各自代表著不同的途徑。一，目標國接收到環境價值、國際制度、及他國經驗等外部資訊，這是學習途徑的起點。而所謂的他國經驗包括：科學發現、實際的災害案例、盟國或集團內其他國家的政策立場、加入或不加入國際制度的優劣點等。二，治理行為者透過外交政策、金錢、遊說、抗議等方式來影響目標國，此為外交政策與倡議途徑的起點。

　　在獲得資訊及受到刺激之後，目標國會對此進行成本效益估算並且考量以下事物：物質利益、規避懲罰與風險、獲得名譽或正當性、合適性的邏輯等。最後，目標國透過法規制定、批准國際制度、提供資金、研發等行動來應對環境問題，並進而在國內社會形成環境規範（見圖 7-3）。

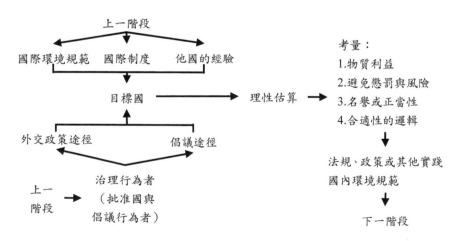

圖 7-3：內化階段的運作機制

資料來源：筆者繪圖。

　　至於治理行為者則要達成下述目標才能使內化階段順利進行：一，獲得影響管道；二，有能力提供經濟誘因、施加政治壓力、及灌輸環境規範；三，擁有正面的環境保護形象或表現出改善環境的決心；四，傳播國際環境規範、自身的經驗、與國際管制的益處；五，確保多數已開發大國參與管制。

肆、反饋與擴散階段

　　首先，這個階段的發展路徑包括以下兩者：一，目標國產出的政策或實踐會影響其他行為者的參與意願，進而增加或減少治理網絡的成員數量。例如，在歐盟、俄羅斯等國陸續批准《京都議定書》後，澳洲也於2007年加入。或如，在小布希政府宣布拒絕參與暖化管制後，原本宣布將進行減碳計畫的美國企業又暫緩行動。二，目標國的決策會在諸如國際制度的設計、科學論點、以及利益或價值等方面與其他國家發生衝突，同時亦會影響到治理行為者的立場，例如加拿大以美國未加入為由退出《京都議定書》（見圖7-4）。

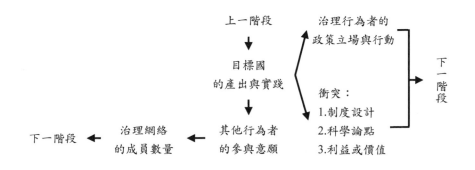

圖7-4：反饋與擴散階段的運作機制

資料來源：筆者繪圖。

　　其次，治理行為者們在此階段必須達到幾個目標，始能維持治理網絡的延續與擴張。一，確保此環境議題的優先性；二，鞏固網絡成員的數量；

三，提供更多經濟資源；四，監督批准國的履行情況；五，紀錄未批准國的環境景況，並利用此資料來施加輿論或外交壓力；六，調和爭端或衝突。

伍、再回饋階段

　　再回饋階段的流程較為簡單，簡述如下：一，存在於反饋與擴散階段當中的衝突、以及行為者的參與數量和政策行動等因素會對治理網絡產生正向或負向的影響。二，在這些因素的反饋之下，治理網絡會朝強化、修正、取代等方向繼續發展，或者因為瓦解而陷入終止（見圖 7-5）。

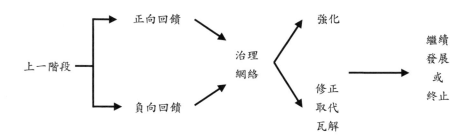

圖 7-5：再回饋階段的運作機制

資料來源：筆者繪圖。

　　此外，治理行為者在這個階段亦必須設法達成下列目標：一，檢討制度缺陷或管制失敗的原因；二，引入新的環境價值或制度思維；三，重新凝聚國際管制的共識；四，再次設定獲得普遍認同的國際制度；五，維持此議題的優先性。最後，茲將各階段的目標整理如下，它們是維持治理網絡延續性的重要關鍵（見表 7-1）。

表 7-1：倡議或治理行為者須達成的目標

階段	目標	
問題與規範塑造	1. 設定議題	2. 獲得傳播管道
	3. 擴增成員數及維持影響力	4. 成功影響政府的決策
國際制度構建	1. 設定議題	2. 塑造國際環境規範
	3. 凝聚國際管制的共識	4. 提供誘因及負擔責任
	5. 確保政府部門遵從環境管制的承諾	
內化	1. 獲得影響管道	
	2. 提供經濟誘因、施加政治壓力、及灌輸環境規範	
	3. 擁有正面的環境保護形象	
	4. 傳播國際環境規範、自身的經驗與國際管制的益處	
	5. 確保多數已開發國家參與管制	
反饋與擴散	1. 維持此環境議題的優先性	2. 鞏固網絡成員的數量
	3. 提供更多經濟資源	4. 監督批准國的履行情況
	5. 紀錄未批准國的環境景況，並施加輿論或外交壓力	
	6. 調和爭端或衝突	
再回饋	1. 檢討管制失敗的原因	2. 引入新的環境價值或制度思維
	3. 重新凝聚國際管制的共識	4. 再次設定獲普遍認同的國際制度
	5. 維持此環境議題的優先性	

資料來源：筆者整理。

第二節　治理成效的阻礙因素

本節將比較臭氧層及全球暖化案例的異同之處，藉此回答下述問題：為何某些環境治理網絡能夠成功管制問題，有些卻成效不彰？是那些因素阻礙了暖化網絡的治理成效？

壹、案例比較

從結果面觀之，臭氧層耗損與全球暖化的治理成果有著極大的差異。但到底是那些因素導致了此種差異？本文透過以下方式來分析這個問題：此處的依變項是「環境治理網絡的管制成效」。而自變項包括治理行為者的參與積極度、各國的環境管制意願、內化情況、權力運用、科學不確定性、制度設計、大國的參與情況與負擔責任的意願、對制度性的負向反饋之修正、環境災害的特性等。因為目前已知臭氧層治理網絡的管制成果優於全球暖化網絡，所以在對比兩者的自變項之後，即可釐清是那些關鍵因素影響了治理的成效。接下來將個別說明比較的結果。

一、治理行為者的參與積極度

治理網絡要能有效運作，先決條件是這個環境議題必須得到治理行為者們的重視與積極行動。而從國際會議的與會名單中，吾人可以了解這兩個環境案例的參與情況。首先，暖化會議的參與者數量高於臭氧層會議。每年平均約有 170 個國家及 373 個非國家行為者參加暖化會議，但臭氧層會議則平均為 111 個國家與 50 個非國家行為者。

其次，各類型參與者所佔的比重存在著差異。一，臭氧層會議的國家與非國家行為者的比重為 7：3，國家行為者居多數。而暖化會議則相反，國家僅占 3 成，非國家行為者占 7 成。二，臭氧層會議的企業團體數量高於其它三類非國家行為者（佔非國家行為者總數的 54.24%），而環境非政府組織（12.40%）與科學社群（11.04%）的比重最低。至於暖化會議則以環境非政府組織（34.49%）和科學社群（30.58%）的比重最高，明顯大於企業團體（18.29%）與國際組織（16.63%）。

二、各國的環境管制意願

國家的參與意願亦會影響環境治理網絡的管制成效，此面向可以由「國際制度的生效速度和批准情況」來衡量。就臭氧層與全球暖化議題的批准國總數而論，至 2012 年為止，兩者皆有 95%以上的聯合國會員國批准公約和議定書。然而，在這兩個案例之中，世界各國的參與意願則出現極大的差異。

一，國際制度的生效速度：《維也納公約》與《蒙特婁議定書》在進入批准程序之後，兩者都在 3 年之內生效。而《氣候變遷架構公約》雖在 3 年內生效，但《京都議定書》卻拖延至第 7 年。

　　二，減量責任國的批准速度：在臭氧層案例中，需率先分階段減量的非第五條國家在批准程序的 3 年內即陸續加入《維也納公約》；另外更有 25 個非第五條國家於第 1 年就批准《蒙特婁議定書》。與之對比，雖然《氣候變遷架構公約》的批准速度和《維也納公約》相同，但《京都議定書》的批准期到了第 3 年卻無任何附件一國家加入，直至第 4 年與第 5 年始有羅馬尼亞、捷克、加拿大、歐盟會員國等批准議定書。

　　三，已開發國家的批准情況：諸如美國、蘇聯、加拿大、英國、德國、法國、日本等國都加入臭氧層耗損的國際管制。但在全球暖化案例中，美國並未批准議定書。

三、內化情況

　　按國際社會化的論點，倘若目標國願意內化國際規範，最終將會產出與這個規範相符的政策或實踐。[1]易言之，各國的內化情況越佳，治理網絡就越能夠達到既定的管制效果。然而，要如何衡量各個環境議題的內化情況？針對這個問題，本文發展出「內化係數」（Coefficient of Internalization）來進行評估，茲說明如下。

　　首先，透過社會化倡議分析架構可以發現，目標國內化的事物除了「國際制度」之外，尚包括觀念面的「環境規範」。兩者的差別在於：以臭氧層耗損為例，《維也納公約》與《蒙特婁議定書》是國際制度，而「停用破壞臭氧層物質以減緩臭氧層耗損問題」則是環境規範。或如，《氣候變遷架構公約》及《京都議定書》是全球暖化的國際制度，至於「降低溫室氣體排放量以減緩氣候變遷問題」則屬環境規範。

　　其次，國際制度雖然為目標國提供制度性的約束，但唯有同時內化環境規範才能確保該國達成既定的環境保護目標，而此種區分會讓內化階段出現三種結果（見圖 7-6）。

---

[1]　例如：Frank Schimmelfenning, 2000, "International Socialization in the New Europe: Rational Action in an Institutional Environment," op. cit., pp. 111-112. Jeffrey T. Checkel, 2001, "Why Comply? Social Learning and European Identity Change," op. cit., pp. 553-588.

國際制度

		批准	未批准
環境規範	實踐	完全內化	部分內化
	未實踐	部分內化	拒絕內化

圖 7-6：內化階段的可能結果

資料來源：筆者繪圖。

　　一，**完全內化**：目標國批准國際制度並且實踐環境規範，如暖化案例的歐盟 15 國。二，**部份內化**：意指目標國達成環境規範但拒絕加入國際制度，或雖然批准國際制度卻未實踐環境規範。以全球暖化來說明，前者的例子是阿富汗、2009 年以前的辛巴威、2006 年以前的新加坡等；而後者為加拿大、挪威等國之例。三，**拒絕內化**：目標國不願接受國際制度與環境規範，如暖化案例的美國、及 2009 年以前的土耳其等。

　　再者，「完全內化」的國家數量越多，治理網絡的成效越佳。以此思維為基礎，吾人便能建立以下公式來評估環境議題的內化情況。這個係數位於 1 到 0 之間，數值越接近 1，表示總體的內化情況越良好。

$$\text{內化係數}\ (i) = \frac{a}{a+b+c}$$

a：完全內化　　b：部分內化　　c：拒絕內化

　　另一方面，此處的分析方法是：一，由議定書的批准名單來判定該國是否接受國際制度。此外，從 CFCs 及 Halon 的生產與消耗、溫室氣體或二氧化碳的排放量等資料來判斷環境規範的實踐情形。二，分類並統計各國的內化結果。三，比較臭氧層耗損與全球暖化兩者的內化係數。

表 7-2：臭氧層耗損與全球暖化之內化係數

	臭氧層耗損	全球暖化（I）	全球暖化（II）
完全內化	非第五條國家： 48 第五條國家　：147	附件 B 國家：33	附件一國家　： 34 非附件一國家： 30
部分內化	0	附件 B 國家： 4	附件一國家　： 6 非附件一國家：117
拒絕內化	0	附件 B 國家： 1	附件一國家　： 1 非附件一國家： 1
無資料	0	0	6
n=	195	38	195
內化係數（i）	1	0.87	0.34

註：1. 附件一及附件 B 國家的執行情況係以溫室氣體排放量來判斷，單位：千噸（Gg）。
　　　而非附件一國家則以二氧化碳排放的平均趨勢來區分，單位：千噸（kt）。
　　2. 無資料的國家包括：吐瓦魯、紐埃、賴索托、諾魯、聖馬利諾、羅馬教廷。
　　3. 統計時段：至 2012 年 12 月為止。
資料來源：筆者按聯合國環境署（UNEP）、UNFCCC 與世界銀行（World Bank）的資
　　　　　料庫數據自行統計。UNEP Ozone Secretariat, 2012, "Data Access Center,"
　　　　　http://ozone.unep.org/new_site/en/index.php. UNFCC, 2012, "Time Series:
　　　　　Annex I," http://unfccc.int/2860.php. World Bank, 2012, "Data: CO2 Emissions
　　　　　（kt）," http://data.worldbank.org/.

　　最後，統計的結果如下（見表 7-2）：一，在臭氧層耗損案例中，所有
國家都批准國際制度並確實達成分階段停產的目標，其內化係數為 1。二，
若僅採計《京都議定書》的附件 B 國家，則全球暖化案例的內化係數為
0.87。拒絕內化者為美國，而加拿大、列支敦士登、紐西蘭、挪威等 4 國
雖批准議定書但未達到減排目標，所以屬於部分內化之類別。三，若把採
計的對象擴大到所有國家，暖化案例的內化係數大幅滑落至 0.34。諸如中
國、印度、伊拉克、巴西等 116 個非附件一國家並未控制或降低其二氧化
碳排放量，而阿富汗的排放量降低卻未批准議定書。[2]另外，拒絕內化的非
附件一國家為安道爾。

2　因為《京都議定書》未要求非附件一國家達成特定減碳目標，僅規範這些國家要採行相關
　政策或措施來改善排放情況（議定書第 10 條）。所以本文透過以下方式來評估非附件一國

四、權力

從權力互動的角度可以說明環境議題是由哪些行為者所主導，並且解釋治理網絡的成效。首先，倘若支持環境管制的行為者們能夠成功影響各國政府與民眾，使其產出符合己方偏好的政策、法規或實踐，則治理網絡會有最佳的管制效用。其次，如果僅有反對者能夠施加權力，國際管制將會窒礙難行，甚至讓治理網絡趨於瓦解。最後，假使支持與反對的兩方都各自獲得部分政府與民眾的支持，環境網絡將面臨阻礙。

在臭氧層耗損議題的各個發展階段中，支持理論的行為者們能夠持續影響政府與公民社會，進而形成環境法規並且擴大管制的幅度。而質疑理論的科學社群及企業僅能對媒體或民眾施加產出權力，無法改變政府的決策。

相反地，在全球暖化議題的成形初期雖由支持者獨佔影響政府的權力，但到中後期卻出現轉變。暖化理論的質疑者成功使美國退出國際管制，並且透過強制和產出權力來阻礙各國擬定新的環境制度。

五、科學不確定性（Scientific Uncertainty）

「科學不確定性」是科學與社會兩者共同建構出的產物，[3]造成不確定性的原因包括：研究技術的侷限、過於動態與複雜、變數繁多、缺乏直接證據等。[4]在科學不確定性的影響下，行為者對環境問題的因應措施會出現意見分歧之情況，進而降低治理網絡的管制效用。[5]

更精確而論，在某項科學論點被提出之後，無論是支持方或反對方皆希望提出新的證據來加以支持或反駁，並且設法讓政府將己方的見解轉化

家的環境規範實踐情況：若該國的二氧化碳排放趨勢下降或持平，便歸類為已實踐環境規範。但如果該國的排放量持續上升，則屬未實踐之類別。

[3] Dale Jamieson, 1996, "Scientific Uncertainty and the Political Process," *Annals of the American Academy of Political and Social Science*, Vol. 545, No. 1, pp. 35-43.

[4] Andrew Goudie, 1993, "Environmental Uncertainty," *Geography*, Vol. 78, No. 2, pp. 137-141.

[5] Nick Pidgeon and Baruch Fischhoff, 2011, "The Role of Social and Decision Sciences in Communicating Uncertain Climate Risks," *Nature Climate Change*, Vol. 1, No. 1, pp. 35-41. L. Mark Berliner, 2003, "Uncertainty and Climate Change," *Statistical Science*, Vol. 18, No. 4, pp. 430-435.

成政策行動。同時，這也會導致：僵局、駁斥、鞏固、及保留等四種情況。一，僵局：支持方與反對方都能提出證據來反駁彼此的論點並且說服政府。二，駁斥：反對方提出推翻論點的新證據並被政府接受。三，鞏固：支持方藉由新證據來推翻反對方的見解並得到政府支持。四，保留：彼此都無法提出證據來推翻對方的論點。

在這四種情況之中，科學不確定性由高至低分別為：僵局（高）、保留（中）、駁斥與鞏固（低）。此外，它們對治理成效形成的影響如下。一，鞏固：管制的成效最佳且穩定。二，駁斥：無法進行國際合作或治理網絡瓦解。三，僵局和保留：因為基於預防心理，所以行為者還是可能進行國際環境合作，但成效較差且不穩定（見圖 7-7）。

反對方：提出新證據且轉化成政策行動	支持方：提出新證據且轉化成政策行動——可以	支持方：提出新證據且轉化成政策行動——不行
可以	<u>僵局</u> 不確定性：高 治理成效：差	<u>駁斥</u> 不確定性：低 治理成效：無法合作或瓦解
不行	<u>鞏固</u> 不確定性：低 治理成效：最佳	<u>保留</u> 不確定性：中 治理成效：差

圖 7-7：科學不確定性與治理成效

資料來源：筆者整理。

就臭氧層耗損案例而論，在治理網絡成形的初期，支持與反對兩方是處於「保留」的情況。科學社群無法直接證明臭氧層耗損是 CFCs 所致，而企業界亦不能駁斥支持者的論點。但在 1987 年美國 NASA 的「機載南極臭氧實驗」之後，臭氧層議題轉變成「鞏固」情況，大幅降低科學不確定性。

另一方面，全球暖化案例則呈現科學不確定性最高的「僵局」情況。暖化理論的支持者與反對者都獲得某些國家的支持，並且能夠為自己的論點提供相關佐證。而此種局面至今仍未轉變，因此其不確定性始終未能降低。

六、制度設計

網絡的治理功效也與國際制度的設計有關，所謂的制度設計包括：加入或退出的限制、生效門檻、負擔責任的主體、預期目標、額度的計算方式、被管制物、基金提供者、期限等層面。

就臭氧層與全球暖化而論，它們的制度設計具有下列相同點：一，由已開發國家率先進行減量。二，已開發國家提供技術與資金來援助開發中國家。三，設定減量目標與期限。四，將特定物質列為被管制物。五，沒有加入或退出限制。六，開發中國家被認可具有發展的權利。

然而，這兩個案例的差異處如下：一，所有參與臭氧層管制的締約國都必須負擔分階段減量的責任，但在暖化管制中僅規定部分已開發國家要達成減碳目標。二，臭氧層管制以各國一體適用的方式來設定減量目標與期限，而暖化管制則為每個附件 B 國家分配不同的額度。三，《蒙特婁議定書》允許第五條國家擁有 10 年寬限期，同時明訂寬限期過後的減量標準。至於《京都議定書》則未設定非附件一國家的寬限期與額度。

七、大國（Major Powers）

此處討論的大國包括：美國、法國、德國、英國、日本、蘇俄（俄羅斯）等已開發國家，以及中國、印度、巴西等開發中國家。[6]這些國家的參與和領導也會影響環境治理網絡的管制成效。一，大國的參與情況：所有已開發及開發中大國都同意參與臭氧層耗損的國際管制，然而美國卻未加

6　本書是參酌以下文獻來選定這些國家：Thomas J. Volgy and Lawrence E. Imwalle, 1995, "Hegemonic and Bipolar Perspectives on the New World Order," *American Journal of Political Science*, Vol. 39, No. 4, pp. 819-834. Thomas J. Volgy and Alison Bailin, 2003, *Politics and State Strength*. Boulder, CO: Lynne Rienner Publishers, chaps. 3-4. Thomas J. Volgy, Renato Corbetta, Keith A. Grant, and Ryan G. Baird, 2011, *Major Powers and the Quest for Status in International Politics: Global and Regional Perspectives*. New York, NY: Palgrave Macmillan, chap. 1.

入暖化管制的行列。二，大國負擔責任的意願：雖然開發中大國獲得 10
年的寬限期，但亦必須分階段停產或停用破壞臭氧層物質。易言之，針對
臭氧層耗損問題，無論是開發中或已開發大國都願意負擔減量責任。但相
反地，在全球暖化案例裡，中國、印度、巴西、及美國等大國皆拒絕承擔
減低溫室氣體排放量的責任。

八、制度性的負向反饋

　　所謂「制度性的負向反饋」意指因國際環境制度的缺陷而產生的問
題，例如減量額度過少、忽略某些應管制的物質、負擔責任的國家數目不
足、主要污染國未被納入管制等。倘若治理行為者能夠修正這些問題，便
能有效地提升管制成果。

　　在臭氧層耗損案例中，經過倫敦、哥本哈根、北京等歷次修正案的
補充，不但擴大減量的額度與被管制物，更改善《蒙特婁議定書》本身
的缺陷。相反地，全球暖化案例的治理行為者們卻未能修正制度性的缺
陷。在第一承諾期的截止日屆臨之前，締約國之間不但因意見分歧而無
法擬定新的國際制度，部分國家甚至未達成《京都議定書》預定的減排
目標。

九、環境災害（Environmental Hazards）的特性

　　諸如 Ian Burton、Robert W. Kates、Gilbert F. White 等學者主張環境災
害所具備的特性會影響人們的決策，進而增強或降低國際合作的成效。[7]這
些研究者從「時間」與「空間」等兩個角度來區分各類災害的特質，並透
過下列指標來進行衡量：強度（Magnitude）、頻率（Frequency）、[8]持續時間
（Duration）、[9]肇端速度（Speed of Onset）、[10]時間間隔（Temporal Spacing）、[11]
分布範圍（Areal Extent）、[12]空間離散度（Spatial Dispersion）等。[13]

---

[7]　Robert W. Kates, 1971, "Natural Hazard in Human Ecological Perspective: Hypotheses
　　 and Models," *Economic Geography*, Vol. 47, No. 3, pp. 438-451. Ian Burton, Robert
　　 W. Kates and Gilbert F. White, 1993, *The Environment as Hazard*. New York, NY:
　　 Guilford Press.

[8]　指災害事件再度發生的時間週期。

[9]　指災害事件從發生到結束的時間長短，例如地震持續幾十秒、颱風影響數天等。

[10]　指徵兆出現到事件發生這段期間的長短與速度。

　　臭氧層耗損與全球暖化可能造成的環境災害包含：皮膚癌、破壞生態系統、海平面上升、加劇颶風威力、水資源匱乏、糧食短缺、沙漠化等。兩者皆具有災情嚴重、持續時間長達數百年、肇端速度緩慢、受災範圍廣及全球、以及空間離散度分散等特質。

貳、結果討論

　　茲將案例的比較結果整理如下（見表 7-3）。首先，在這 9 個變項之中，「行為者的參與積極度」與「環境災害的特性」兩者並不能解釋治理網絡成效不彰的緣由。因為全球暖化與臭氧層耗損的參與積極度都很高，暖化會議的參與者數量甚至超過臭氧層會議；而且它們皆具有相同的災害特性。由此可知，全球暖化的治理成效是受到：各國的環境管制意願、內化情況、權力運用、科學不確定性、制度設計、大國的參與情況與負擔責任的意願、制度性的負向反饋等 7 個變項的影響。

---

[11] 指災害發生的週期是具有規律或隨機出現。
[12] 指受到災害影響的地理範圍大小。
[13] 指災害事件是集中發生在特定地區，或分散發生在不同區域。資料來源：Ian Burton, Robert W. Kates and Gilbert F. White, 1993, *The Environment as Hazard*. op. cit., pp. 31-66.

表 7-3：環境案例之比較結果

		臭氧層耗損	全球暖化
相同處	治理行為者的參與積極度	積極且持續	
	環境災害的特性	災情嚴重、持續時間長達數百年、肇端速度緩慢、受災範圍廣及全球、空間離散度分散	
相異處	各國的環境管制意願	支持	遲疑或拒絕
	內化係數	1	(I) 0.87　　(II) 0.34
	權力	支持方獨佔影響政府與公民社會的權力	支持方與反對方皆能對政府與公民社會施加權力
	科學不確定性	由中轉低	高
	制度設計	1.所有締約國都必須負擔減量責任 2.以各國一體適用的方式來設定減量目標與期限 3.允許第五條國家擁有 10 年寬限期並明訂寬限期過後的減量標準	1.減碳目標僅及於部分已開發國家 2.每個附件 B 國家分配不同的額度。 3.未設定非附件一國家的寬限期與額度
	大國	1.參與情況：所有大國都同意參與 2.負擔責任的意願：所有大國都願意負擔減量責任	1.參與情況：美國未加入國際管制 2.負擔責任的意願：中國、印度、巴西、及美國拒絕承擔減排責任
	制度性的負向反饋	修正缺陷	無法修正

資料來源：筆者整理。

　　其次，這 7 個變項之間的運作機制為何？易言之，它們是如何對暖化的治理成效造成阻礙？本文採用「包含」和「交集」的方式來說明其間的關係。當 B 變項被 A 變項包含在內時，表示 A 對 B 產生影響。而若 C 變項與 D 變項之間存在著交集，則代表兩者相互影響（見圖 7-8）。

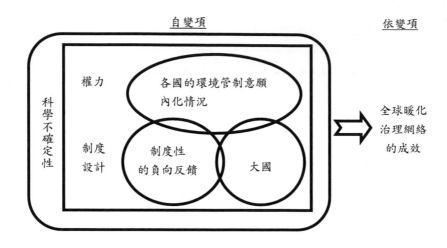

圖 7-8：成效影響因素之運作機制

資料來源：筆者繪圖。

接下來將分析這 7 個變項彼此之間的運作機制。一，科學不確定：不確定性是所有不利因素的基礎，它同時影響到權力運作情況、制度設計、對負向反饋的修正、大國、各國的管制意願、以及內化情況。因為全球暖化的不確定性高，所以支持者與反對者都能向政府或民眾施加權力，同時使得國際制度不能採一體適用的方式來規範締約國的減排目標。另外，不確定性也讓大國和其他國家的參與意願降低，並且造成內化程度不佳以及無法修正制度缺陷等情形。

二，權力與制度設計：因為治理行為者未能獨佔權力施加的地位，所以各國對暖化問題有著不同的看法，導致部分國家拒絕參與國際管制、實踐環境規範、或調整國際制度。此外，《京都議定書》的制度設計是讓少數締約國承擔削減排放量與提供資金的責任，這雖然能夠增強開發中國家的參與動機，卻會降低締約國整體的履行意願及內化情況。對於附件 B 國家而言，它們可藉由指責其他國家的方式來推卸責任。同時，開發中國家因為無需面對期限與額度的壓力，所以大多不會確實履行環境規範。最重要的是，在論及調整國際制度的事項時，多數國家將拒絕被列入正式的減排名單中。

　　三，各國的管制意願與內化情況：世界各國對環境管制所持的態度不但決定了新一輪國際制度的內容與調整幅度，更影響到大國的政策立場。另外，完全內化的國家數量越多，越能向未加入管制的大國帶來外交壓力並且改正制度缺陷。因為暖化案例的內化情況不佳，而且附件 B 國家對管制抱持著遲疑的態度，所以無法形成有效的外交壓力並大幅修改制度。

　　四，制度性的負向反饋：當締約國自 2007 年開始著手調整《京都議定書》的架構時，便因為各國意見分歧而無法擬定更有效的國際管制措施。既有的制度存在著減量額度過少、某些污染國未受管制、多數締約國未設定減量目標等問題，這些缺陷不但使大國和其他已開發國家的參與意願降低，更對各個國家的內化情況形成負面影響。

　　五，大國：大國的參與可以發揮示範與領導的效用，有助於國際制度的履行或更新。但在暖化案例中，美國、中國、印度等都拒絕負擔減低排放量的責任，[14]更影響到其他國家的執行意願和內化情況。同時，大國在環境政策上出現的分歧也會阻礙暖化制度的革新。

　　綜合而論，這 7 個變項在經過前述運作機制後，最終導致全球暖化治理成效不彰的結果。從另一個角度來說，若要改善網絡的功效，治理行為者們必須設法完成下列事項：降低科學不確定性、支持方獨佔權力施加的地位、更改制度設計、轉換各國的環境管制意願、提昇內化情況、增強大國負擔責任的意願、以及修正制度缺陷等。

第三節　國際合作理論與環境治理

　　接下來將透過環境案例來檢證國際合作理論的解釋能力，鋪陳的脈絡如下：首先，本文將個別整理現實主義、新自由制度主義、及社會建構主義的國際合作論點，並且指出以此論點為基礎的環境治理命題（proportion）。其次，透過臭氧層耗損與全球暖化等案例來觀察這些命題是否成立，進而評估理論的解釋力。最後，統整傳統國際合作理論的缺陷，並說明本書提出的分析視角對此有何增益。

---

[14] 因為這些大國是全球前幾大溫室氣體排放國。

壹、基本論點與命題

在第二章當中已介紹過國際合作的基礎論點，此處將由這些論點汲取出待驗證的命題，分述如下。

一、現實主義的環境治理命題

首先，現實主義的理論觀點包括以下三者：一，（A1）在人性（human nature）或無政府狀態結構等因素的影響下，[15] 國家僅能尋求「自助」（self-help）並將安全與相對利益置於首位。國際合作和國際建制是國家為了生存或鞏固地位而採行的暫時作為，[16] 倘若有損其安全與自我利益，則國家會選擇背叛集體利益。二，（A2）國家是國際政治當中的主要行為者，其他如國際建制、非政府組織等只能接受國家的主導。[17] 三，（A3）國家在國際體系結構中的地位會影響其能力與作為。[18] 國際合作必須依賴霸權國的領導，霸權國的軍事與經濟能力可以左右國際合作的成敗。[19]

---

[15] Mongenthau 主張國際政治受到人性客觀法則的支配，而 Waltz 則將認為無政府狀態結構制約了國家的行動。請參閱：Hans J. Morgenthau, 1948, *Politics among Nations: The Struggle for Power and Peace.* op. cit., pp. 3-4. Kenneth N. Waltz, 1979, *Theory of International Politics.* op. cit., pp. 60-101.

[16] G. John Ikenberry, 2001, *After Victory: Institutions, Strategic Restraint, and the Rebuilding of Order after Major Wars.* Princeton, NJ: Princeton University Press, pp. 3-49. John J. Mearsheimer, 2001, *The Tragedy of Great Power Politics.* New York, NY: W. W. Norton & Company, Inc., pp. 17-22.

[17] Kenneth N. Waltz, 1999, "Globalization and Governance," op. cit., pp. 693-700. John J. Mearsheimer, 1994, "The False Promise of International Institutions," *International Security,* Vol. 19, No. 3, pp. 5-49. Stephen D. Krasner, 1994, "International Political Economy: Abiding Discord," *Review of International Political Economy,* Vol. 1, No. 1, pp. 13-19.

[18] Kenneth N. Waltz, 1979, *Theory of International Politics.* op. cit., pp. 97-99.

[19] Waltz 認為諸如貧窮或污染等公共問題只能仰賴大國（尤其是霸權國）的領導，最好採俱樂部型態的管理形式，而且霸權國與其他國家的能力差距越大越好。Kenneth N. Waltz, 1979, *Theory of International Politics.* op. cit., pp. 194-210. 或如 Robert Gilpin 主張全球治理不是一種可行的國際管理方式，要解決問題最終還是要仰賴大國合作的管理模式。Robert Gilpin, 1987, *The Political Economy of International Relations.* Princeton, NJ: Princeton University Press. Robert Gilpin, 2001, *Global Political Economic: Understanding the International Economic Order.* op. cit., pp. 93-102. 另可參閱：Stephen D. Krasner, 1976, "State Power and the Structure of International Trade," *World Politics,* Vol. 28, No. 3, pp. 317-347.

其次，透過前述論點，吾人可以得出三種待驗證的命題：

A1-H1： 全球環境治理的發展過程充斥著競爭與衝突，雖然各國能夠合作並形成治理網絡，但因為經濟利益與權力政治之影響必然導致失敗的結局。[20]

A2-H2： 國家在環境網絡的發展與執行過程中掌握主導權力，非國家行為者的影響力極低。

A3-H3-1： 全球環境管制若未得到霸權國支持，則國家間必然無法合作。

A3-H3-2： 全球環境管制若未獲得霸權國支持與參與，則治理成效必定不彰。

最後，這裡一併指出在何種情境下此命題會受到駁斥。一，A1-H1：全球環境治理在利益與權力政治的考量下依然持續運作並管制問題。二，A2-H2：非國家行為者擁有環境管制的權力並負擔重要功能、以及非國家行為者能夠影響或主導國家的環境政策與作為。三，A3-H3-1：雖然霸權國未參與，但依舊可以進行國際環境合作。A3-H3-2：霸權國未加入國際管制，但治理成效仍然卓著。

二、新自由制度主義的環境治理命題

新自由制度主義十分強調「國際建制」發揮的功用，其基本論點如下：一，（B1）即使身處無政府狀態結構當中，國家之間仍存在著合作的動機，因為「共同利益」也是國家考量的重點。藉助國際建制來消除不確定性以及降低交易成本，國家便能在追求安全與自我利益的條件下持續進行國際合作。[21]二，（B2）國家雖然是主要行為者，但已經無法獨力處理複雜互賴

---

20 例如 Cleo Paskal 和 Gwynne Dyer 等兩位學者在《全球警戒》及《氣候戰爭》這兩本書中指出氣候變遷問題會導致國家之間出現地緣政治競逐、爭奪西北航道與北極礦藏等結局。請參閱：Cleo Paskal, 2010, *Global Warring: How Environmental, Economic, and Political Crises Will Redraw the World Map.* New York, NY: Palgrave Macmillan. Gwynne Dyer, 2008, *Climate Wars.* Toronto, CA: Vintage Canada.

21 Arthur A. Stein, 1982, "Coordination and Collaboration: Regimes in an Anarchic World," op. cit., pp. 299-324. Stephen D. Krasner, ed., 1983, *International Regimes.* op. cit. Kenneth A. Oye, ed., 1986, *Cooperation under Anarchy.* op. cit. Robert O.

世界中的諸多跨國問題；[22]透過國家與非國家行為者的共同合作將有助於解決這些問題。[23]此外，非國家行為者亦能影響或約束國家的決策和行動。三，（B3）國際合作無須仰賴霸權國的領導，即使霸權國衰退或拒絕參與也不必然會導致國際合作瓦解。[24]同時，霸權國很難將自身的軍事力量轉化成環境議題的權力資源。[25]四，（B4）國際合作和國際建制不是霸權國謀取私利的工具，霸權國必須犧牲短期利益來獲取他國的支持，並且接受國際建制的規範以維持良好的聲譽。[26]

接下來，新自由制度主義待驗證的命題包括：

B1-H1-1：在處理環境問題時，各國透過國際建制來進行談判、合作、監督等工作。

B1-H1-2：國際建制可以降低國家在安全與利益等方面的疑慮。

B2-H2-1：非國家行為者與國家共同處理全球環境問題。

B2-H2-2：非國家行為者能夠影響並約束政府的決策與行動。

B3-H3-1：在霸權國拒絕參與的情況下，國際合作還是可能出現，而環境治理網絡也未必會因此瓦解。

Keohane, 1984, *After Hegemony: Cooperation and Discord in the World Political Economy*. op. cit. Robert O. Keohane, ed., 1986, *Neorealism and its Critics*. New York, NY: Columbia University Press. Robert O. Keohane and Joseph S. Nye, 1989, *Power and Interdependence*. op. cit. David A. Baldwin, ed., 1993, *Neorealism and Neoliberalism: The Contemporary Debate*. New York, NY: Columbia University Press. Robert O. Keohane and Lisa L. Martin, 1995, "The Promise of Institutionalist Theory," *International Security*, Vol. 20, No. 1, pp. 39-51.

[22] Robert O. Keohane and Joseph S. Nye, 1989, *Power and Interdependence*. op. cit. Robert O. Keohane, 1997, "Problematic Lucidity: Stephen Krasner's 'State Power and the Structure of International Trade'," *World Politics*, Vol. 50, No. 1, pp. 150-170.

[23] Robert O. Keohane, 2001, "Governance in a Partially Globalized World Presidential Address, American Political Science Association 2000," op. cit., pp. 1-13.

[24] Robert O. Keohane, 1984, *After Hegemony: Cooperation and Discord in the World Political Economy*. op. cit.

[25] Joseph S. Nye, Jr., 2004, *Soft Power: The Means to Success in World Politics*. New York, NY: Public Affairs. Joseph S. Nye, Jr., 2011, *The Future of Power*. New York, NY: Public Affairs.

[26] Robert O. Keohane, 1984, *After Hegemony: Cooperation and Discord in the World Political Economy*. op. cit. G. John Ikenberry, 2001, *After Victory: Institutions, Strategic Restraint, and the Rebuilding of Order after Major Wars*. op. cit., pp. 3-49.

B3-H3-2：在全球環境議題的談判過程中，軍事能力越強的國家不代表越能影響決策結果。

B4-H4-1：霸權國犧牲短期利益來推動國際環境合作。

B4-H4-2：倘若霸權國拒絕遵守環境制度，將導致其他國家不願參與國際合作。

　　最後，這些命題在下述情境中會受到駁斥。一，B1-H1-1：各國沒有透過國際建制來處理環境問題。B1-H1-2：國際建制完全無法降低國家的安全和自利疑慮。二，B2-H2-1：國家可以獨力處理環境問題，無須非國家行為者的參與。B2-H2-2：非國家行為者僅受國家上對下的主導，無法發揮任何影響力。三，B3-H3-1：只要霸權國拒絕加入，國際合作必然無法成形，治理網絡也會因而瓦解。B3-H3-2：國家的軍事能力越強，在環境議題的決策過程中越有影響力。四，B4-H4-1：霸權國不會為環境問題犧牲任何利益。B4-H4-2：雖然霸權國拒絕加入環境制度，但其他國家仍願意遵守並共同合作。

三、社會建構主義的環境治理命題

　　首先，社會建構主義強調觀念、互動、以及互為主體的建構等方面之事物，主要論點包含：一，（C1）無政府狀態不是一種既定的結構，它的性質會因行為者的互動而改變。國家在互動過程中建構出對他國的認同（友好、競爭、敵對），而友好的認同能夠使該國願意自我約束並且和對方進行國際合作。[27]二，（C2）存在於國際與國內層次的文化或制度要素會塑造國家的認同、意識形態（ideology）等觀念面的事物，這些事物影響到國家的利益及政策行動。最後，國家產出的政策行動又進而改變這些文化或制度要素。[28]

---

[27] Alexander Wendt, 1992, "Anarchy is what States Make of It: The Social Construction of Power Politics," op. cit., pp. 391-425. Alexander Wendt, 1994, "Collective Identity Formation and the International State," op. cit., pp. 384-396. Wendt, Alexander, 1999, *Social Theory of International Politics*. op. cit., pp. 193-312. Stefano Guzzini and Anna Leander, eds., 2006, *Constructivism and International Relations: Alexander Wendt and his Critics*. New York, NY: Routledge.

[28] Ronald L. Jepperson、Alexander Wendt 與 Peter J. Katzenstein 將這些要素命名為「環境結構」（environmental structure）。請參閱：Ronald L. Jepperson, Alexander Wendt

其次，社會建構主義待檢證的命題如下：

C1-H1-1：「友好」的認同會使國家願意自我約束並且參與環境合作。

C1-H1-2：「競爭」的認同會讓國家關心自我利益，但透過國際制度
（國際法、主權、國際組織等）能使國家願意約制自身的
行動。倘若環境合作與自我利益相符，則該國便願意參與。
倘若有損自身利益且不受其他因素之限制（例如需承受高
代價的懲罰），則國家便不願參與環境合作。

C1-H1-3：「敵對」的認同造成國家僅著重安全和自我利益，並且拒
絕參與環境合作。倘若存在著龐大且立即的懲罰，國家會
暫時參與並遵守環境管制。然而一旦此種懲罰消失或不存
在，則國家將拒絕參與。

C2-H2：　新的環境問題或國際制度會重新塑造國家的環境保護觀
念，在此觀念的影響之下，國家開始重視這個問題所造成
的利益損失，並採取諸如加入國際制度、或擬訂法規等政
策行動。而這些行動又會進而影響到既有的國際制度與環
境思維。

　　最後，駁斥這些命題的情境包括。一，C1-H1-1：在友好的認同之下，
國家不願進行環境合作。C1-H1-2：在競爭且不符合自我利益的情況下，
國家卻願意參與環境合作。另外，當環境管制與自我利益相符時，國家卻
不願意參與。C1-H1-3：在敵對認知以及缺乏懲罰的情況之下，國家選擇
持續參與環境合作。二，C2-H2：環境問題或國際制度皆不會改變國家的
環境保護觀念、環境觀念對國家的利益和政策沒有任何影響、以及國家的
政策行動無法影響環境問題與國際制度。

and Peter J. Katzenstein, 1996, "Norms, Identity, and Culture in National Security,"
in Peter J. Katzenstein, ed., *The Culture of National Security: Norms and Identity in
World Politics*. New York, NY: Columbia University Press, chap. 2.

貳、理論解釋力之評估

　　接著將透過環境案例來檢證國際合作理論的命題，此處的目標不是比較這三個理論的解釋力強弱，而是個別指出這些論點能否解釋案例的實際發展情況。

　　前述命題的分析結果如下（見表 7-4），其中包括成立、成立但需修正、部分成立、駁斥等四類情況。所謂的「成立」指命題得到實際案例的支持。「駁斥」指命題未獲得案例支持。「成立但需修正」意指雖然這個命題與實際案例相符，但其論點必須再進一步修改。而「部分成立」表示命題雖然適用於某些案例，但它是否成立必須視條件而定。

　　首先，現實主義視角的環境治理論點與實際案例不盡相符。一，（A1-H1）雖然國際合作的過程確實充滿了衝突且某些國家背叛集體利益，例如歐洲國家在早期不願刪減 CFCs 使用量、企業團體出資阻礙環境管制、或美國以經濟利益為由拒絕批准《京都議定書》等。但臭氧層耗損和全球暖化的治理網絡仍舊成功發展並持續運作。因此，即使身處無政府狀態結構中，所有國家也未必會出現相同的回應或作為，[29]而國際合作亦不是暫時或必然失敗的現象。

表 7-4：國際合作理論的命題分析結果

	命題	結果	命題	結果
現實主義	A1-H1	駁斥	A2-H2	駁斥
	A3-H3-1	部分成立	A3-H3-2	部分成立
新自由制度主義	B1-H1-1	成立	B1-H1-2	部分成立
	B2-H2-1	成立	B2-H2-2	成立
	B3-H3-1	成立	B3-H3-2	成立
	B4-H4-1	部分成立	B4-H4-2	部分成立
社會建構主義	C1-H1-1	成立（修正）	C1-H1-2	成立（修正）
	C1-H1-3	成立（修正）	C2-H2	成立

資料來源：筆者整理。

---

[29] Waltz 認為在結構的制約下國家行為會出現同質的結果。請參閱：Kenneth N. Waltz, 1979, *Theory of International Politics*. op. cit., pp. 74-78.

二，（A2-H2）國家掌握了談判、訂立國內制度、批准國際公約等權力，它是國際環境合作的主體以及倡議行為者試圖影響的目標。然而，不能因此即認定非國家行為者毫無影響或僅能接受國家的主導。例如，科學社群和非政府組織在環境問題的發現與倡議等方面扮演著關鍵角色。此外，國家也必須仰賴國際組織來進行資料蒐集、意見整合、以及擬定報告等工作。或如，企業團體的反對力量能夠阻礙甚至推翻柯林頓政府的暖化決策。這些例子突顯出國家並未獨佔國際環境合作的舞台，非國家行為者亦有其貢獻或政策影響力。

三，（A3-H3-1）在推行全球環境管制時，倘若有霸權國的領導確實能夠增加其他國家參與國際合作的意願。以臭氧層耗損為例，在美國政府的推動下，各國雖然意見分歧但仍通過國際制度，而且許多非第五條國家在 1 年內即批准議定書。但這是否意味著霸權國具有不可取代的地位？本書認為關鍵點應該在「數個大國」的領導上，而不是由霸權國獨掌此角色。例如，即使美國退出暖化管制體系，但在歐盟國家的領導以及俄羅斯、日本、加拿大等國的參與之下，《京都議定書》仍然順利生效。這個例子反映出國際環境合作需要的是數個大國的領導，而非僅能仰賴霸權國。從另一個角度來說，在臭氧層案例裡，假使美國政府未獲得其他大國的認同，它也無力推動環境管制。總而言之，大國的共同領導才是促成環境合作的關鍵因素。

四，（A3-H3-2）就治理成效觀之，臭氧層耗損與全球暖化兩者有著明顯的差異。但吾人能否據此斷定這種差異是因為霸權國拒絕參與而導致？在提供公共資源方面，霸權國確實有其重要地位，例如美國提供資金與技術來協助開發中國家。但就「治理成效」這個主題而論，諸如科學不確定性、權力運作、制度設計、內化情況等要素才是問題的核心。在這些要素未改進的情況下，即使霸權國同意加入國際管制，治理的成效依然不會提升。

其次，新自由制度主義的論點大部分都能切合環境案例，但仍有幾個不符之處。一，（B1-H1-2）國際建制的確能夠降低國家的疑慮並提升合作的動機，例如各國透過聯合國環境署、世界氣象組織等機構成功進行環境合作。然而，國際建制並不能夠保證國家願意履行或參與國際制度。以暖化問題為例，雖然成立了 IPCC、INC/FCCC 等機構，美國依舊因為利益考量而拒絕加入管制體系。因此「國際建制可以降低國家在安全與利益等方面的疑慮」這個論點必須視情況才能成立。

二，（B4-H4-1）在臭氧層耗損案例裡，霸權國透過犧牲短期利益的方式來促成國際合作，例如率先禁用 CFCs 噴霧罐及分階段減量、開發中國家擁有 10 年寬限期、提供環境基金等。然而，在全球暖化案例當中霸權國卻未實行減低排放量的承諾。從這兩個例子可以發現，在不同的情境下，霸權國犧牲短期利益的意願與幅度會出現變化。

三，（B4-H4-2）其他國家的合作意願確實會受到霸權國立場的影響，例如柯林頓政府派遣副總統 Gore 出席 1997 年的第三屆締約國大會（COP3），目的即是希望向其他與會國表明美國政府支持《京都議定書》決心。或如，加拿大在 2011 年以美國未加入為由宣布退出《京都議定書》之例。然而，霸權國並不是決定性的因素，真正的關鍵點還是在於「多數大國」的立場。倘若多數大國皆願意加入，則其他國家還是會有合作的意願。以全球暖化為例，雖然美國拒絕參與管制，但至 2012 年為止還是有 192 個國家批准議定書。

四，新自由制度主義與環境案例相符之處如下：（B1-H1-1）各國透過國際環境建制來進行談判、合作、或監督等工作。（B2-H2-1）非國家行為者與國家共同處理全球環境問題。（B2-H2-2）非國家行為者能夠影響政府的決策並且約束政府的作為，例如在非政府組織和科學社群的影響下，加州、夏威夷州、亞利桑那州等自行訂立減排標準。（B3-H3-1）即使霸權國拒絕參與，國際合作還是可能出現，而環境治理網絡也未必會因此瓦解。（B3-H3-2）軍事能力越強的國家不代表越能影響環境議題的談判結果，例如萬那杜、貝里斯、吐瓦魯等小島國家在氣候談判會議上亦有決策影響力。

最後，社會建構主義的優點在於可以說明（C2-H2-1）「觀念」與「國家政策行動」兩者間的相互建構關係。例如，在各國通過《京都議定書》後，許多國家開始將「防止全球暖化」列為新的環境保護觀念並且擬定減排方案或批准議定書，而這些國家的政策行動又進一步影響國際制度的內涵。

　　另一方面，社會建構主義關注到觀念要素的角色，從而能夠解釋國家在政策行動上出現的差異。一，（C1-H1-1）友好的認同導致國際合作，例如美國、英國、法國、日本等基於過去互動所塑造出的友好認同，所以願意共同處理臭氧層耗損與全球暖化問題。二，（C1-H1-2）競爭的認同造成國家關心自我利益，如美國與中國之間存在著競爭的認同，因為中國未受到減排量目標的拘束，所以美國不願降低溫室氣體排放量。三，（C1-H1-3）敵對的認同使國家拒絕參與環境合作。

　　然而，這些論點有著幾個需修正的問題：一，就所有環境合作的成員而論，其中包括具備友好、競爭、和敵對關係的國家，此時研究者便難以將國家的政策行動歸類為是特定認同所導致，因為環境合作集團內部的互動與認同呈現混雜的狀態。例如，美國與北韓之間有著敵對的認同，但為何北韓願意加入臭氧層和暖化的管制體系？既然美國與歐盟國家之間存在著友好認同，為何美國拒絕加入暖化管制？抑或美國與歐盟存在著競爭認同？二，透過認同所做出的解釋有時會出現矛盾的情況，例如環境管制也會傷害歐盟國家的經濟利益，為何它們願意推動溫室氣體管制？難道歐盟與其他國家都是友好且非競爭的關係？

參、社會化倡議歷程分析架構的理論貢獻

　　提出「社會化倡議歷程分析架構」的目標不是為了建立新的國際關係理論，而是藉此探討治理網絡的發展與互動。除此之外，本文亦希望這個分析視角能具有改善或增益理論觀點的貢獻，茲分述於後。

　　首先，就解釋能力的檢證結果而論，現實主義、新自由制度主義、及社會建構主義各有需補強的缺陷。一，現實主義能夠說明國際環境合作的失敗緣由並彰顯霸權國的重要角色，但無法解釋為何某些國家願意犧牲自我利益來進行環境管制，以及環境治理網絡並未因國家的自利或霸權國的退出而瓦解。二，新自由制度主義關注到國家能力的侷限及非國家行為者的貢獻，並解釋為何在無政府狀態下國際合作仍然具有持續性。但是它僅強調建制對國際合作發揮的正面影響，並未說明國家是經由何種過程而接受國際制度的拘束。三，社會建構主義關注到觀念要素發揮的作用，藉此

解釋國家政策行動的差異以及觀念與國家兩者是如何相互建構。然而，它的缺點在於尚未發展出細緻的架構來整合各類行為者、制度與觀念，以及說明其間的細部互動或發展脈絡。

　　其次，社會化倡議歷程分析架構能夠補充前述缺陷。一，傳統國際合作理論分別由權力政治、國際建制、及觀念等視角來分析全球治理，但這些個別的視角無法為治理網絡的變化與運作提供完整詮釋，而本文提出的社會化倡議歷程分析架構則改善此一不足（見圖 7-9）。

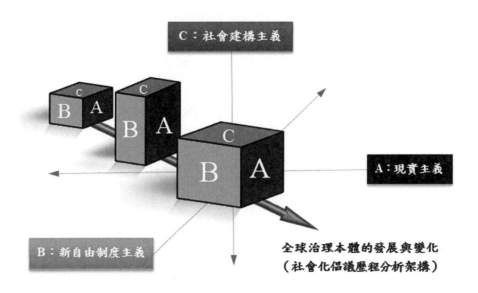

圖 7-9：理論視角與全球治理本體

註：英文字母與虛線箭頭代表現實主義、新自由制度主義、及社會建構主義的視角，
　　立方體為不同時期的全球治理本體，實線箭頭表示全球治理本體的發展方向。
資料來源：筆者繪圖。

　　二，針對國家願意犧牲自我利益之主題，新自由制度學派主要是從公共利益、國際建制、和理性估算等角度來解釋，但卻鮮少提及「非國家行為者的倡議」、「學習」、及「知識或觀念」所扮演的角色。從社會化倡議歷程分析架構可以發現，國家不但因倡議行為者的影響而放棄自利的政

策，更在互動過程當中自我學習。另外，知識或觀念也能改變國家的理性
估算模式，進而提升其追求公共利益的意願。例如，歐盟國家擺脫過去僅
考量軍事、經濟、政治利益的思考模式，開始將臭氧層耗損或全球暖化問
題造成的損失視為重要利益。

　　三，新自由制度主義從理性估算、不確定性、責任歸屬、或交易成本
等角度來解釋國際建制如何讓合作具有持續性，但未說明國家接受國際制
度的歷程與運作機制；而社會化倡議歷程分析架構則透過內化階段來解釋
其間的過程。

　　四，新自由制度主義透過搭便車、市場失靈、資訊不對稱等概念來介
紹集體行動的困境，並且解釋如何藉由制度性的事物來提升管制成效。[30]
而社會化倡議歷程分析架構則指出，諸如科學不確定性、權力、內化情
況、大國與其他國家的意願等都會讓治理成效不彰。換言之，國際建制理
論必須關注到觀念面，唯有使國家同時接納制度與規範才能確保治理的有
效性。

　　五，社會建構主義雖然說明了觀念與國家之間的建構關係，但其分析
脈絡係從「制度或觀念出現」開始，直至「國家產出政策行動」為止。而
社會化倡議歷程分析架構擴大了分析的範圍，涉及的過程包含問題和規範
的塑造、國際制度的建構、制度與觀念的內化、政策行動產生的反饋與擴
散效應、再回饋、以及網絡的未來發展等。

　　六，社會建構主義從認同的角度說明國家的政策實踐，但其解釋有時
會出現矛盾。例如在經過臭氧層議題成功的互動經驗之後，美國應該對其
他國家存在著友好認同，然而事實卻不是如此。在同樣的時空背景之下，
為何美國在臭氧層耗損議題是以友好認同看待其它國家，但在暖化議題卻
轉變成競爭認同？既然認同會因為議題的不同而發生變化，那麼此種解釋
方式便需要進一步調整。

　　而社會化倡議歷程分析架構則主張國家是以理性估算來決定行動，每
個國家的政策選項優先次序各有差異。雖然臭氧層議題的合作經驗良好，
但美國不願承擔溫室氣體管制帶來的龐大成本與失去經濟優勢的風險，此

---

30 Robert O. Keohane, 1984, *After Hegemony: Cooperation and Discord in the World Political Economy*. op. cit., pp. 49-134.

估算之結果讓美國政府的認同從友好轉為競爭。另一方面,對歐盟國家而言,暖化問題帶來的損失高於短期的經濟利益,而推動暖化管制與碳排放交易又能提升國際聲譽與領導地位。是故,歐盟在全球暖化議題上維持著友好的認同。

再者,社會化倡議歷程分析架構能深化吾人對「內化」概念的認識。在國際社會化學者們的研究設計當中,被目標國內化的規範或制度都具有「特定」或「單一」的性質,例如民主、人權、或自由貿易等。[31]倘若目標國不願接納特定制度或規範,即表示此主體未被社會化。

然而,前述研究設計所得出的詮釋並不能適用在環境議題上。在傳統的內化觀點之下,美國拒絕批准京都議定書(特定國際制度)以及不願透過刪減途徑來防止暖化(特定國際價值),這意味著社會化途徑無法影響美國。但此種詮釋並未反映出實際情況,而且也無法解釋為何某些國家雖然不願接受國際制度與規範,但它卻願意透過其他途徑來追求相同的環境保護目標。例如,在全球暖化案例中,美國積極發展調適方案並提供環境基金。易言之,倘若過度限縮「被內化事物」的概念界定,將會使得理論觀點與實際情況不符,並且忽略制度或規範本身所具備的多樣性與對立性。

針對這個主題,本文提出的論點如下:一,當某項環境議題被提出、獲得廣泛重視、並進入社會化的程序之後,行為者的內化過程是持續進行的。意即社會化不是單向的過程,而是持續進行的循環過程。

二,行為者會因時空環境的變化、新知識或新現象的發現等因素而選擇不同的立場。此種「立場轉換」的特性在過去鮮少受到國際社會化學者關注,然而在環境案例中卻可以發現此種情況。例如在臭氧層耗損案例中,因為科學證據的發現使得各國願意加速停產的期限及擴大被管制物的品項。

三,針對既有的環境制度與規範,行為者們抱持著不同的觀點並且形成支持與反對等兩種立場。持反對立場的行為者亦是被社會化的主體之

---

31 請參閱:Thomas Risse, Stephen C. Ropp, and Kathryn Sikkink, eds., *The Power of Human Rights: International Norms and Domestic Change*. op. cit. Alexandra Gheciu, 2005, "Security Institutions as Agents of Socialization? NATO and the 'New Europe'," *op. cit.*, pp. 973-1012. Alexander Warkotsch, 2007, "The OSCE as an Agent of Socialization? International Norm Dynamics and Political Change in Central Asia," op. cit., pp. 829-846.

一，啟動此程序的開端是「對主流環境制度與規範的不滿」，而它們內化的事物是「另一套環境保護思維與解決方案」。

　　更精確而論，社會化不是一種單面的過程，[32]在其脈絡之中同時包含著正面與反面等兩種要素。[33]基於自身的理性估算，某些行為者接受正面的觀點（刪減溫室效應氣體），因而採取加入治理網絡之立場。但亦有部分行為者接受反面的觀點（反對既有的管制方式），所以試圖調整管制架構。[34]這兩類行為者透過權力與資源來博取支持並形成對立的集團，進而影響全球環境治理網絡（見圖 7-10）。易言之，無論是支持者或反對者皆是社會化的主體，吾人不能因國家拒絕內化國際制度即論定這個主體未被社會化。

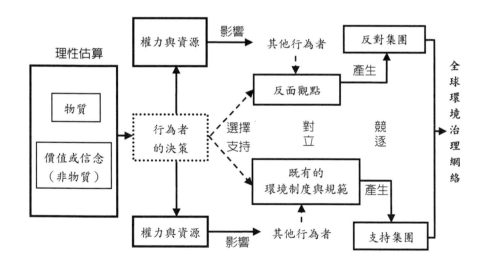

圖 7-10：社會化倡議歷程中的複合立場與競逐

資料來源：筆者繪圖。

---

[32] 所謂的「單面」意指行為者僅能接納特定規範、信念及制度。
[33] 此處提及之正面或反面僅用來表示不同的觀點，並不涉及好或壞之涵義。
[34] 此種「正／反」勢力的交錯情況亦出現在國內層次的社會化過程之中。例如：父權與女性主義之辯。在公民社會的傳統思維中，是以父權價值作為主體。針對此價值，女性主義者抱持著反對的觀點。無論是父權或女權觀點，兩者都是在同一個社會化過程中形成的。因此吾人不能因為某一行為主體不接受（內化）父權價值，便論定該主體未被社會化。

　　四，必須在此說明的是，「內化事物的差異性」以及「部分內化」兩者的概念內涵有差異。部分內化意指國家並未同時接受國際制度和環境規範。而內化事物的差異性則著重既有制度與反面觀點之間的競逐關係，進而說明即使行為者未接受國際制度，它依然還是受社會化歷程影響的主體。

　　最後，基於美國拒絕加入國際管制的政策作為，可否據此將其定位成「搭便車者」？透過內化事物的差異性之觀點，本文認為搭便車理論無法充分解釋暖化案例，理由分述於後。

　　雖然美國沒有參與《京都議定書》，但卻投注高額的經費在相關的國際活動上。以「全球環境基金」為例，美國政府自願認繳的額度高於英國、法國、德國、日本等大國，而俄羅斯、中國、印度等被列為受援助國，僅需繳交低額的資金（見表 7-5）。

表 7-5：1994 年至 2013 年全球環境基金之認繳情況

時期	非受援國					受援國		
	美國	英國	德國	法國	日本	俄羅斯	中國	印度
GEF-1	306.92 (20.86)	96.04 (6.15)	171.30 (11)	102.26 (7.02)	295.95 (18.70)	0	4	6
GEF-2	313.35 (20.84)	101.23 (6.58)	160.32 (10.66)	105.54 (7.02)	300.67 (20)	4	6	6.56
GEF-3	339.15 (17.94)	149.91 (7.93)	231.62 (11)	128.84 (6.81)	333.41 (17.63)	0	8.44	7.99
GEF-4	218.18 (20.86)	171.88 (6.92)	201.14 (11)	128.70 (6.81)	207.96 (17.63)	0	7.10	6.72
GEF-5	375.23 (13.07)	214.43 (9.28)	312.64 (13.53)	194.16 (8.4)	329.55 (14.26)	7.10	9.79	6.39

註：1. 單位：百萬特別提款權（Special Drawing Rights, SDRs）。
　　2. 括弧內的數字為百分比。
　　3. 全球環境基金（GEF）以四年為一期，每期各國認繳特定比例的金額。GEF-1
　　　　期：1994 年至 1997 年。GEF-2 期：1998 年至 2001 年。GEF-3 期：2002 年至
　　　　2005 年。GEF-4 期：2006 年至 2009 年。GEF-5 期：2010 年至 2013 年。
　　4. 某些被列為接受基金援助的國家也要認繳部分金額，例如中國、俄羅斯、阿根
　　　　廷、土耳其、印度、墨西哥等。
資料來源：Global Environment Facility, 2011, *Instrument for the Establishment of the Restructured GEF*. Washington, D.C.: GEF, pp. 121-128.

就經費的實際繳交情況而論，美國除了在 1994 年至 2001 年間未達到預定的額度之外，在第 3 次和第 4 次認繳期都完成承諾，平均每年花費約 8538 萬美元來資助全球環境基金。即使是在小布希總統執政期間，這些經費亦照常提供（見表 7-6）。

表 7-6：美國政府繳交全球環境基金之實際金額

年份	承諾繳款金額	實際繳款金額
1994		30.00
1995	430	90.00
1996		35.00
1997		35.00
1998		47.50
1999	430	167.50
2000		35.80
2001		107.76
2002		100.50
2003	430	146.85
2004		138.42
2005		106.64
2006		79.20
2007	320	79.20
2008		81.10
2009		80.00
2010	575	86.50
2011		89.82

註：1. 單位：百萬美元。
資料來源：筆者按美國國務院的歷年預算資料自行整理。U.S. Department of State, 2012, "Multilateral Economic Assistance," http://www.state.gov/.

此外，在 2000 年至 2011 年期間，美國政府每年還提撥 600 萬至 1300 萬美元不等的資金給予 IPCC、聯合國環境署、世界氣象組織、以及科學、教育暨文化行動的國際捐獻計畫（International Contributions for Scientific, Educational, and Cultural Activities）。在 2010 年時更為戰略氣候基金（Strategic

Climate Fund）、及潔淨技術基金（Clean Technology Fund）等新設立的國際
基金提供 7500 萬與 3 億美元的經費（見表 7-7）。

表 7-7：接受美國政府資助的暖化管制機構或國際基金

年份	IPCC	UNEP	WMO	ICSECA	戰略氣候基金	潔淨技術基金
2000	6.50	10.00	2.00	2.20	-	-
2001	6.50	10.00	2.00	1.75	-	-
2002	7.40	10.75	2.00	1.75	-	-
2003	6.00	10.50	2.00	1.75	-	-
2004	5.57	10.94	1.99	1.89	-	-
2005	5.95	10.91	1.98	0.84	-	-
2006	5.94	10.16	1.88	0.99	-	-
2007	5.94	10.16	1.88	0.99	-	-
2008	5.46	10.42	1.89	0.99	-	-
2009	8.00	10.50	1.90	1.00	-	-
2010	13.00	11.50	2.05	1.00	75.00	300
2011	10.00	7.70	2.09	1.85	49.90	184.63

註：1. 單位：百萬美元。
資料來源：筆者按美國國務院的歷年預算資料自行整理。U.S. Deparrment of State, 2012,
"Multilateral Economic Assistance," http://www.state.gov/.

　　另一方面，除了全球暖化議題之外，美國政府同時還要負擔臭氧層議
題的經費。從 1991 年開始至 2011 年為止，美國為「蒙特婁議定書多邊基
金」提供了 6 億 5135 萬美元的經費，不但佔所有國家總額的 24.39%，更
超過其原先承諾的繳款額度。而英國、德國、法國等大國雖然也達成預定
承諾，但它們負擔的基金比例僅佔 7.12%至 11.74%。至於日本則欠繳 525
萬美元，俄羅斯更完全未繳交任何預定款項（見表 7-8）。

表 7-8：1991 年至 2011 年蒙特婁議定書多邊基金之繳款情況

	美國	英國	德國	法國	日本	俄羅斯
承諾繳款金額	647.74	190.09	313.36	215.16	557.09	105.07
實際繳款（a）	651.35	190.09	313.42	215.16	551.84	0
所有國家的總繳款金額（b）	2669.65	2669.65	2669.65	2669.65	2669.65	2669.65
百分比（a/b）	24.39	7.12	11.74	8.05	20.67	0
欠繳金額	-3.61	0	-0.06	0	5.25	105.07

註：1. 單位：百萬美元。
　　2. 中國與印度無需繳交蒙特婁議定書多邊基金。
資料來源：筆者參考蒙特婁議定書多邊基金之會議報告自行統計。Multilateral Fund for the Implementation of the Montreal Protocol, 2012, "Meetings Archive," http://www.multilateralfund.org/default.aspx.

　　綜合而論，從「是否加入國際制度」來界定搭便車者並無法充分解釋暖化案例。[35]前述基金牽涉到技術革新、教育、協助開發中國家、以及研發等方面，這些經費是決定環境管制能否持續運作的重要關鍵。由此觀之，美國雖然沒有參與國際管制，但仍對暖化議題的公共財有著極大地貢獻，所以不能論定它是搭便車者。另外，這個例子也說明了內化事物的差異性。美國政府的行動反映出它接納的是有別於《京都議定書》的環境保護觀點與管制思維。

---

[35] 持此觀點的文獻例如：Claudia Kemfert, 2004, "Climate Colitions and International Trade: Assessment of Cooperation Incentives by Issue Linkage," *Energy Policy*, Vol. 32, Issue 4, pp. 456-457. Susanne Droge and Claudia Kemfert, 2005, "Trade Policy to Control Climate Change: Does the Stick Beat the Carrot?" *Vierteljahrshefte zur Wirtschaftsforschung*, Vol. 74, No. 2, pp. 240-241. Furio Cerutti, 2007, *Global Challenges for Leviathan: A Political Philosophy of Nuclear Weapons and Global Warming*. New York, NY: Lexington Books, pp. 113-114. Steve Charnovitz, 2009, "American's New Climate Unilateralism," *The International Economy*, Vol. 23, No. 4, p. 51. Bruno Verbist, Marieke Vangoidsenhoven, Robert Dewulf and Bart Muys, 2011, "Reducing Emissions from Deforestation: and Degradation（REDD）," KLIMOS Working Paper 3, Ku Leuven Website, http://www.biw.kuleuven.be.

第八章

結論

　　本章將為全文的論旨作總結，鋪陳的脈絡如下：首先，統整論文的研究發現；其次，評估全球暖化治理網絡的未來發展；最後，介紹值得進一步研究的相關主題。

第一節　研究發現

　　本書的目標是釐清全球環境治理的內涵，探討的主題包括「全球環境治理網絡的變遷歷程」、「環境治理成效的阻礙因素」、以及「國際合作理論的解釋力」等，茲說明研究發現於後。

　　首先，全球治理的本質涉及觀念、行為、制度、與能力等層面，唯有兼顧四者才能妥適地解釋其間的變遷。為了達成此目的，本文運用跨國倡議網絡、國際社會化、及權力等研究途徑，從而發展出「社會化倡議歷程分析架構」來說明全球環境治理網絡的發展與變化。這是一種動態且連續的過程，共歷經問題與規範塑造、國際制度構建、內化、反饋與擴散、及再回饋等五個階段，而且因議題本質的差異會產生不同的網絡型態與治理成果。

　　環境問題的發現是此歷程的起點，科學社群透過實驗和觀察來累積數據資料，進而形成科學論點並將之界定為對人類社會有害的問題。其後，倡議行為者們向政府及民眾宣導環境問題的嚴重性並引發管制的需求。因為全球環境問題必須仰賴世界各國的合作才能有效解決，是故某些推動國便以國際組織作為媒介，將此問題排入討論議程之中並提議設立國際管制措施。國際制度的設計與商定是一個繁複且衝突的過程，不但涉及國家間的政治或經濟利益，甚至混雜企業、科學社群、和非政府組織等非國家行為者的衝突關係。待通過具約束力的國際制度之後，囊括著行為者、國際制度、和環境規範等要素的環境治理網絡便初步成形。

接下來，治理行為者們必須設法讓各國批准並實踐國際制度，如此才能達到環境保護的目標。它們透過外交政策及倡議等途徑來影響目標國，促使該國接納國際制度和環境規範並且產出實際的政策作為。此外，某些國家是透過自行學習的方式來接受國際制度。而這些國家的政策實踐不但會影響其他行為者參與治理網絡的立場，更突顯出管制措施的優點或缺陷。在諸如執行成效、內化情況、以及科學證據等因素的影響之下，最終使得環境治理網絡朝強化、修正、取代、或瓦解等方向發展，並進入新一輪社會化倡議歷程。

其次，即使歷經相同的發展過程，但臭氧層耗損的管制成效卻遠比全球暖化議題來得良好。為了瞭解造成差異的緣由，本書從這兩個案例的發展脈絡中汲取出數個影響變項並且藉此比較案例之間的異同。對比的結果發現，暖化治理網絡的阻礙因素包括：各國的環境管制意願、內化情況、權力運用、科學不確定性、制度設計、大國的參與情況與負擔責任的意願、對制度性的負向反饋之修正等。

在參與全球暖化的治理網絡時，各國不但出現遲疑或拒絕的情況，許多參與國並未真正實踐國際制度或環境規範。另外，暖化理論的支持者無法獨佔權力施加者的地位，而且科學不確定性始終未降低。暖化管制係由部分已開發國家承擔減排責任，但卻未規定開發中國家的寬限期。同時，諸如美國、中國、印度等大國都拒絕履行降低溫室氣體排放量的責任，這使得管制出現漏洞並影響其他國家的參與意願。雖然《京都議定書》在 2005 年生效，但在擬定第二承諾期的國際合作制度時，世界各國因為意見分歧而無法修正既有的制度缺陷。綜合上述，這些因素最後導致全球暖化治理網絡成效不彰的結果。

最後，傳統國際合作理論能否為全球環境治理提供合宜的解釋？針對這個問題，本文由這些理論的基礎論點來擬定數個命題，並檢證其對臭氧層耗損與全球暖化案例的解釋能力。分析結果發現：一，現實主義無法解釋為何某些國家願意為環境議題犧牲自我利益，以及為何國家的自利或霸權國的退出並未導致環境治理網絡的瓦解。二，新自由制度主義嘗試補足現實主義的缺陷，但它未說明國家接受國際制度的歷程與運作機制，而且也鮮少提及倡議行為者、學習、及知識或觀念等要素所扮演的角色。三，社會建構主義的從認同的角度說明國家的政策實踐，但其解釋有時會出現矛盾。另外，它也缺乏細緻的分析架構來整合各類行為者、制度與觀念並且說明其間的發展脈絡。四，傳統國際合作理論分別由權力政治、國際建制、及觀念等視角來分析全球治理，但這些個別的視角無法為治理網絡的變化與運作提供完整詮釋。

而社會化倡議歷程分析架構則能改善前述不足。一，此分析架構利用內化的概念來說明國家接受國際制度的歷程，並主張倡議行為者、學習、及觀念等能改變國家的理性估算模式，進而提升其追求公共利益的意願。二，社會化倡議歷程分析架構指出唯有同時接納制度與規範才能確保治理的成效，因此新自由制度主義必須一併重視觀念面之影響。三，社會化倡議歷程分析架構將建構主義的認同論點調整如下：國家的政策行動是以理性估算為基礎，估算所得的結果會轉變國家的認同。即使先前的互動經驗良好，國家亦會因理性估算而改變原本友好的認同。例如，雖然各國在臭氧層議題上有著成功合作的經驗，但美國政府因為質疑暖化理論的真實性且擔心喪失經濟優勢，所以在全球暖化議題中抱持著競爭認同。而歐盟或小島國家因接受暖化理論並同意氣候變遷帶來的損失遠高於短期利益，所以願意參與國際管制並維持友好認同。四，社會化倡議歷程分析架構運用問題與規範塑造、國際制度構建、內化、反饋與擴散、及再回饋等五個階段來說明治理網絡的運作與變化。

另外，這個分析架構可以引領人們深入認識「內化」的概念以及「搭便車」的論點。四，本文將內化階段的結果分成三類（完全內化、部分內化、及拒絕內化），並建立「內化係數」公式來評估內化情況。這為治理網絡的成效提供實證數據，更能藉此進行跨議題比較研究。五，傳統國際社會化學者從特定或單一的角度來界定「被內化事物」的性質，並認為不願接納此事物的主體即表示未被社會化，但此種詮釋與環境議題的實際發展不符。本文認為被內化事物的本質具有多樣性與對立性，行為者們無論是支持或反對既有的國際制度和環境規範，它們都是社會化的主體。反對者的社會化開端是「對主流環境制度與規範的不滿」，而它們內化的事物是「另一套環境保護思維與解決方案」。六，從「是否參與國際制度」的角度來評判搭便車者，此類論點無法合宜解釋美國政府在暖化案例中的政策行動。雖然美國拒絕參與《京都議定書》，但仍耗費高額經費來提供國際管制所需的公共財。相對的，諸如中國、印度等開發中國家即使加入國際制度，它們卻拒絕負擔減排責任並且享有資金補助。是故，這類搭便車的論點必須重新修正。

第二節　暖化治理網絡之未來發展情境

《京都議定書》預計在 2013 年進入第二承諾期，這引出一個值得討論的問題：暖化治理網絡在未來會如何發展？本節臚列幾個可能的情境（scenarios）並且說明它們的背景要件，分析的時段是從 2013 年開始至 2030年為止。[1]

因為既有的管制措施尚存在著缺陷，所以本文預估暖化治理網絡將朝修正、取代、或瓦解等方向發展。一，「修正」：意指新的國際制度納入調適措施以及擴大附件 1 及附件 B 的成員數目，即使是開發中國家亦要負擔減排責任。[2]但該制度仍維持《京都議定書》的刪減策略架構，並且以世界各國為管制對象。二，「取代」：意指採用新的策略來替代《京都議定書》的管制模式。例如以調適措施為主，刪減策略為輔。或如透過區域性或集團性的方式來進行排放量控管，先組成數個國家集團並自行分配減排額度與發展調適措施，其後再分階段納入未參與的國家或者合併各集團。[3]三，

---

[1] 在 2011 年的德班會議上，締約國預定將在 2015 年通過法律文件並且於 2020 年開始生效，而 2013 年至 2020 年這段期間則維持《京都議定書》的管制體系。本文把 2030 年訂為分析時段的終點，目的是讓討論的範疇涵蓋到新的國際制度生效之後的發展情況。

[2] 負擔責任的方式包括：立即適用減排標準、或給予開發中國家寬限期。

[3] 此種管制方式近年來受到部份學者的支持，例如 Lawson、Harald Winkler、Giddens 等。請參閱：Nigel Lawson, 2009, *An Appeal to Reason: A Cool Look at Global Warming*. op. cit. Harald Winkler, 2010, "An Architecture for Long-Term Climate Change: North-South Cooperation Based on Equity and Common but Differentiated Responsibilities," in Frank Biermann, Philipp Pattberg and Fariborz Zelli, eds., *Global Climate Governance Beyond 2012: Architecture, Agency and Adaptation.* Cambridge, NY: Cambridge University Press, pp. 97-115. Anthony Giddens, 2009, *The Politics of Climate Change*. op. cit., chap. 9.

「瓦解」：因為無法產出新的國際制度、國際制度未生效、多數大國或多
數國家退出管制體系、或者出現駁斥暖化理論的證據等，所以使得暖化治
理網絡無法繼續運作。

　　前述三者是治理網絡的可能發展方向，它們在「科學不確定」與「犧
牲短期利益的意願」等背景要件的影響下會形成不同的發展情境，茲說明
如下。首先，科學不確定性分成「不確定性高」、「出現駁斥暖化理論的證
據」、及「出現支持理論的證據」等情況。而國家犧牲短期利益的意願則
包括高、中、低等三種類別，高度意願表示所有國家都同意犧牲；中度意
指部分大國及部分國家拒絕犧牲；低度代表大多數國家都不願意犧牲（見
圖 8-1）。

科學不確定性

	低（支持）	低（駁斥）	高
高	情境 A	情境 D-1	情境 E
中	情境 B	情境 D-2	情境 F
低	情境 C	情境 D-3	情境 G

犧牲短期利益的意願

圖 8-1：2013 年至 2030 年暖化治理網絡的發展情境預估

註：灰色的部分表示此情境不可能出現。
資料來源：筆者整理。

　　其次，暖化治理網絡的未來發展分為以下 7 種情境。一，情境 A：因
為暖化理論獲得證實且各國皆有犧牲短期利益的高度意願，所以修正既有
國際制度的流程進行得十分順利，新的制度提前或如期在 2020 年生效並發
揮減低溫室氣體的成果。至 2030 年時，治理網絡已逐步朝強化的方向邁進。

　　然而，即使出現支持暖化理論的證據，這也未必能保證所有國家都同
意犧牲短期利益，故會出現以下情況。二，情境 B：暖化理論證實為真，
但在談判時部分國家不願意被納入減量名單中；或者雖然通過新的國際制

度，部分國家卻未履行預定的目標。前述情況導致國際制度必須再次修正，所以治理網絡在 2030 年時仍處於調整期，但有很大機會往強化的方向發展。

三，情境 C：全球暖化已有確切的證據，但大部分國家無意降低溫室氣體排放量。雖然這個情境出現的機會不高，但仍有發生的可能性。其成因包括全球戰爭爆發；全球經濟危機；推動國不願或無力負擔減排管制的公共財；大部分國家認為刪減策略最終還是無法解決問題，因此轉而著重調適措施來應對氣候變遷等。在 2030 年時，新的國際制度還是有機會持續運作，但其內涵將與《京都議定書》的管制模式截然不同且僅著重調適策略。[4]

四，情境 D：倘若暖化理論受到駁斥，國家間必定難以維持高度或中度的犧牲意願，所以 D-1 和 D-2 是不可能出現的情境。各國的意願會因為理論被駁斥而處於極低的狀態，這不但讓新的國際制度無法通過或生效，更會使得參與國退出管制體系，進而造成治理網絡在 2030 年時趨於瓦解。

五，情境 E：科學不確定性未降低，而所有國家都同意犧牲短期利益。按暖化案例過去的情況來看，此情境實際上不可能出現，因為不確定性的高低會影響到國家的合作意願。

六，情境 F：部分國家拒絕犧牲短期利益，而科學不確定性依舊未消除，此情境與第一承諾期的狀況類似。倘若推動國持續領導以及獲得多數大國支持，新的國際制度預計將如期通過並生效，但締約國未必會確實履行。因為執行成效不良，各國至 2030 年時又必須再次商討調整管制措施的事宜或者以調適策略取代刪減措施。另外，倘若在 2013 年至 2020 年間美國、俄羅斯、加拿大、中國、印度等拒絕參加新的減排制度，加上許多國家退出管制體系以及推動國無力提供公共財，則暖化治理網絡在 2030 年以後亦可能轉向瓦解。

七，情境 G：不確定性未消除且多數國家拒絕犧牲利益，此背景條件會讓國際制度的談判過程遭遇極大阻礙，極可能因此無法通過或生效；或者會出現締約國因利益考量而退出管制體系的情況。一旦多數大國或大部

---

[4] 在這個情境中，因為暖化理論已獲得證實，所以國家間依然還是會共同合作來應對暖化問題。易言之，即使各國的犧牲意願低，治理網絡仍有可能不會瓦解。

份國家都宣布退出，國際合作將無法繼續進行，至 2030 年時治理網絡可能
已經瓦解。

綜合而論，除了 D-1、D-2、及 E 等不可能發生的情境之外，其餘 6
項都是暖化治理網絡未來可能出現的情境。至於這 6 種情境的發生機率則
必須視條件而定。假使在 2030 年之前全球暖化議題的不確定性沒有降低且
多數大國都未退出管制體系，本文預估情境 F 的發生機率將大於情境 G。
另外，倘若科學不確定性降低且支持理論，那麼情境 A 和 B 的機率會大於
情境 C。

在本書的撰寫期間，第 18 屆締約國會議（COP18）於杜哈（Doha）
召開。[5]在會議當中，諸如美國、日本、俄羅斯等對於參與《京都議定書》
的第二承諾期依舊抱持著反對的態度，僅有歐盟、澳洲、瑞士、島嶼國家
等表示支持。[6]與會國最終決定將議定書第二承諾期延續至 2020 年底，至
於其他事項則仍未有具體結論。[7]由此情況觀之，暖化治理網絡在未來勢必
要克服極大的阻礙才能持續發展與運作。

第三節　後續研究方向

接下來，本節將介紹其他值得進一步研究的主題。首先，社會化倡議
歷程分析架構為環境議題的比較研究提供了基礎，除了臭氧層耗損和全球
暖化之外，研究範圍可以延伸至例如鯨魚保育、海洋漁業資源濫捕、破壞
生物多樣性、水資源耗竭、酸雨、霾害等，此為「同質議題」的比較研究。
另外，「異質議題」的比較也是可以嘗試的方向，例如金融與環境、軍事
與環境等。透過這類研究可以釐清以下問題：全球治理網絡的發展與運作
是否會因議題的不同而出現差異？每個議題的細部發展脈絡為何？議題

---

[5] 會議的舉行日期為：2012 年 11 月 26 日至 12 月 7 日。

[6] 請參閱：John M. Broder and Nick Cumming-Bruce, November 29, 2012, "U.N.
Climate Change Meeting Opens to New Warnings About Rising Temperatures,"
The New York Times, p. 16. John M. Broder, December 6, 2012, "At Climate Talks, a
Struggle Over Aid for Poorer Nations," *The New York Times*, p. 12. Tom Whipple,
December 3, 2012, "Britain Aims to Push EU on Emissions Cuts," *The Times*, p. 7.

[7] John M. Broder, December 9, 2012, "Climate Talks Yield Commitment to
Ambitious, but Unclear, Actions" *The New York Times*, p. 13.

間的差異是受那些因素影響而導致？這不但能更深入認識全球治理的本質，更可以學習其他議題的成功經驗。

其次，社會化倡議歷程分析架構指出治理網絡可能朝強化、修正、取代、及瓦解等方向發展，但其間的演變路徑則還有待歸類與了解。更精確而論，在檢視數個環境議題之後，研究者可以嘗試為它們的網絡變遷模式進行分類並建立理想型（ideal type），進而回答以下問題：臭氧層議題是由修正轉為強化，那麼是否會有修正後轉取代、強化後卻瓦解、瓦解後又修正等情況出現？這些情況存在於那些案例中？造成這些現象的原因為何？倘若能解答此類問題，對於全球環境治理或建制研究將有著正面助益。[8]

再者，研究者除了運用本文提出的分析架構來說明網絡的變遷經過之外，同時也可將研究視角聚焦於特定階段。例如，成功進入到政府或國際組織議程的環境問題是否都會帶來極大的經濟或政治利益損失？治理行為者是否會基於道德方面的理由而決定進行環境管制，即使此問題不會造成經濟利益傷害？或如，倡議行為者可以和某些國家共同對目標國施加壓力，使其啟動內化國際制度的程序。在此種迴力鏢式的影響型態之中，倡議行為者如何與他國政府深化合作關係？它們會採取哪些行動來確保政府履行對目標國施壓的承諾？

最後，本文提出的內化係數、部分內化、內化事物的差異等論點亦值得進一步探討。例如，研究者可以計算各個環境案例的內化係數，藉此比較它們的內化情況。另外，在內化階段可能會出現部分內化的結果，如何透過制度性和觀念性的措施來改善此情況？或如，基於內化事物的差異性，支持團體與反對團體之間會出現哪些競爭或合作關係？它們又對全球治理網絡造成何種影響？

8　Young 在《制度動態》一書中也提及區分變遷模式類別的重要性。請參閱：Oran R. Young, 2010, *Institutional Dynamics: Emergent Patterns in International Environmental Governance*. op. cit., p. xii.

參考書目

壹、中文部分

一、書籍

袁鶴齡，2004，《全球化世界的治理》。台中：若水堂。
曹俊漢，2009，《全球化與全球治理：理論發展的建構與詮釋》。台北：韋伯。

二、期刊

李河清，2004，〈知識社群與全球氣候談判〉，《問題與研究》，第 43 卷，第 6 期，頁 73-102。
林子倫，2008，〈台灣氣候變遷政策之論述分析〉，《公共行政學報》，第 28 期，頁 153-175。
林文謙，2009，〈企業與環境第三部門：海洋管理委員會之研究〉，《政策研究學報》，第 9 期，頁 21-45。
_____，2011，〈經濟發展與環境永續：東南亞霾害治理之困境與展望〉，《亞太研究通訊》，第 9 期，頁 59-86。
_____，2011，〈全球環境治理與國內政治之互動：以 ICCAT 削減台灣大目鮪配額案為例〉，《政治科學論叢》，第 50 期，頁 141-180。
紀駿傑、蕭新煌，2003，〈當前臺灣環境正義的社會基礎〉，《國家政策季刊》，第 2 卷，第 3 期，頁 169-179。
陳世榮，2007，〈探究環境治理中的知識溝通：台灣氣候變遷研究的網絡分析〉，《公共行政學報》，第 25 期，頁 1-30。
黃之棟，2011，〈環境種族主義科學化的隱憂：以美國聯邦法院涉及種族歧視的判決為例〉，《國家發展研究》，第 11 卷，第 1 期，頁 131-170。
黃之棟、黃瑞祺，2009，〈環境正義的經濟向度：環境正義與經濟分析必不相容？〉，《國家與社會》，第 6 期，頁 51-102。

貳、西文部分

(1) Books

Ad Hoc Study Group on Carbon Dioxide and Climate, 1979, *Carbon Dioxide and Climate: A Scientific Assessment*. Washington, D.C.: National Academy of Science.

Ahmed, Kulsum, and Ernesto Sanchez-Triana, eds., 2008, *Strategic Environmental Assessment for Policies: An Instrument for Good Governance*. Washington, D.C.: The World Bank.

Alliance for Responsible CFC Policy, 1986, *The Montreal Protocol: A Briefing Book*. Rosslyn, VA: Alliance for Responsible CFC Policy.

Allison, Graham T., 1971, *Essence of Decision: Explaining the Cuban Missile Crisis*. Boston, MA: Little, Brown and Company.

Andersen, Stephen O., and K. Madhava Sarma, 2002, *Protecting the Ozone Layer: The United Nations History*. London, UK: UNEP.

Anderson, James E., 1979, *Public Policy-Making*. New York, NY: Holt, Rinehart & Winston.

Andresen, Steinar, Tora Skodvin, Arild Underdal, and Jorgen Wettestad, 2000, *Science and Politics in International Environmental Regimes: Between Integrity and Involvement*. Manchester, UK: Manchester University Press.

Arrhenius, Svante August, 1908, *Worlds in the Making: The Evolution of the Universe*. New York, NY: Harper & Brothers Press.

Arts, Bas, 1998, *The Political Influence of Global NGOs: Case Studies on the Climate and Biodiversity Conventions*. Utrecht, NL: International Books.

_____, 2006, "Non-State Actors in Global Environmental Governance: New Arrangements Beyond the State," in Mathias Koenig-Archibugi and Michael Zurn, eds., *New Modes of Governance in the Global System: Exploring Publicness, Delegation and Inclusiveness*. New York, NY: Palgrave Macmillan, pp. 177-200.

Baker, Andrew, David Hudson, and Richard Woodward, eds., 2005, *Governing Financial Globalization: International Political Economy and Multi-Level Governance*. New York, NY: Routledge.

Baldwin, David A., ed., 1993, *Neorealism and Neoliberalism: The Contemporary Debate*. New York, NY: Columbia University Press.

Barnett, Michael, and Raymond Duvall, 2005, "Power in Global Governance," in Michael Barnett and Raymond Duvall, eds., *Power in Global Governance*. Cambridge, UK: Cambridge University Press, pp. 1-32.

_____, eds., 2005, *Power in Global Governance*. New York, NY: Cambridge University Press.

Baumol, William J., and Wallace E. Oates, 1979, *Economics, Environmental Policy, and the Quality of Life*. Englewood Cliffs, NJ: Prentice-Hall, Inc.

Benedick, Richard E., 1991, *Ozone Diplomacy*. Cambridge, MA: Harvard University Press.

Bevir, Mark, 2009, *Key Concepts in Governance*. Washington, D.C.: SAGE.

Biermann, Frank, Philipp Pattberg, and Fariborz Zelli, eds., *Global Climate Governance Beyond 2012: Architecture, Agency and Adaptation*. Cambridge, NY: Cambridge University Press.

Birkland, Thomas A., 2001, *An Introduction to the Policy Process: Theories, Concepts, and Models of Public Policy Making*. Armonk, NY: M. E. Sharpe.

Blair, Harry, 2008, "Building and Reinforcing Social Accountability for Improved Environmental Governance," in Kulsum Ahmed and Ernesto Sanchez-Triana, eds., *Strategic Environmental Assessment for Policies: An Instrument for Good Governance*. Washington, D.C.: The World Bank, pp. 127-157.

Bruce, James P., Hoesung Lee, and Erik F. Haites, 1996, *Climate Change 1995: Economic and Social Dimensions of Climate Change*. New York, NY: Cambridge University Press.

Bryant, Bunyan, 1995, *Environmental Justice: Issues, Policies, and Solutions*. Washington, DC.: Island Press.

Brzezinski, Zbigniew, 1997, *The Grand Chessboard: American Primacy and Its Geostrategic Imperatives*. New York, NY: Basic Books.

Buckingham, Susan, and Mike Turner, 2008, *Understanding Environmental Issues*. London, UK: SAGE.

Burton, Ian, Robert W. Kates, and Gilbert F. White, 1993, *The Environment as Hazard*. New York, NY: Guilford Press.

Busby, Joshua W., 2010, *Moral Movements and Foreign Policy*. Cambridge, UK: Cambridge University Press.

Caratti, Pietro, Holger Dalkmann, and Rodrigo Jiliberto, eds., 2004, *Analysing Strategic Environmental Assessment: Towards Better Decision-Making*. Northampton, MA: Edward Elgar.

Carson, Rachel, 1941, *Under the Sea Wind: A Naturalist's Picture of Ocean Life*. New York, NY: Oxford University Press.

_____, 1951, *The Sea around Us*. New York, NY: Oxford University Press.

_____, 1955, *The Edge of the Sea*. New York, NY: Houghton Mifflin Company.

_____, 1956, *The Sense of Wonder*. New York, NY: Harper & Row.

_____, 1962, *Silent Spring*. New York, NY: Houghton Mifflin Company.

Castells, Manuel, 2000, *The Rise of the Network Society*. Oxford, UK: Blackwell.

Cerutti, Furio, 2007, *Global Challenges for Leviathan: A Political Philosophy of Nuclear Weapons and Global Warming*. New York, NY: Lexington Books.

Chambers, W. Bradnee, and Jessica F. Green, eds., 2005, *Reforming International Environmental Governance: From Institutional Limits to Innovative Reforms*. New York, NY: United Nations University Press.

Charnovitz, Steve, 2005, "A World Environment Organization," in W. Bradnee Chambers and Jessica F. Green, eds., *Reforming International Governance: From Institutional Limits to Innovative Reforms*. New York, NY: United Nations University Press, pp. 93-123.

Checkel, Jeffrey T., 2007, *International Institutions and Socialization in Europe*. New York, NY: Cambridge University Press.

Cogoy, Mario, and Karl W. Steininger, eds., 2007, *The Economics of Global Environmental Change: International Cooperation for Sustainability*. Northampton, MA: Edward Elgar.

Commission of Global Governance, 1995, *Our Global Neighborhood: The Report of the Commission on Global Governance*. Oxford, UK: Oxford University Press.

Committee on Impacts of Stratospheric Change and Committee on Alternatives for the Reduction of Chlorofluorocarbon Emissions, 1979, *Protection against Depletion of Stratospheric Ozone by Chlorofluorocarbons*. Washington, D.C.: National Academy of Sciences.

Committee on Impacts of Stratospheric Change Assembly of Matematical and Physical Sciences, 1976, *Halocarbons: Environmental Effects of Chlorofluoromethane Release*. Washington, D.C.: National Academy of Sciences.

Committee on the Environment and Natural Resources, 2008, *Scientific Assessment of the Effects of Global Change on the United States*. Washington, D.C.: National Science and Technology Council.

Copeland, Dale C., 2000, *The Origins of Major War*. Ithaca, NY: Cornell University Press.

_____, 2006, "The Constructivist Challenge to Structural Realism: A Review Essay," in Stefano Guzzini and Anna Leander, eds., 2006, *Constructivism and International Relations: Alexander Wendt and his Critics*. New York, NY: Routledge, pp. 1-20.

Core Writing Team, Rajendra K. Pachauri and Andy Reisinger, eds., 2008, *Climate Change 2007: Synthesis Report*. Geneva, Switzerland: IPCC.

Council on Environmental Quality and Federal Council for Science and Technology, 1975, *Fluorocarbons and the Environment: Report of Federal Interagency Task Force on Inadvertent Modification of the Stratosphere*. Washington, D.C.: IMOS.

Cox, Robert W., 1992, "Towards a Post-Hegemonic Conceptualization of World Order: Reflections on the Relevancy of Ibn Khaldun," in James N. Rosenau and Ernst-Otto Czempiel, eds., *Governance Without Government: Order and Change in World Politics*. New York, NY: Cambridge University Press, pp. 132-159.

Dahl, Robert A., 1961, *Who Governs? Democracy and Power in an American City*. New Haven, CT: Yale University Press.

DeSombre, Elizabeth R., 2002, *The Global Environment and World Politics: International Relations for the 21st Century*. New York, NY: Continuum.

Dietz, Frank J., Frederick van der Ploeg, and Jan van der Straaten, eds., 1991, *Environmental Policy and the Economy*. New York, NY: North-Holland.

Dobson, Andrew, 1990, *Green Political Thought*. New York, NY: Routledge.

Dobson, Andrew, and Paul Lucardie, eds., 1993, *The Politics of Nature: Explorations in Green Political Theory*. New York, NY: Routledge.

Doern, G. Bruce, and Thomas Conway, 1994, *The Greening of Canada: Federal Institutions and Decisions*. Toronto, Canada: University of Toronto Press.

Dryzek, John S., 1997, *The Politics of the Earth: Environmental Discourses*. New York, NY: Oxford University Press.

Dyer, Gwynne, 2008, *Climate Wars*. Toronto, CA: Vintage Canada.

Easton, David, 1953, *The Political System: An Inquiry into the State of Political Science*. London, UK: The University of Chicago Press.

————, 1965, *A Framework for Political Analysis*. London, UK: The University of Chicago Press.

————, 1979, *A Systems Analysis of Political Life*. London, UK: The University of Chicago Press.

Elkin, Frederick, 1960, *The Child and Society: The Process of Socialization*. New York, NY: Random House.

Fairbass, Jenny, and Andrew Jordan, 2004, "Multi-Level Governance and Environmental Policy," in Ian Bache, ed., *Multi-Level Governance*. New York, NY: Oxford University Press, chap. 9.

Falkner, Robert, 2008, *Business Power and Conflict in International Environmental Politics*. New York, NY: Palgrave Macmillan.

Faure, Michael, and Goran Skogh, 2003, *The Economic Analysis of Environmental Policy and Law*. Northampton, MA: Edward Elgar.

Faure, Michael, Joyeeta Gupta, and Andries Nentjes, eds., 2003, *Climate Change and the Kyoto Protocol: The Role of Institutions and Instruments to Control Global Changes*. Northampton, MA: Edward Elgar.

Friedman, George, 2009, *The Next 100 Years: A Forecast for the 21st Century*. New York, NY: Doubleday.

Fuchs, Doris, 2007, *Business Power in Global Governance*. London, UK: Lynne Rienner Publishers, Inc.

Gallhofer, Irmtraud N., and Willem E. Saris, 1997, *Collective Choice Processes: A Qualitative and Quantitative Analysis of Foreign Policy Decision-Making*. Westport, CT: Praeger.

Geophysics Study Committee, Assembly of Mathematical and Physical Sciences, Geophysics Research Board, and National Research Council, 1977, *Energy and Climate*. Washington, D.C.: National Academy of Science.

Gibson, Clark C., Margaret A. McKean, and Elinor Ostrom, eds., 2000, *People and Forest: Communities, Institutions, and Governance*. Cambridge, MA: The MIT Press.

Giddens, Anthony, 2009, *The Politics of Climate Change*. Cambridge, MA: Polity Press.

Gilpin, Robert, 1987, *The Political Economy of International Relations*. Princeton, NJ: Princeton University Press.

————, 2001, *Global Political Economic: Understanding the International Economic Order*. Princeton, NJ: Princeton University Press.

Global Environment Facility, 2011, *Instrument for the Establishment of the Restructured GEF*. Washington, D.C.: GEF.

Guzzini, Stefano, and Anna Leander, eds., 2006, *Constructivism and International Relations: Alexander Wendt and his Critics*. New York, NY: Routledge.

Haas, Peter M., 2001, "Environment: Pollution," in P. J. Simmons and Chantal de Jonge Oudraat, eds., *Managing Global Issues: Lessons Learned*. Washington, D.C.: Carnegie Endowment for International Peace, pp. 310-353.

Hannigan, John A., 2006, *Environmental Sociology: A Social Constructionist Perspective*. New York, NY: Routledge.

Harris, Paul G., ed., 2007, *European and Global Climate Change: Politics, Foreign Policy and Regional Cooperation*. Northampton, MA: Edward Elgar.

Hay, Colin, 2002, *Political Analysis: A Critical Introduction*. New York, NY: Palgrave.

Held, David, and Anthony McGrew, 2002, "Introduction," in David Held and Anthony McGrew, eds., *Governing Globalization: Power, Authority and Global Governance*. Malden, MA: Polity, pp. 1-21.

_____, eds., 2002, *Governing Globalization: Power, Authority and Global Governance*. Malden, MA: Polity.

Herfindahl, Orris C., and Allen V. Kneese, 1965, *Quality of the Environment: An Economic Approach to Some Problems in Using Land, Water, and Air*. Washington, D.C.: Resources for the Future, Inc.

Houghton, J. T., G. J. Jenkins, and J. J. Ephraums, eds., 1990, *Climate Change: The IPCC Scientific Assessment*. New York, NY: Cambridge University Press.

Houghton, J. T., Y. Ding, D. J. Griggs, M. Noguer, P.J. van der Linden, X. Dai, K. Maskell, and C. A. Johnson, eds., 2001, *Climate Change 2001: The Scientific Basis*. New York, NY: Cambridge University Press.

Houghton, J.T., L.G. Meira Filho, B.A. Callander, N. Harris, A. Kattenberg, and K. Maskell, eds., 1996, *Climate Change 1995: The Science of Climate Change*. New York, NY: Cambridge University Press.

House of Representatives, December 11-12, 1974, *Fluorocarbons: Impact on Health and Environment*. Washington, D.C.: US Government Printing Office.

_____, March 25, 1982, *Carbon Dioxide and Climate: The Greenhouse Effect*. Washington, D.C.: US Government Printing Office.

Hyman, Herbert H., 1959, *Political Socialization: A Study in the Psychology of Political Behavior*. Glencoe, IL: The Free Press.

Ikenberry, G. John, 2001, *After Victory: Institutions, Strategic Restraint, and the Rebuilding of Order after Major Wars*. Princeton, NJ: Princeton University Press.

INC/FCCC, 1995, *Letter dated 20 September 1994 from the Permanent Representative of Trinidad and Tobago to the United Nations in New York to the Executive Secretary of the Interim Secretariat, Transmitting a Draft Protocol to the United Nations Framework Convention on Climate Change on Greenhouse Gas Emissions Reduction*. New York, NY: United Nations.

_____, 1995, *Report of the Intergovernmental Negotiating Committee for a Framework Convention on Climate Change on the Work of Its Eleventh Session Held at New York from 6 to 17 February 1995. Part two: Recommendations to the Conference of the Parties and other Decisions and Conclusions of the Committee*. New York, NY: United Nations.

IPCC, 1990, *Climate Change: The IPCC Response Strategies*. Geneva, Switzerland: WMO/UNEP.

Jacobs, Michael, 1994, "The Limits to Neoclassicism: Towards an Institutional Environmental Economics," in Michael Redclift and Ted Benton, eds., *Social Theory and the Global Environment*. New York, NY: Routledge, pp. 78-82.

Jaeger, Jill, 1988, *Developing Policies for Responding to Climate Change: A Summary of the Discussions and Recommendations of the Workshops Held in Villach (28 September-2 October, 1987) and Bellagio (9-13 November, 1987), Under the Auspices of the Beijer Institute, Stockholm*. Geneva, Switzerland: World Meteorological Organization.

Jepperson, Ronald L., Alexander Wendt, and Peter J. Katzenstein, 1996, "Norms, Identity, and Culture in National Security," in Peter J. Katzenstein, ed., *The Culture of National Security: Norms and Identity in World Politics*. New York, NY: Columbia University Press, chap. 2.

Johansson, Per-Olov, Bengt Kristrom, and Karl-Goran Maler, eds., 1995, *Current Issues in Environmental Economics*. New York, NY: Manchester University Press.

Johnston, Alastair Iain, 2008, *Social States: China in International Institutions, 1980-2000*. Princeton, NJ: Princeton University Press.

Jordan, Andrew, Rudiger K. W. Wurzel, and Anthony R. Zito, eds., 2003, *'New' Instruments of Environmental Governance? National Experiences and Prospects*. London, UK: Frank Cass Publishers.

Josselin, Daphne, and William Wallace, eds., 2001, *Non-State Actors in World Politics*. New York, NY: Palgrave.

Kanie, Norichika, 2004, "Global Environmental Governance in terms of Vertical Linkages," in Norichika Kanie and Peter M. Haas, eds., *Emerging Forces in Environmental Governance*. New York, NY: United Nations University Press, pp. 86-114.

Kanie, Norichika, and Peter M. Haas, eds., 2004, *Emerging Forces in Environmental Governance*. New York, NY: United Nations University Press.

Katzenstein, Peter J., ed., 1996, *The Culture of National Security: Norms and Identity in World Politics*. New York, NY: Columbia University Press.

Keck, Margaret E., and Kathryn Sikkink, 1998, *Activists Beyond Borders: Advocacy Networks in International Politics*. New York, NY: Cornell University Press.

Keohane, Robert O., 1984, *After Hegemony: Cooperation and Discord in the World Political Economy*. Princeton, NJ: Princeton University Press.

_____, ed., 1986, *Neorealism and its Critics*. New York, NY: Columbia University Press.

_____, 2002, *Liberalism Power and Governance in a Partially Globalized World*. New York, NY: Routledge.

Keohane, Robert O., and Joseph S. Nye, 1989, *Power and Interdependence: World Politics in Transition*. Glenview, IL: Scott, Foresman and Company.

Kindleberger, Charles P., 1973, *The World in Depression 1929-1939*. Berkeley, CA: University of California Press.

Klausner, Samuel Z., 1971, *On Man in His Environment: Social Scientific Foundations of Research and Policy*. San Francisco, CA: Jossey-Bass.

Knorr, Klaus, 1975, *The Power of Nations: The Political Economy of International Relations*. New York, NY: Basic Books.

Koenig-Archibugi, Mathias, 2002, "Mapping Global Governance," in David Held and Anthony McGrew, eds., *Governing Globalization: Power, Authority and Global Governance*. Malden, MA: Polity, pp. 46-69.

Krasner, Stephen D., ed., 1983, *International Regimes*. Ithaca, NY: Cornell University Press.

Lambright, W. Henry, 2005, *NASA and the Environment: The Case of Ozone Depletion*. Washington, D.C.: NASA.

Lane, Jan-Erik, and Svante Ersson, 2000, *The New Institutional Politics: Performance and Outcomes*. London, UK: Routledge.

Lasswell, Harold D., and Abraham Kaplan, 1950, *Power and Society: A Framework for Political Inquiry*. New Haven, CT: Yale University Press.

Lawson, Nigel, 2009, *An Appeal to Reason: A Cool Look at Global Warming*. New York, NY: Overlook Duckworth.

Leopold, Aldo, 1949, *A Sand County Almanac and Sketches Here and There*. New York, NY: Oxford University Press.

Lesser, Jonathan A., Daniel E. Dodds, and Richard O. Zerbe, Jr., 1997, *Environmental Economics and Policy*. New York, NY: Addison-Wesley.

Levy, David L., and Peter J. Newell, eds., 2005, *The Business of Global Environmental Governance*. Cambridge, MA: The MIT Press.

Lindblom, Charles, 1980, *The Policy-Making Process*. Englewood Cliffs, NJ: Prentice-Hall.

Lomborg, Bjorn, 1998, *The Skeptical Environmentalist: Measuring the Real State of the World*. Cambridge, UK: Cambridge University Press.

_____, 2001, *The Skeptical Environmentalist: Measuring the Real State of the World*. Cambridge, UK: Cambridge University Press.

_____, ed., 2006, *How to Spend $50 Billion to Make the World a Better Place*. New York, NY: Copenhagen Consensus Center.

_____, 2007, *Cool It: The Skeptical Environmentalist's Guide to Global Warming*. New York, NY: Goodness Publishing House.

_____, 2010, *Smart Solutions to Climate Change: Comparing Costs and Benefits*. Cambridge, UK: Cambridge University Press.

Lukes, Steven, 2005, *Power: A Radical View*. London, UK: Palgrave Macmillian.

Lynas, Mark, 2007, *Six Degrees: Our Future on a Hotter Planet*. London, UK: Harper Collins.

March, James G., and Johan P. Olsen, 1989, *Rediscovering Institutions: The Organizational Basis of Politics*. New York, NY: Free Press.

Marsh, David, and Gerry Stoker, eds., 2002, *Theory and Methods in Political Science*. New York, NY: Palgrave Macmillan.

Marsh, George Perkins, 1864, *Man and Nature; or Physical Geography as Modified by Human Action*. New York, NY: Charles Scribner.

Matthews, William H., William H. Kellogg, and G. D. Robinson, eds., 1971, *Man's Impact on the Climate*. Cambridge, MA: The MIT Press.

Maull, Hanns W., 1992, "Japan's Global Environmental Policies," in Andrew Hurrell and Benedict Kingsbury, eds., *The International Politics of the Environment: Actors, Interests, and Institutions*. New York, NY: Oxford University Press, chap. 13.

McCarthy, James J., Osvaldo F. Canziani, Neil A. Leary, David J. Dokken, and Kasey S. White, eds., 2001, *Climate Change 2001: Impacts, Adaptation, and Vulnerability*. New York, NY: Cambridge University Press.

Meadows, Donella H., Dennis L. Meadows, Jorgen Randers, and William W. Behrens III, 1972, *The Limits to Growth*. New York, NY: Universe Books.

Meadows, Donella, Jorgen Randers, and Dennis Meadows, 2005, *Limits to Growth: The 30-Year Update*. London, UK: Earthscan.

Mearsheimer, John J., 2001, *The Tragedy of Great Power Politics*. New York, NY: W. W. Norton & Company, Inc.

Miller, Clark A., and Paul N. Edwards, eds., 2001, *Changing the Atmosphere: Expert Knowledge and Environmental Governance*. Cambridge, MA: The MIT Press.

Ministerial Conference on Atmospheric Pollution and Climate Change, 1989, *The Noordwijk Declaration on Climate Change: Ministerial Conference held at Noordwijk, the Netherlands on 6th and 7th November 1989*. Hague, Netherlands: Netherlands Ministry of Housing, Physical Planning and Environment.

Montgomery, Henry, 1989, "From Cognition to Action: The Search for Dominance in Decision Making," in Henry Montgomery and Ola Svenson, eds., *Process and Structure in Human Decision Making*. New York, NY: John Wiley and Sons Ltd, pp. 23-49.

Morgenthau, Hans J., 1948, *Politics among Nations: The Struggle for Power and Peace*. New York, NY: Alfred A. Knopf.

Muir, John, 1894, *The Mountains of California*. New York, NY: The Century Co.

_____, 1910, *Our National Parks*. Boston, MA: Houghton Mifflin Company.

National Defense University, 1978, *Climate Change to the Year 2000: A Survey of Expert Opinion*. Washington, D.C.: National Defense University.

Neuman, W. Lawrence, 2003, *Social Research Methods: Qualitative and Quantitative Approaches*. New York, NY: Pearson Education, Inc.

Nordhaus, William D., 2008, *A Question of Balance: Weighing the Options on Global Warming Polices*. New Haven, CT: Yale University Press.

North, Douglass C., 1990, *Institutions, Institutional Change and Economic Performance*. New York, NY: Political Economy of Institutions and Decisions.

Northcott, Michael S., 2007, *A Moral Climate: The Ethics of Global Warming*. Maryknoll, NY: Orbis Books.

Nye, Joseph S., Jr., 2004, *Soft Power: The Means to Success in World Politics*. New York, NY: Public Affairs.

_____, 2008, *The Powers to Lead*. New York, NY: Oxford University Press.

_____, 2011, *The Future of Power*. New York, NY: Public Affairs.

Nye, Joseph S., Jr., and John D. Donahue, eds., 2000, *Governance in a Globalizing World*. Washington, D.C.: Bookings Institution Press.

Oberthur, Sebastian, and Thomas Gehring, eds., 2006, *Institutional Interaction in Global Environmental Governance: Synergy and Conflict among International and EU Policies*. Cambridge, MA: The MIT Press.

Okereke, Chukwumerije, 2008, *Global Justice and Neoliberal Environmental Governance: Ethics, Sustainable Development and International Co-operation*. New York, NY: Oxford University Press.

Oye, Kenneth A., 1986, "Explaining Cooperation under Anarchy: Hypotheses and Strategies," in Kenneth A. Oye, ed., *Cooperation under Anarchy*. Princeton, NJ: Princeton University Press, pp. 1-24.

Ozone Trades Panel, 1988, *Report of the International Ozone Treads Panel: 1988*. World Meteorlogical Orizational Global Ozone Research and Monitoring Project.

Paavola, Jouni, and Ian Lowe, eds., 2005, *Environmental Values in a Globalising World: Nature, Justice and Governance*. New York, NY: Routledge.

Parry, M. L., and T. R. Carter, eds., 1984, *Assessing the Impact of Climate Change in Cold Regions. Villach, Austria, September 19-23, 1983*. Laxenburg, Austria: International Institute for Applied Systems Analysis.

Paskal, Cleo, 2010, *Global Warring: How Environmental, Economic, and Political Crises Will Redraw the World Map*. New York, NY: Palgrave Macmillan.

Peters, B. Guy, 1999, *American Public Policy: Promise and Performance*. Chappaqua, NY: Chatham House/Seven Rivers.

_____, 2005, *Institutional Theory in Political Science: The New Institutionalism*. London, UK: Continuum.

Pierre, Jon, and B. Guy Peters, 2005, *Governing Complex Societies: Trajectories and Scenarios*. New York, NY: Palgrave Macmillan.

Pollack, Henry, 2010, *A World Without Ice*. New York, NY: Penguin Group.

Portney, Kent E., 1986, *Approaching Public Policy Analysis: An Introduction to Policy and Program Research*. Englewood Cliffs, NJ: Prentice-Hall.

Prestowitz, Clyde, 2003, *Rogue Nation: American Unilateralism and the Failure of Good Intention*. New York, NY: Basic Books.

Randall, Alan, 1987, *Resource Economics: An Economic Approach to Natural Resource and Environmental Policy*. New York, NY: John Wiley & Son.

Ravishankara, A. R., Michael J. Kurylo, and Christine A. Ennis, eds., 2008, *Trends in Emission of Ozone-Depleting Substances, Ozone Layer Recovery and Implications for Ultraviolet Radiation Exposure*. Washington, D.C.: U.S. Climate Change Science Progrom.

Rhodes, Edwardo Lao, 2003, *Environmental Justice in America: A New Paradigm*. Bloomington, IN: Indiana University Press.

Risse, Thomas, and Kathryn Sikkink, 1999, "The Socialization of Human Rights Norms into Domestic Practices: Introduction," in Thomas Risse, Stephen C. Ropp, and Kathryn Sikkink, eds., *The Power of Human Rights: International Norms and Domestic Change*. Cambridge, UK: Cambridge University Press, pp. 1-38.

Risse, Thomas, Stephen C. Ropp, and Kathryn Sikkink, eds., 1999, *The Power of Human Rights: International Norms and Domestic Change*. Cambridge, UK: Cambridge University Press.

Roan, Sharon, 1989, *Ozone Crisis: The 15-Year Evolution of a Sudden Global Emergency*. New York, NY: Wiley Science Editions.

Rosenau, James N., 1992, "Governance, Order and Change in World Politics," in James N. Rosenau and Ernst-Otto Czempiel, eds., *Governance Without Government: Order and Change in World Politics*. New York, NY: Cambridge University Press, chap. 1.

_____, 1997, *Along the Domestic-Foreign Frontier: Exploring Governance in a Turbulent World*. New York, NY: Cambridge University Press.

_____, 1999, "Toward an Ontology for Global Governance," in Martin Hewson and Timothy J. Sinclair, eds., *Approach to Global Governance Theory*. Albany, NY: State University of New York, pp. 287-301.

_____, 2002, "Governance in a New Global Order," in David Held and Anthony McGrew, eds., *Governing Globalization: Power, Authority and Global Governance*. Malden, MA: Polity, pp. 70-86.

Rosenau, James N., and Ernst-Otto Czempiel, eds., 1992, *Governance Without Government: Order and Change in World Politics*. New York, NY: Cambridge University Press.

Rothwell, Charles E., 1951, "Foreword," in Daniel Lerner and Harold D. Lasswell, eds., *The Policy Sciences: Recent Developments in Scope and Method*. Stanford, CA: Stanford University Press, pp. vii-xi.

Schneider, Dona, and David E. Lilienfeld, eds., 2008, *Public Health: The Development of a Discipline*. New Brunswick, NJ: Rutgers University Press.

Schumacher, E. F., 1973, *Small is Beautiful: Economics as if People Mattered*. New York, NY: Harper & Row.

Seidel, Stephen, and Dale Keyes, 1983, *Can We Delay a Greenhouse Warming? The Effectiveness and Feasibility of Options to Slow a Build-Up of Carbon Dioxide in the Atmosphere*. Washington, D.C.: Environmental Protection Agency.

Sgobbi, Alessandra, 2003, "Environmental Policy Integration and the Nation State: What Can We Learn from Current Practices?" in Andrew Jordan, Rudiger K. W. Wurzel and Anthony R. Zito, eds., 2003, 'New' Instruments of Environmental Governance? National Experiences and Prospects. London, UK: Frank Cass Publishers, chap. 2.

Shiva, Vandana, 2008, Soil not Oil: Environmental Justice in an Age of Climate Crisis. Cambridge, MA: South End Press.

Shrader-Frechette, Kristin, 2002, Environmental Justice: Creating Equality, Reclaiming Democracy. New York, NY: Oxford University Press.

Simon, Herbert A., 1945, Administrative Behavior: A Study of Decision-Making Processes in Administration Organization. New York, NY: The Free Press.

Singer, S. Fred, and Dennis T. Avery, 2007, Unstoppable Global Warming: Every 1500 Years. New York, NY: Rowman and Littlefield Publishers.

SMIC, 1971, Inadvertent Climate Modification: Report of the Study of Man's Impact on Climate. Cambridge, MA: The MIT Press.

Speth, Gus, ed., 1981, Global Energy Futures and the Carbon Dioxide Problem. Washington, D.C.: Council on Environmental Quality.

Speth, James Gustave, and Peter M. Haas, 2006, Global Environmental Governance. Washington D.C.: Island Press.

Stern, Nicholas, 2009, A Blueprint for a Safer Planet: How to Manage Climate Change and Create a New Era of Progress and Prosperity. London, UK: Bodley Head.

Strand, Jonathan R., 2004, "The Case for Regional Environmental Organizations," in Norichika Kanie and Peter M. Haas eds., Emerging Forces in Environmental Governance. New York, NY: United Nations University Press, pp. 71-85.

Strange, Susan, 1994, States and Markers. New York, NY: Continuum.

_____, 1996, The Retreat of the State: The Diffusion of Power in World Economy. Cambridge, UK: Cambridge University Press.

Taylor, Richard, 1846, "Memoir on Solar Heat, the Radiative Effects of the Atmosphere, and the Temperature of Space," in Richard Taylor, ed., Scientific Memoirs, Vol. 4. London, UK: Taylor and Francis, pp. 44-90.

Tegart, W. J. McG., G. W. Sheldon, and D. C. Griffiths, eds., 1990, Climate Change: The IPCC Impacts Assessment. Canberra, Australia: Australian Government Publishing Service.

Thompson, Donald N., 1973, The Economics of Environmental Protection. Cambridge, MA: Winthrop Publishers, Inc.

Thoreau, Henry David, 1864, The Maine Woods. Boston, MA: Ticknor & Fields.

_____, 1899, Walden; or Life in the Woods. New York, NY: T. Y. Crowell & Company.

Tisdell, Clem, 1993, Environmental Economics: Policies for Environmental Management and Sustainable Development. Cheltenham, UK: Edward Elgar.

U.S. Department of State, 2002, U.S. Climate Action Report: 2002. Washington, D.C.: U.S. Department of State.

UN General Assembly, 1987, *Forty-Second Session, General Assembly Provisional Verbatim Record of the 96th Meeting*. New York, NY: United Nations.

————, 1988, *Forty-Third Session, General Assembly Provisional Verbatim Record of the 70th Meeting*. New York, NY: United Nations.

Underdal, Arild, and Kenneth Hanf, eds., 2000, *International Environmental Agreements and Domestic Politics: The Case of Acid Rain*. Burlington, VT: Ashgate.

UNEP, 1985, *Vienna Convention for the Protection of the Ozone Layer: Final Act*. Nairobi, Kenya: UNEP.

————, 1987, *UNEP: Report of the Governing Council on the Work of Its 14th Session, 8-19 June 1987*. New York, NY: United Nations.

————, 2000, *Action on Ozone*. Nairobi, Kenya: UNON.

UNFCCC, 1995, *Report of the Conference of the Parties on Its First Session, Held at Berlin from 28 March to 7 April 1995. Part Two: Action taken by the Conference of the Parties at Its First Session*. New York, NY: United Nations.

————, 1995, *Report of the Conference of the Parties on Its First Session, Held at Berlin from 28 March to 7 April 1995. Part One: Proceedings*. New York, NY: United Nations.

————, 1996, *Report of the Conference of the Parties on Its Second Session, Held at Geneva from 8 to 19 July 1996. Part Two: Action taken by the Conference of the Parties at Its Second Session*. New York, NY: United Nations.

————, 1996, *Report of the Conference of the Parties on Its Second Session, Held at Geneva from 8 to 19 July 1996. Part One: Proceedings*. New York, NY: United Nations.

————, 1997, *Report of the Conference of the Parties on Its Third Session, Held at Kyoto from 1 to 11 December 1997. Part Two: Action taken by the Conference of the Parties at Its Third Session*. New York, NY: United Nations.

————, 1997, *Report of the Conference of the Parties on Its Third Session, Held at Kyoto from 1 to 11 December 1997. Part One: Proceedings*. New York, NY: United Nations.

————, 2002, *Report of the Conference of the Parties on Its Seventh Session, Held at Marrakesh from 29 October to 10 November 2001. Part Two: Action taken by the Conference of the Parties*. New York, NY: United Nations.

————, 2007, *Report of the Conference of the Parties on Its Thirteenth Session, Held in Bali from 3 to 15 December 2007. Part Two: Action taken by the Conference of the Parties at Its Thirteenth Session*. New York, NY: United Nations.

————, 2009, *Report of the Conference of the Parties on Its Fifteenth Session, Held in Copenhagen from 7 to 19 December 2009. Part Two: Action taken by the Conference of the Parties at Its Fifteenth Session*. New York, NY: United Nations.

————, 2010, *Report of the Conference of the Parties on Its Sixteenth Session, Held in Cancun from 29 November to 10 December 2010. Part Two: Action taken by the Conference of the Parties at Its Sixteenth Session*. New York, NY: United Nations.

_____, 2011, *Report of the Conference of the Parties on Its Seventeenth Session, Held in Durban from 28 November to 11 December 2011. Part Two: Action taken by the Conference of the Parties at Its Seventeenth Session.* New York, NY: United Nations.

_____, 2011, *Report of the Conference of the Parties Serving as the Meeting of the Parties to the Kyoto Protocol on Its Seventh Session, Held in Durban from 28 November to 11 December 2011. Part Two: Action taken by the Conference of the Parties Serving as the Meeting of the Parties to the Kyoto Protocol at Its Seventh Session.* New York, NY: United Nations.

_____, 2011, *Report of the Conference of the Parties Serving as the Meeting of the Parties to the Kyoto Protocol on Its Seventh Session, Held in Durban from 28 November to 11 December 2011. Part One: Proceedings.* New York, NY: United Nations.

United Nations, 1993, *Report of the United Nations Conference on Environment and Development, Rio de Janeiro, 3-14 June 1992. Volume II, Proceedings of the Conference.* New York, NY: United Nations.

United States Senate, June 23, 1988, *Greenhouse Effect and Global Climate Change: Part 2.* Washington, D.C.: US Government Printing Office.

_____, November 9-10, 1987, *Greenhouse Effect and Global Climate Change: Part 1.* Washington, D.C.: US Government Printing Office.

Uzawa, Hirofumi, 2003, *Economic Theory and Global Warming.* Cambridge, UK: Cambridge University Press.

Van Evera, Stephen, 1997, *Guide to Methods for Students of Political Science.* Ithaca, NY: Cornell University Press.

_____, 1999, *Causes of War: Power and the Roots of Conflict.* NY: Cornell University Press.

Volgy, Thomas J., and Alison Bailin, 2003, *Politics and State Strength.* Boulder, CO: Lynne Rienner Publishers.

Volgy, Thomas J., Renato Corbetta, Keith A. Grant, and Ryan G. Baird, 2011, *Major Powers and the Quest for Status in International Politics: Global and Regional Perspectives.* New York, NY: Palgrave Macmillan.

Waltz, Kenneth N., 1979, *Theory of International Politics.* New York, NY: McGraw-Hill, Inc.

Watson, Robert T., Marufu C. Zinyowera, Richard H. Moss, and David J. Dokken, eds., 1996, *Climate Change 1995: Impacts, Adaptations and Mitigation of Climate Change: Scientific-Technical Analyses.* New York, NY: Cambridge University Press.

Weiss, Thomas G., and Leon Gordenker, eds., 1996, *NGOs, the UN, and Global Governance.* Boulder, CO: Lynne Rienner.

Wendt, Alexander, 1999, *Social Theory of International Politics.* New York, NY: Cambridge University Press.

Whitman, Jim, 2005, *The Limits of Global Governance.* London, UK: Routledge.

Winkler, Harald, 2010, "An Architecture for Long-Term Climate Change: North-South Cooperation Based on Equity and Common but Differentiated Responsibilities," in Frank Biermann, Philipp Pattberg and Fariborz Zelli, eds., *Global Climate Governance Beyond 2012: Architecture, Agency and Adaptation*. Cambridge, NY: Cambridge University Press, pp. 97-115.

Woodwell, George M., and Erene V. Pecan, eds., 1973, *Carbon and the Biosphere: Proceedings of the 24th Brookhaven Symposium in Biology, Upton, New York, May 16-18, 1972*. Springfield, VI: Technical Information Center, Office of Information Services, and United States Atomic Energy Commission.

World Climate Programme Publications Series, 1988, *WMO/UNEP Intergovernmental Panel on Climate Change. Report of the Frist Session of the WMO/UNEP IPCC, Geneva, November 9-11, 1988*. New York, NY: World Meteorological Organization.

_____, 1990, *Report of Third Session of the WMO/UNEP IPCC, Washington, D.C., February 5-7, 1990*. Geneva, Switzerland: IPCC.

World Meteorological Organization, 1979, *Declaration of the World Climate Conference*. Geneva, Switzerland: World Meteorological Organization.

_____, 1979, *Proceedings of the World Climate Conference: A Conference of Experts on Climate and Mankind*. Geneva, Switzerland: World Meteorological Organization.

_____, 1981, *Joint WMO/ICSU/UNEP Meeting of Experts on the Assessment of the Role of CO2 on Climate Variations and Their Impact. Villach, Austria, November, 1980*. Geneva, Switzerland: World Meteorological Organization.

_____, 1986, *Report of the International Conference on the Assessment of the Role of Carbon Dioxide and of other Greenhouse Gases in Climate Variations and Associated Impacts. Villach, Austria, October 9-15, 1985*. Geneva, Switzerland: World Meteorological Organization.

_____, 1988, *The Changing Atmosphere: Implications for Global Security. Conference Held in Toronto, Canada, 27-30 June 1988*. Geneva, Switzerland: World Meteorological Organization.

Wrong, Dennis H., 1988, *Power: Its Forms, Bases, and Uses*. Chicago, IL: University of Chicago.

Yearley, Steven, 1991, *The Green Case: A Sociology of Environmental Issues, Arguments and Politics*. New York, NY: Routledge.

Yin, Robert K., 2003, *Applications of Case Study Research*. London, UK: SAGE Publications.

_____, 2003, *Case Study Research: Design and Methods*. London, UK: SAGE Publications.

Young, Oran R., ed., 1997, *Global Governance: Drawing Insights from the Environmental Experience*. Cambridge, MA: The MIT Press.

_____, 1998, *Creating Regimes: Arctic Accords and International Governance*. Ithaca, NY: Cornell University Press.

_____, 2002, *The Institutional Dimensions of Environmental Change: Fit, Interplay and Scale*. Cambridge, MA: The MIT Press.

_____, 2010, *Institutional Dynamics: Emergent Patterns in International Environmental Governance*. Cambridge, MA: The MIT Press.

（II） Periodicals

Adler, Emanuel, 1992, "The Emergence of Cooperation: National Epistemic Communities and the International Evolution of the Idea of Nuclear Arms Control," *International Organization*, Vol. 46, No. 1, pp. 101-145.

Adler, Emanuel, and Peter M. Haas, 1992, "Conclusion: Epistemic Communities, World Order, and the Creation of a Reflective Research Program," *International Organization*, Vol. 46, No. 1, pp. 367-390.

Alderson, Kai, 2001, "Making Sense of State Socialization," *Review of International Studies*, Vol. 27, Issue 3, pp. 416-433.

Anderson, J. G., W. H. Brune, and M. J. Proffitt, 1989, "Ozone Destruction by Chlorine Radicals within the Antarctic Vortex: The Spatial and Temporal Evolution of ClO-O3 Anticorrelation Based on in Situ ER-2 Data," *Journal of Geophysical Research*, Vol. 94, No. D9, pp. 11465-11479.

Arrhenius, Svante August, 1896, "On the Influence of Carbonic Acid in the Air upon the Temperature of the Ground," *Philosophical Magazine and Journal of Science*, Vol. 41, No, 251, pp. 237-276.

Arts, Bas, 2002, "Green Alliances of Business and NGOs: New Styles of Self-Regulation or Dead-End Roads?" *Corporate Social Responsibility and Environmental Management*, Vol. 9, No. 1, pp. 26-36.

Auer, M. R., 2000, "Who Participates in Global Environmental Governance? Partial Answers from International Rations Theory," *Policy Sciences*, Vol. 33, pp. 155-180.

Axelrod, Robert, and Robert O. Keohane, 1985, "Achieving Cooperation under Anarchy: Strategies and Institutions," *World Politics*, Vol. 38, No. 1, pp. 226-254.

Babson, Roger W., 1915, "International Cooperation for the Standardization of Statistical Work," *Publications of the American Statistical Association*, Vol. 14, No. 109, pp. 462-466.

Bachrach, Peter, and Morton Baratz, 1962, "The Faces of Power," *American Political Science Review*, Vol. 56, No. 4, pp. 947-952.

_____, 1963, "Decisions and Nondecisions: An Analytical Framework," *American Political Science Review*, Vol. 57, No. 3, pp. 632-642.

Barnett, Michael, and Raymond Duvall, 2005, "Power in International Politics," *International Organization*, Vol. 59, No. 1, pp. 39-75.

Barrell, Joseph, 1917, "Probable Relations of Climatic Change to the Origin of the Tertiary Ape-Man," *The Scientific Monthly*, Vol. 4, No. 1, pp. 16-26.

Bearce, David H., and Stacy Bondanella, 2007, "Intergovernmental Organizations, Socialization, and Member-State Interest Convergence," *International Organization*, Vol. 61, No. 4, pp. 703-733.

Benvenisti, Eyal, 1996, "Collective Action in the Utilization of Shared Freshwater: The Challenges of International Water Resources Law," *The American Journal of International Law*, Vol. 90, No. 3, pp. 384-415.

Berliner, L. Mark, 2003, "Uncertainty and Climate Change," *Statistical Science*, Vol. 18, No. 4, pp. 430-435.

Bernstein, Steven, 2002, "International Institutions and the Framing of Domestic Policies: The Kyoto Protocol and Canada's Response to Climate Change," *Policy Sciences*, Vol. 35, pp. 203-236.

Betsill, Michele M., 2004, "Transnational Networks and Global Environmental Governance: The Cities for Climate Protection Program," *International Studies Quarterly*, Vol. 48, No. 2, pp. 471-493.

Betsill, Michele M., and Elisabeth Corell, 2001, "NGO Influence in International Environmental Negotiations: A Framework for Analysis," *Global Environmental Politics*, Vol. 1, No. 4, pp. 65-85.

Beyers, Jan, 2010, "Conceptual and Methodological Challenges in the Study of European Socialization," *Journal of European Public Policy*, Vol. 17, No. 6, pp. 909-920.

Biermann, Frank, 2001, "The Emerging Debate on the Need for a World Environmental Organization: A Commentary," *Global Environmental Politics*, Vol. 1, No. 1, pp. 45-55.

Biermann, Frank, K. Abbott, K. Backstrand, et. al., 2012, "Navigating the Anthropocene: Improving Earth System Governance," *Nature*, Vol. 335, No. 6074, pp. 1306-1307.

Birdsall, Andrea, 2010, "The Monster That We Need to Slay? Global Governance, the United States, and the International Criminal Court," *Global Governance*, Vol. 16, No. 4, pp. 451-469.

Bloomfield, Lincoln P., 1965, "Outer Space and International Cooperation," *International Organization*, Vol. 19, No. 3, pp. 603-621.

Bojkov, Rumen D., 1982, "Ad Hoc Working Group of Legal and Technical Experts for the Elaboration of a Global Framework Convention for the Protection of the Ozone Layer, held at the Swedish Ministry for Agriculture and the Environment, Stockholm, Sweden, during 20-28, January 1982," *Environmental Conservation*, Vol. 9, Issue 4, p. 359.

Bowman, Isaiah, 1909, "Man and Climatic Change in South America," *The Geographical Journal*, Vol. 33, No. 3, pp. 267-278.

Broecker, Wallace S., 1975, "Climatic Change: Are We on the Brink of a Pronounced Global Warming?" *Science*, Vol. 189, No. 4201, pp. 460-463.

Burgess, E., 1837, "General Remarks on the Temperature of the Terrestrial Globe and the Planetary Spaces; by Baron Fourier," *American Journal of Science*, Vol. 32, pp. 1-20.

Callendar, George S., 1938, "The Artificial Production of Carbon Dioxide and Its Influence on Temperature," *Quarterly J. Royal Meteorological Society*, Vol. 64, No. 275, pp. 223-237.

_____, 1940, "Variations of the Amount of Carbon Dioxide in Different Air Currents," *Quarterly J. Royal Meteorological Society*, Vol. 66, No. 287, pp. 395-400.

_____, 1949, "Can Carbon Dioxide Influence Climate?" *Weather*, Vol. 4, No. 10, pp. 310-314.

Carpenter, R. Charli, 2007, "Setting the Advocacy Agenda: Theorizing Issue Emergence and Nonemergence in Transnational Advocacy Networks," *International Studies Quarterly*, Vol. 51, No. 1, pp. 99-120.

_____, 2007, "Studying Issue （Non）-Adoption in Transnational Advocacy Networks," *International Organization*, Vol. 61, No. 3, pp. 643-667.

Cashore, Benjamin, 2002, "Legitimacy and the Privatization of Environmental Governance: How Non-State Market-Driven （NSMD） Governance Systems Gain Rule-Making Authority," *Governance: An International Journal of Policy, Administration, and Institutions*, Vol. 15, No. 4, pp. 503-529.

Charnovitz, Steve, 2009, "American's New Climate Unilateralism," *The International Economy*, Vol. 23, No. 4, pp. 50-52.

Checkel, Jeffrey T., 1999, "Social Construction and Integration," *Journal of European Public Policy*, Vol. 6, No. 4, pp. 545-560.

_____, 2001, "Why Comply? Social Learning and European Identity Change," *International Organization*, Vol. 55, No. 3, pp. 553-588.

_____, 2005, "International Institutions and Socialization in Europe: Introduction and Framework." *International Organization*, Vol. 59, No. 4, pp. 801-826.

Cicerone, Ralph J., Richard S. Stolarski, and Stacy Walters, 1974, "Stratospheric Ozone Destruction by Man-Made Chlorofluoromethanes," *Nature*, Vol. 185, No. 4157, pp. 1165-1167.

Clark, Ann Marie, Elisabeth J. Friedman, and Kathryn Hochstetler, 1998, "The Sovereign Limits of Global Civil Society: A Comparison of NGO Participation in UN World Conferences on the Environment, Human Rights, and Women," *World Politics*, Vol. 51, No. 1, pp. 1-35.

Clyen, Michael A. A., 1976, "Destruction of Stratospheric Ozone?" *Nature*, Vol. 263, No. 5580, pp. 723-726.

Cooper, Charles F., 1978, "What Might Man-Induced Climate Change Mean?" *Foreign Affairs*, Vol. 56, No. 3, pp. 500-520.

Crane, Andrew, 1998, "Exploring Green Alliances," *Journal of Marketing Management*, Vol. 14, No. 6, pp. 559-579.

Dahl, Robert A., 1957, "The Concept of Power," *Behavioral Science*, Vol. 2, No. 3, pp. 201-215.

Droge, Susanne, and Claudia Kemfert, 2005, "Trade Policy to Control Climate Change: Does the Stick Beat the Carrot?" *Vierteljahrshefte zur Wirtschaftsforschung*, Vol. 74, No. 2, pp. 235-248.

Easton, David, 1957, "An Approach to the Analysis of Political Systems," *World Politics*, Vol. 9, No. 3, pp. 383-400.

Esty, Daniel C., 2008, "Rethinking Global Environmental Governance to Deal with Climate Change: The Multiple Logics of Global Collective Action," *The American Economic Review*, Vol. 98, No. 2, pp. 116-121.

Falkner, Robert, 2003, "Private Environmental Governance and International Relations: Exploring the Links," *Global Environmental Politics*, Vol. 3, No. 2, pp. 72-87.

________, 2005, "American Hegemony and the Global Environment," *International Studies Review*, Vol. 7, No. 4, pp. 585-599.

Farman, J. C., B. G. Gardiner, and J. D. Shanklin, 1985, "Large Losses of Total Ozone in Antarctica Reveal Seasonal ClOx/NOx Interaction," *Nature*, Vol. 315, No. 6016, pp. 207-210.

FDA, 2007, "Use of Ozone-Depleting Substances: Removal of Essential-Use Designation," *Federal Register*, Vol. 72, No. 182, pp. 53711-53733.

Filene, Edward A., 1919, "International Business Cooperation," *Annals of the American Academy of Political and Social Science*, Vol. 82, pp. 135-142.

Finnemore, Martha, 1993, "International Organizations as Teachers of Norms: The United Nations Educational, Scientific, and Cutural Organization and Science Policy," *International Organization*, Vol. 47, No. 4, pp. 565-597.

Finnemore, Martha, and Kathryn Sikkink, 1998, "International Norm Dynamics and Political Change," *International Organization*, Vol. 52, No. 4, pp. 887-917.

Fourier, Joseph, 1824, "Remarques Générales Sur Les Températures Du Globe Terrestre Et Des Espaces Planétaires," *Annales de Chimie et de Physique*, Vol. 27, pp. 136-167.

________, 1827, "Mémoire Sur Les Températures Du Globe Terrestre Et Des Espaces Planétaires," *Mémoires de l'Académie Royale des Sciences*, Vol. 7, pp. 569-604.

Froman, Lewis A., Jr., 1961, "Personality and Political Socialization," *The Journal of Politics*, Vol. 23, No. 2, pp. 341-352.

Gheciu, Alexandra, 2005, "Security Institutions as Agents of Socialization? NATO and the 'New Europe'," *International Organization*, Vol. 59, No. 4, pp. 973-1012.

Goers, Sebastian R., Alexander F. Wagner, and Jürgen Wegmayr, 2010, "New and Old Market-Based Instruments for Climate Change Policy," *Environmental Economics and Policy Studies*, Vol. 12, pp. 1-30.

Goudie, Andrew, 1993, "Environmental Uncertainty," *Geography*, Vol. 78, No. 2, pp. 137-141.

Greenhill, Brian, 2010, "The Company You Keep: International Socialization and the Diffusion of Human Right Norms," *International Studies Quarterly*, Vol. 54, No. 1, pp. 127-145.

Grieco, Joseph M., 1988, "Realist Theory and the Problem of International Cooperation: Analysis with an Amended Prisoner's Dilemma Model," *The Journal of Politics*, Vol. 50, No. 3, pp. 600-624.

Grieco, Joseph M., Robert Powell, and Duncan Snidal, 1993, "The Relative-Gains Problem for International Cooperation," *The American Political Science Review*, Vol. 87, No. 3, pp. 727-743.

Griffin, Keith, 2003, "Economic Globalization and Institutions of Global Governance," *Development and Change*, Vol. 34, No. 5, pp. 789-807.

Gulbrandsen, Lars H., and Steinar Andresen, 2004, "NGO Influence in the Implementation of the Kyoto Protocol: Compliance, Flexibility Mechanisms, and Sinks," *Global Environmental Politics*, Vol. 4, No. 4, pp. 54-75.

Haas, Ernst B., 1980, "Why Collaborate? Issue-Linkage and International Regimes," *World Politics*, Vol. 32, No. 3, pp. 357-405.

Haas, Peter M., 1989, "Do Regimes Matter? Epistemic Communities and Mediterranean Pollution Control," *International Organization*, Vol. 43, No. 3, pp. 377-403.

_____, 1992, "Banning Chlorofluorocarbons: Epistemic Community efforts to Protect Stratospheric Ozone," *International Organization*, Vol. 46, No. 1, pp. 187-224.

_____, 1992, "Introduction: Epistemic Communities and Mediterranean Pollution," *International Organization*, Vol. 46, No. 1, pp. 1-35.

Hansen, James, D. Johnson, A. Lacis, S. Lebedeff, P. Lee, D. Rind, and G. Russell, 1981, "Climate Impact of Increasing Atmospheric Carbon Dioxide," *Science*, Vol. 213, No. 4511, pp. 957-966.

Hanson, Kirby, George A. Maul, and Thomas R. Karl, 1989, "Are Atmospheric Greenhouse Effects Apparent in the Climatic Record of the Contiguous U.S.（1895-1987）?" *Geophysical Research Letters*, Vol. 16, No. 1, p. 49-52.

Hardin, Garrett, 1968, "The Tragedy of the Commons," *Science*, Vol. 162, No. 3859, pp. 1243-1248.

Hausken, Kjell, and Thomas Plumper, 1996, "Hegemonic Decline and International Leadership," *Politics Society*, Vol. 24, No. 3, pp. 273-295.

Holland, David, 2007, "Bias and Concealment in the IPCC Process: The Hockey-Stick Affair and Its Implications," *Energy & Environment*, Vol. 18, No. 7-8, pp. 951-983.

Hooghe, Liesbet, 2005, "Several Roads Lead to International Norms, but Few Via International Socialization: A Case Study of the European Commission," *International Organization*, Vol. 59, No. 4, pp. 861-898.

Howlett, M., 1991, "Policy Instruments, Policy Styles and Policy Implementation," *Policy Studies Journal*, Vol. 19, No. 2, pp. 1-21.

Huntington, Ellsworth, 1917, "Climatic Change and Agricultural Exhaustion as Elements in the Fall of Rome," *The Quarterly Journal of Economics*, Vol. 31, No. 2, pp. 173-208.

Ikenberry, G. John, and Charles A. Kupchan, 1990, "Socialization and Hegemonic Power," *International Organization*, Vol. 46, No. 4, pp. 283-315.

Jamieson, Dale, 1996, "Scientific Uncertainty and the Political Process," *Annals of the American Academy of Political and Social Science*, Vol. 545, No. 1, pp. 35-43.

Jasanoff, Sheila, 1997, "NGOs and the Environment: From Knowledge to Action," *The World Quarterly*, Vol. 18, No. 3, pp. 579-594.

Johnson, Erik W., Jon Agnone, and John D. McCarthy, 2010, "Movement Organizations, Synergistic Tactics and Environmental Public Policy," *Social Forces*, Vol. 88, No. 5, pp. 2267-2292.

Juma, Calestous, 2000, "The Perils of Centralizing Global Environmental Governance," *Environment*, Vol. 42, No. 9, pp. 44-45.

Kalnicky, Richard A., 1974, "Climatic Change Since 1950," *Annals of the Association of American Geographers*, Vol. 64, No. 1, pp.100-112.

Karl, Thomas R., J. Dan Tarpley, Robert G. Quayle, Henry F. Diaz, David A. Robinson, and Raymond S. Bradley, 1989, "The Recent Climate Record: What It Can and Cannot Tell Us," *Reviews of Geophysics*, Vol. 27, No. 3, pp. 405-430.

Kates, Robert W., 1971, "Natural Hazard in Human Ecological Perspective: Hypotheses and Models," *Economic Geography*, Vol. 47, No. 3, pp. 438-451.

Kavalski, Emilian R., 2003, "The International Socialization the Balkans," *The Review of International Affairs*, Vol. 2, No. 4, pp. 71-88.

_____, 2008, "The Complexity of Global Security Governance: An Analytical Overview," *Global Society*, Vol. 22, No. 4, pp. 423-443.

Keeling, Charles D., 1970, "Is Carbon Dioxide from Fossil Fuel Changing Man's Environment?" *Proceedings of the American Philosophical Society*, Vol. 114, No. 1, pp. 10-17.

Kelley, Judith, 2004, "International Actors on the Domestic Scene: Membership Conditionality and Socialization by International Institutions," *International Organization*, Vol. 58, No. 3, pp. 425-457.

Kemfert, Claudia, 2004, "Climate Colitions and International Trade: Assessment of Cooperation Incentives by Issue Linkage," *Energy Policy*, Vol. 32, Issue 4, pp. 455-465.

Kent, Ann, 2002, "China's International Socialization: The Role of International Organizations," *Global Governance*, Vol. 8, No. 3, pp. 343-364.

Keohane, Robert O., 1982, "The Demand for International Regimes," *International Organization*, Vol. 36, No. 2, pp. 325-355.

_____, 1997, "Problematic Lucidity: Stephen Krasner's 'State Power and the Structure of International Trade'," *World Politics*, Vol. 50, No. 1, pp. 150-170.

_____, 2001, "Governance in a Partially Globalized World Presidential Address, American Political Science Association 2000," *American Political Science Review*, Vol. 95, No. 1, pp. 1-13.

Keohane, Robert O., and Lisa L. Martin, 1995, "The Promise of Institutionalist Theory," *International Security*, Vol. 20, No. 1, pp. 39-51.

Kerr, Richard A., 1998, "Deep Chill Triggers Record Ozone Hole," *Science*, Vol. 282, No. 5388, p. 391.

Kolokytha, Elpida, 2010, "European Policies for Confronting the Challenges of Climate Change in Water Resources," *Current Science*, Vol. 98, No. 8, pp. 1069-1076.

Konisky, David M., Jeffrey Milyo, and Lilliard E. Richardson, Jr., 2008, "Environmental Policy Attitudes: Issues, Geographical Scale, and Political Trust," *Social Science Quarterly*, Vol. 89, No. 5, pp. 1066-1085.

Krasner, Stephen D., 1976, "State Power and the Structure of International Trade," *World Politics*, Vol. 28, No. 3, pp. 317-347.

_____, 1982, "Structural Causes and Regime Consequences: Regimes as Intervening Variables," *International Organization*, Vol. 36, No. 2, pp. 185-205.

_____, 1994, "International Political Economy: Abiding Discord," *Review of International Political Economy*, Vol. 1, No. 1, pp. 13-19.

Lamb, H. H., and H. T. Mörth, 1978, "Arctic Ice, Atmospheric Circulation and World Climate," *The Geographical Journal*, Vol. 144, No. 1, pp. 1-22.

Landsberg, Helmut E., 1970, "Man-Made Climatic Changes," *Science*, Vol. 170, No. 3964, pp. 1265-1274.

Langley, Paul, 2001, "Transparency in the Making of Global Environmental Governance," *Global Society*, Vol. 15, No. 1, pp. 73-92.

Legro, Jeffrey W., 1996, "Culture and Preferences in the International Cooperation Two-Step," *The American Political Science Review*, Vol. 90, No. 1, pp. 118-137.

Lewis, Jeffrey, 2005, "The Janus Face of Brussels: Socialization and Everyday Decision Making in the European Union," *International Organization*, Vol. 59, No. 3, pp. 937-971.

Mackinder, Halford John, 1904, "The Geographical Pivot of History," *The Geographical Journal*, Vol. 23, No. 4, pp. 421-437.

Mann, Michael E., Raymond S. Bradley, and Malcolm K. Hughes, 1998, "Global-Scale Temperature Patterns and Climate Forcing over the Past Six Centuries," *Nature*, Vol. 392, No. 6678, pp. 779-787.

_____, 1999, "Northern Hemisphere Temperature during the Past Millennium: Inferences, Uncertainties, and Limitations," *Geophysical Research Letter*, Vol. 26, No. 6, pp. 759-762.

Mason, B. J., 1977, "Man's Influence on Weather and Climate," *Journal of the Royal Society of Arts*, Vol. 125, No. 5247, pp. 150-165.

Mate, John, 2001, "Making a Difference: A Case Study of the Greenpeace Ozone Campaign," *RECIEL*, Vol. 10, No. 2, pp. 190-198.

Maugh, Thomas H., II, 1976, "The Ozone Layer: The Threat from Aerosol Cans Is Real," *Nature*, Vol. 194, No. 4261, pp. 170-172.

McIntyre, Stephen, and Ross McKitrick, 2003, "Corrections to the Mann et. al. （1998） Procy Data Base and Northern Hemispheric Average Temperature Series," *Energy & Environment*, Vol. 14, No. 6, pp. 751-771.

Meadows, Dennis L., and Jorgen Randers, 1972, "Adding the Time Dimension to Environmental Policy," *International Organization*, Vol. 26, No. 2, pp. 213-233.

Mearsheimer, John J., 1994, "The False Promise of International Institutions," *International Security*, Vol. 19, No. 3, pp. 5-49.

Meyer, John W., David John Frank, Ann Hironaka, Evan Schofer, and Nancy Brandon Tuma, 1997, "The Structuring of a World Environmental Regime, 1870-1990," *International Organization*, Vol. 51, No. 4, pp. 623-651.

Molina, Mario J., and Frank Sherwood Rowland, 1974, "Stratospheric Sink for Chlorofluoromethanes: Chlorine Atom-Catalyzed Destruction of Ozone," *Nature*, Vol. 249, No. 5460, pp. 810-812.

Moltke, Konrad von, 2001, "The Organization of the Impossible," *Global Environmental Politics*, Vol. 1, No. 1, pp. 23-28.

Munn, R. E., 1977, "UNEP Meeting of Experts on the Ozone Layer, held in the Loy Henderson Conference Room, Department of State, Washington, D.C., 1-9 March 1977, and Subsequent Establishment of a Coordinating Committee on the Stratospheric Ozone Layer" *Environmental Conservation*, Vol. 4, Issue 4, p. 309.

Nature, 1913, "The Origin of Climatic Changes," *Nature*, Vol. 92, No. 2304, pp. 479-480.

_____, 1914, "Secular Climatic Changes in America," *Nature*, Vol. 93, No. 2337, pp. 617-618.

Newell, Peter, and Matthew Paterson, 1996, "From Geneva to Kyoto: The Second Conference of the Parties to the UN Framework Convention on Climate Change" *Environmental Politics*, Vol.5, No.4, pp.729-735.

_____, 1998, "A Climate for Business: Global Warming, the State and Capital," *Review of International Political Economy*, Vol. 5, No. 4, pp. 679-703.

Nordhaus, William D., 1977, "Economic Growth and Climate: The Carbon Dioxide Problem," *The American Economic Review*, Vol. 67, No. 1, pp. 341-346.

Norton, Bryan G., 1998, "Improving Ecological Communication: The Role of Ecologists in Environmental Policy Formation," *Ecological Applications*, Vol. 8, No. 2, pp. 350-364.

Nye, Joseph S., Jr., 1990, "Soft Power," *Foreign Policy*, Issue 80, pp. 153-171.

_____, 1990, "The Changing Nature of World Power," *Political Science Quarterly*, Issue 80, pp. 177-192.

Paavola, Jouni, 2005, "Seeking Justice: International Environmental Governance and Climate Change," *Globalizations*, Vol. 2, No. 3, pp. 309-322.

Park, Susan, 2005, "How Transnational Environmental Advocacy Networks Socialize International Financial Institutions: A Case Study of the International Finance Corporation," *Global Environmental Politics*, Vol. 5, No. 4, pp. 95-119.

Parnreiter, Christof, 2010, "Global Cities in Global Commodity Chains: Exploring the Role of Mexico City in the Geography of Global Economic Governance," *Global Networks*, Vol. 10, No. 1, pp. 35-53.

Peck, Rechard, 1979, "Socialization of Permanent Representatives in the United Nations: Some Evidence," *International Organization*, Vol. 33, No. 3, pp. 365-390.

Pidgeon, Nick, and Baruch Fischhoff, 2011, "The Role of Social and Decision Sciences in Communicating Uncertain Climate Risks," *Nature Climate Change*, Vol. 1, No. 1, pp. 35-41.

Plass, Gilbert N., 1956, "Carbon Dioxide and the Climate," *American Scientist*, Vol. 44, No. 3, pp. 302-316.

Poole, Kenyon E., 1947, "National Economic Policies and International Monetary Cooperation," *The American Economic Review*, Vol. 37, No. 3, pp. 369-375.

Potter, David, 1994, "Assessing Japan's Environmental Aid Policy," *Pacific Affairs*, Vol. 67, No. 2, pp. 200-215.

Potter, Pitman B., 1935, "Progress in International Cooperation," *Political Science Quarterly*, Vol. 50, No. 3, pp. 377-404.

Pouillet, Claude S. M., 1838, "Mémoire su la chaleur solaire, sur les pouvoirs rayonnants et absorbants de l'air atmosphérique, et sur les températures de l'espace," *Comptes Rendus de l'Académie des Sciences*, Vol. 7, No. 2, pp. 24-65.

Pye, Lucian W., 1959, "Political Modernization and Research on the Process of Political Socialization," *Items*, Vol. 13, No. 3, pp. 25-28.

Ramanathan, V., 1975, "Greenhouse Effect Due to Chlorofluorocarbons," *Science*, Vol. 190, No. 4209, pp. 50-52.

Robock, Alan, R. Etkins, and E. Epstein, 1983, "Global Mean Sea Level: Indicator of Climate Change?" *Science*, Vol. 219, No. 4587, pp. 996-998.

Rosenau, James N., 1995, "Governance in the Twenty-First Century," *Global Governance*, Vol. 1, pp. 13-43.

Rovensky, John E., 1919, "Cooperation in International Banking," *Annals of the American Academy of Political and Social Science*, Vol. 83, pp. 179-185.

Ruggie, John Gerard, 1982, "International Regimes, Transactions, and Change: Embedded Liberalism in the Postwar Economic Order," *International Organization*, Vol. 36, No. 2, pp. 379-415.

Runge, Carlisle Ford, 1984, "Institutions and the Free Rider: The Assurance Problem in Collective Action," *The Journal of Politics*, Vol. 46, No. 1, pp. 154-181.

Sage, George H., 1999, "Justice Do It! The Nike Transnational Network: Organization, Collective Actions, and Outcomes," *Sociology of Sport Journal*, Vol. 16, No. 3, pp. 206-235.

Schimmelfenning, Frank, 2000, "International Socialization in the New Europe: Rational Action in an Institutional Environment," *European Journal of International Relations*, Vol. 6, No. 1, pp. 109-139.

_____, 2001, "The Community Trap: Liberal Norms, Rhetorical Action, and the Eastern Enlargement of the European Union," *International Organization*, Vol. 55, No. 1, pp. 47-80.

_____, 2003, "Strategic Action in a Community Environment: The Decision to Enlarge the European Union to the East," *Comparative Political Studies*, Vol. 36 No. 1/2, pp. 156-183.

_____, 2005, "Strategic Calculation and International Socialization: Membership Incentives, Party Constellations, and Sustained Compliance in Central and Eastern Europe," *International Organization*, Vol. 59, No. 4, pp. 827-860.

Schneider, Stephen H., and Clifford Mass, 1975, "Volcanic Dust, Sunspots, and Temperature Trends," *Science*, Vol. 190, No. 4216, pp. 741-746.

Schuster, Arthur, 1913, "International Cooperation in Research," *Science*, Vol. 37, No. 958, pp. 691-701.

Science News of the Week, 1971, "Man's Impact on Climate: What Is Ahead?" *Science News*, Vol. 100, No. 5, p. 73.

Sebenius, James K., 1992, "Challenging Conventional Explanations of International Cooperation: Negotiation Analysis and the Case of Epistemic Communities," *International Organization*, Vol. 46, No. 1, pp. 323-365.

Seckinelgin, Hakan, 2005, "A Global Disease and Its Governance: HIV/AIDS in Sub-Saharan Africa and the Agency of NGOs," *Global Governance*, Vol. 11, No. 3, pp. 351-368.

Shaw, Timothy M., 2004, "The Commonwealth and Global Governance," *Global Governance*, Vol. 10, No. 4, pp. 499-516.

Shawki, Noha, 2010, "Political Opportunity Structures and the Outcomes of Transnational Campaigns: A Comparison of Two Transnational Advocacy Networks," *Peace and Change*, Vol. 35, No. 3, pp. 381-411.

_____, 2011, "Organizational Structure and Strength and Transnational Campaign Outcomes: A Comparison of Two Transnational Advocacy Networks," *Global Networks*, Vol. 11, No. 1, pp. 97-117.

Sikkink, Kathryn, 1993, "Human Rights, Principled Issue-Networks, and Sovereignty in Latin America," *International Organization*, Vol. 47, No. 3, pp. 411-441.

Singh, R. B., 1991, "Conference News: Bergen Conference on Sustainable Development," *International Journal of Environmental Studies*, Vol. 37, pp. 121-129.

Snidal, Duncan, 1985, "Coordination versus Prisoners' Dilemma: Implications for International Cooperation and Regimes," *The American Political Science Review*, Vol. 79, No. 4, pp. 923-942.

_____, 1991, "Relative Gains and the Pattern of International Cooperation," *The American Political Science Review*, Vol. 85, No. 3, pp. 701-726.

Solomon, Susan, Rolando R. Garcia, F. Sherwood Rowland, and Donald J. Wuebbles, 1986, "On the Depletion of Antarctic Ozone," *Nature*, Vol. 321, No. 6072, pp. 755-758.

Sperling, Valerie, Myra Marx Ferree, and Barbara Risman, 2001, "Constructing Global Feminism: Transnational Advocacy Networks and Russian Women's Activism," *Signs: Journal of Women in Culture and Society*, Vol. 26, No. 4, pp. 1155-1186.

Sprinz, Detlef, and Tapani Vaahtoranta, 1994, "The Interest-Based Explanation of International Environmental Policy," *International Organization*, Vol. 48, No. 1, pp. 77-105.

Stafford, Edwin R., and Cathy L. Hartman, 1996, "Green Alliances: Strategic Relations between Businesses and Environmental Groups," *Business Horizons*, Vol. 39, No. 2, pp. 50-59.

Stamatov, Peter, 2010, "Activist Religion, Empire, and the Emergence of Modern Long-Distance Advocacy Networks," *American Sociological Review*, Vol. 75, No. 4, pp. 607-628.

Steensberg, Axel, 1951, "Archæological Dating of the Climatic Change in North Europe About A.D. 1300," *Nature*, Vol. 168, No. 4277, pp. 672-674.

Stein, Arthur A., 1982, "Coordination and Collaboration: Regimes in an Anarchic World," *International Organization*, Vol. 36, No. 2, pp. 299-324.

Stoker, Gerry, 1998, "Governance as Theory: Five Propositions," *International Social Science Journal*, Vol. 50, Issue 155, pp. 17-28.

Stolarsk, Richard S., and Ralph J. Cicerone, 1974, "Stratospheric Chlorine: A Possible Sink for Ozone," *Canadian Journal of Chemistry*, Vol. 52, No. 8, pp. 1610-1615.

Strange, Susan, 1992, "States, Firms and Diplomacy," *International Affairs*, Vol. 68, No. 1, pp. 1-15.

_____, 1994, "Wake Up, Krasner! The World has Changed," *Review of International Political Economy*, Vol. 2, No. 2, pp. 209-220.

_____, 1995, "The Defective State," *Daedalus*, Vol. 124, No. 2, pp. 55-74.

_____, 1999, "The Westfailure System," *Review of International Studies*, Vol. 25, No. 3, pp. 345-354.

The Netherlands, 1989, "Hague Declaration on the Environment," *International Legal Materials*, Vol. 28, No. 5, pp. 1308-1310.

Tuck, A. F., R. T. Watson, E. P. Condon, J. J. Margitan, and O. B. Toon, 1989, "The Planning and Execution of ER-2 and DC-8 Aircraft Flights over Antarctica, August and September 1987," *Journal of Geophysical Research*, Vol. 94, No. D9, pp. 11181-11222.

Tyndall, John, 1861, "On the Absorption and Radiation of Heat by Gases and Vapours, and on the Physical Connexion of Radiation, Absorption, and Conduction," *Philosophical Transactions of the Royal Society of London*, Vol. 151, pp. 1-36.

Volgy, Thomas J., and Lawrence E. Imwalle, 1995, "Hegemonic and Bipolar Perspectives on the New World Order," *American Journal of Political Science*, Vol. 39, No. 4, pp. 819-834.

Wagner, R. Harrison, 1983, "The Theory of Games and the Problem of International Cooperation," *The American Political Science Review*, Vol. 77, No. 2, pp. 330-346.

Waltz, Kenneth N., 1999, "Globalization and Governance," *PS: Political Science & Politics*, Vol. 32, No. 4, pp. 693-700.

Warkotsch, Alexander, 2007, "International Socialization in Difficult Environments: The Organisation for Security and Cooperation in Europe in Central Asia," *Democratization*, Vol. 14, No. 3, pp. 491-508.

_____, 2007, "The OSCE as an Agent of Socialization? International Norm Dynamics and Political Change in Central Asia," *Europe-Asia Studies*, Vol. 59, No. 5, pp. 829-846.

Wendt, Alexander, 1992, "Anarchy is what States Make of It: The Social Construction of Power Politics," *International Organization*, Vol. 46, No. 2, pp. 391-425.

_____, 1994, "Collective Identity Formation and the International State," *The American Political Science Review*, Vol. 88, No. 2, pp. 384-396.

Whalley, John, and Ben Zissimos, 2001, "What could a World Environmental Organization do?" *Global Environmental Politics*, Vol. 1, No. 1, pp. 29-34.

Whitman, Jim, 2003, "Global Dynamics and the Limits of Global Governance," *Global Society*, Vol. 17, No. 3, pp. 253-272.

Wofsy, Steven C., Michael B. McElroy, and Nien Dak Sez, 1975, "Freon Consumption: Implications for Atmospheric Ozone," *Nature*, Vol. 187, No. 4176, pp. 535-537.

Young, Oran R., 1982, "Regime Dynamics: The Rise and Fall of International Regimes," *International Organization*, Vol. 36, No. 2, pp. 277-297.

_____, 2001, "Inferences and Indices: Evaluating the Effectiveness of International Environmental Regimes," *Global Environmental Politics*, Vol. 1, No. 1, pp. 99-121.

Zürn, Michael, and Jeffrey T. Checkel, 2005, "Getting Socialized to Build Bridges: Constructivism and Rationalism, Europe and the Nation-State," *International Organization*, Vol. 59, No. 4, pp. 1045-1079.

(III) Newspapers

Alexander, George, February 14, 1979, "Carbon Dioxide Climate Change Debated," *Los Angeles Times*, B16.

_____, February 19, 1979, "Somber Scientists Study Climate Changes," *Los Angeles Times*, A14.

Altman, Lawrence K., December 15, 1976, "Environmental Group Contends Fluorocarbon Refrigerant Poses Wide Threat," *The New York Times*, p. 48.

Alvarez, Lizette, March 18, 2001, "Industry Has Powerful Allies on Drilling Bill," *The New York Times*, p. 14.

Andrews, Edmund L., July 16, 2001, "Frustrated Europeans Set to Battle U.S. on Climate," *The New York Times*, A3.

Atkinson, Rick, March 31, 1995, "Hot Politics of Global Warming," *The Washington Post*, A35.

Atlas, Terry, and R. C. Longworth, July 17, 1989, "Summit Ends with Pledge on Environment," *Chicago Tribune*, p. 1.

Auten, Ian, December 13, 2011, "Canada Announces Exit from Kyoto Climate Treaty," *The New York Times*, p. 15.

Barnett, Richard, November 16, 1986, "The U.S. Can't Do the Job All Alone," *The New York Times*, F2.

Barringer, Felicity, and Matthew Wald, May 10, 2005, "G.E. Chief Urges U.S. to Adopt Clearer Energy Policy," *The New York Times*, C2.

Berke, Richard L., December 14, 1997, "Clinton Can Now Sing, Me and My Shadow President," *The New York Times*, p. 152.

Broder, John M., and James Kanter, December 15, 2009, "China and U.S. Hit Strident Impasse at Climate Talks," *The New York Times*, A1.

Broder, John M., and Nick Cumming-Bruce, November 29, 2012, "U.N. Climate Change Meeting Opens to New Warnings About Rising Temperatures," *The New York Times*, p. 16.

Broder, John M., December 2, 1997, "Gore to Join U.S. Team at Global Climate Conference in Japan," *The New York Times*, A10.

_____, November 28, 2011, "At Meeting on Climate Change, Urgent Issues but Low Expectations," *The New York Times*, p. 8.

_____, December 6, 2012, "At Climate Talks, a Struggle Over Aid for Poorer Nations," *The New York Times*, p. 12.

_____, December 9, 2012, "Climate Talks Yield Commitment to Ambitious, but Unclear, Actions" *The New York Times*, p. 13.

Chicago Tribune, February 6, 1970, "Take Your Choice," *Chicago Tribune*, p. 12.

_____, October 15, 1975, "Climate Change seen in Growing Fuel Use," *Chicago Tribune*, p. 7.

_____, September 1, 1989, "U.S. Assigns Priorities for Environment," *Chicago Tribune*, p. 8.

Christian, Shirley, September 22, 1987, "Pilots Fly over the Pole into Heart of Ozone Mystery," *The New York Times*, C1.

Clark, Hoyt, December 6, 2009, "Stolen E-Mail, Stoking the Climate Debate," *The New York Times*, WK10.

Cody, Edward, March 12, 1989, "Global Environmental Power Sought," *The Washington Post*, A27.

Cooper, Helene, and Andrew Revkin, May 26, 2007, "U.S. Rebuffs Germany on Greenhouse Gas Cuts," *The New York Times*, A3.

Cushman, John H., Jr., October 19, 1993, "Clinton Urging Voluntary Goals on Air Pollution," *The New York Times*, A23.

_____, December 7, 1997, "Intense Lobbying Against Global Warming Treaty," *The New York Times*, p. 28.

_____, April 26, 1998, "Industrial Group Plans to Battle Climate Treaty," *The New York Times*, p. 1.

Du Pont, June 30, 1975, "The Ozone Layer vs. the Aerosol Industry: Du Pont wants to See them both Survive," *The New York Times*, p. 30.

_____, October 1, 1975, "You want the Ozone Question Answered One Way or the other? So does Du Pont," *The New York Times*, p. 21.

Eckholm, Erik, June 15, 2001, "China Said to Sharply Reduce Emissions of Carbon Dioxide," *The New York Times*, A1.

Edson, Lee, December 21, 1975, "Not with a Bang but a Pfffft?" *The New York Times*, p. 215.

Frankel, Glenn, November 8, 1989, "Nations Pass Resolution on Environment," *The Washington Post*, A33.

Freeman, Alan, September 17, 1987, "Nations Sign Pact to Protect Ozone Layer by Reducing CFCs Output," *Wall Street Journal*, p. 1.

French, Howard W., June 5, 2002, "Japan Ratifies Global Warming Pact, and Urges U.S. Backing," *The New York Times*, A5.

Goldbaum, Ellen, David Hunter, Conrad B. MacKerron, and Shota Ushio, September 30, 1987, "A Treaty to Ground CFCs May Push Prices Upward," *Chemical Week*, p. 6.

Goodstein, Laurie, February 8, 2006, "Evangelical Leaders Join Global Warming Initiative," *The New York Times*, A12.

Gorner, Peter, January 8, 1989, "Greenhouse Effect is a Clouded Issue," *Chicago Tribune*, p. 23.

_____, January 15, 1989, "Greenhouse Effect Worries May be Blooming Too Soon," *Chicago Tribune*, D1.

Goshko, John M., January 31, 1989, "Baker Urges Steps on Global Warming," *The Washington Post*, A6.

Graham, William R., May 31, 1970, "Mystery of Climate: Man Tinkers With Survival," *Los Angeles Times*, L1.

Guilford, Peter, and Michael McCarthy, June 1, 1990, "Brussels May Use Carbon Tax to Force UK into Line," *The Times*, p. 2.

Hansen, James E., February 11, 1989, "I'm Not Being an Alarmist about the Greenhouse Effect," *The Washington Post*, A23.

Hicks, Jonathan, September 17, 1987, "Chemical Industry Sees Rush to Invent Safer Alternatives," *The New York Times*, A12.

Hilts, Philip J., January 27, 1989, "No Global Warming Seen in 96 Years of U.S. Data," *The Washington Post*, A3.

Hines, Nico, December 13, 2011, "Canadians Pull Out of Kyoto Climate Deal," *The Times*, p. 30.

Hoffman, David, April 20, 1990, "Bush Struggles for 'Balance' Between 2 Sharp Edges," *The Washington Post*, A1.

Jehl, Douglas, March 14, 2001, "Bush, in Reversal, Won't Seek Cut in Emissions of Carbon Dioxide," *The New York Times*, A1.

Kamm, Henry, February 26, 1987, "30 Nations Meet on Rules to Protect Ozone Layer," *The New York Times*, A7.

_____, February 28, 1987, "U.S. Blames Europe for Lack Of Ozone-Protection Accord," *The New York Times*, p, 2.

Kotulak, Ronald, July 1, 1988, "Greenhouse Effect Spurs Global Fears," *Chicago Tribune*, p. 16.

Krauss, Clifford, and Jad Mouawad, February 12, 2009, "Oil Industry Is Stressing Cooperation on Climate," *The New York Times*, B3.

Landler, Mark, and Judy Dempsey, June 8, 2007, "U.S. Compromise on Global Warming Plan Averts Impasse at Group of 8 Meeting," *The New York Times*, A10.

Landler, Mark, October 21, 1986, "Polar Ozone Hole May Occur Elsewhere," *Los Angeles Times*, A4.

Lee, Gary, October 18, 1993, "Clinton Sets Plan to Cut Emissions," *The Washington Post*, A1.

_____, March 21, 1996, "Industry Funds Global-Warming Skeptics," *The Washington Post*, A8.

Lewis, Paul, March 3, 1992, "U.N. Opens Environment Talks; Europe Spurs U.S. to Act Urgently," *The New York Times*, A1.

_____, March 17, 1994, "Rich Nations Plan $2 Billion for Environment," *The New York Times*, A7.

Longworth, R. C., March 7, 1989, "Global Accord on Ozone Stalled," *Chicago Tribune*, p. 4.

Los Angeles Times, January 15, 1970, "Is Mankind Manufacturing a New Ice Age for Itself?" *Los Angeles Times*, C7.

_____, September 16, 1987, "U.S.-Europe Compromise Leads to Ozone Pact," *Los Angeles Times*, B15.

Marcus, Ruth, April 22, 1993, "U.S. to Sign Earth Pact: Clinton Also Backs Emissions Targets," *The Washington Post*, A1.

Matthews, Robert, January 26, 1988, "Now the Race is on to Limit Damage to the Ozone Layer," *The Times*, p. 2.

Maylie, Devon, November 29, 2011, "Climate Talks Open Amid Funding Spat," *Wall Street Journal*, p. 1.

McCarthy, Michael, and Michael Dynes, March 3, 1989, "Total Ban on CFCs to Save Ozone Layer," *The Times*, p. 2.

McCarthy, Michael, January 11, 1989, "Supermarket Chain to Take on a Green Tinge," *The Times*, p. 1.

_____, March 22, 1990, "Patten Heading for Pollution Dispute with EC," *The Times*, p. 2.

_____, May 16, 1990, "US Fears Over Cost of Global Warming," *The Times*, p. 2.

_____, May 24, 1990, "Britain Sets Its Target for CO2 Emission," *The Times*, p. 3.

_____, June 8, 1990, "EC Avoids Split over Greenhouse Gases," *The Times*, p. 1.

_____, October 29, 1990, "Decision Day over Global Warming Dispute with EC," *The Times*, p. 2.

_____, October 30, 1990, "EC Pact on Global Warming," *The Times*, p. 1.

_____, October 30, 1990, "UK Benefits in EC Deal to Tackle Global Warming," *The Times*, p. 2.

_____, November 8, 1990, "World Agreement to Fight Warming," *The Times*, p. 1.

Michaels, Patrick, January 8, 1989, "The Greenhouse Climate of Fear," *The Washington Post*, C3.

Modiano, Mario, October 3, 1988, "EEC Seeks Urgent Action on Ozone," *The Times*, p. 2.

Montgomery, Paul L., November 7, 1989, "U.S. and Japan Refuse Curbs on Carbon Dioxide," *The New York Times*, A12.

Mouawad, Jad, March 30, 2006, "The New Face Of an Oil Giant," *The New York Times*, C1.

Myers, Steven Lee, October 23, 2004, "Russia's Lower House Approves Kyoto Treaty on Emissions," *The New York Times*, A2.

Nertter, Thomas W., May 1, 1987, "U.N. Parley Agrees to Protect Ozone," *The New York Times*, A1.

Nicholson, David, March 21, 1988, "Why the Greens are Growing," *The Times*, p. 3.

O'Toole, Thomas, December 12, 1974, "Ozone Shield Is Shrinking: Congress Urged to Provide Funds for Study," *The Washington Post*, B14.

_____, December 13, 1974, "Freon Maker Opposes Ban," *The Washington Post*, A3.

_____, February 18, 1978, "Climate Experts See a Warming Trend," *The Washington Post*, A4.

Peterson, Cass, September 17, 1986, "Chlorofluorocarbon Group Supports Production Curbs," *The Washington Post*, A26.

_____, October 21, 1986, "Antarctica's Ozone Hole Keeps Scientists Puzzled: Expedition Fails to Confirm Theories," *The Washington Post*, A3.

_____, March 25, 1988, "Ban on CFCs Urged to Save Ozone Shield," *The Washington Post*, A1.

Phillips, Braden, September 18, 2006, "Paying the Freight for Polluting the Air: Europe Takes the Lead," *The New York Times*, p. 8.

Pomerance, Rafe, June 8, 1980, "Coal Must Not Become King," *The Jerusalem Post*, p. 14.

Revkin, Andrew C., September 29, 2000, "Senators Doubt Progress on Global Warming Plan," *The New York Times*, A22.

_____, October 18, 2000, "7 Companies Agree to Cut Gas Emissions," *The New York Times*, C1.

_____, March 10, 2001, "Despite Opposition in Party, Bush to Seek Emissions Cuts," *The New York Times*, A1.

_____, June 11, 2001, "U.S. Losing Status as a World Leader in Climate Science," *The New York Times*, A1.

_____, July 24, 2001, "178 Nations Reach a Climate Accord, U.S. Only Looks on," *The New York Times*, A1.

_____, August 1, 2001, "Some Energy Executives Urge U.S. Shift on Global Warming," *The New York Times*, C1.

_____, November 28, 2009, "Hacked E-Mail Data Prompts Calls for Changes in Climate Research," *The New York Times*, A8.

Roth, Rhys, September 20, 1995, "Energy Industry Has Friends in Congress," *The New York Times*, A20.

Schmeck, Harold M., Jr., April 30, 1970, "Scientist Sees Man's Activities Ruling Climate by 2000," *The New York Times*, p. 46.

_____, September 14, 1976, "Scientists Back New Aerosol Curbs To Protect Ozone in Atmosphere," *The New York Times*, p. 81.

Shabecoff, Philip, December 7, 1986, "Consensus on the Threat to the Ozone," *The New York Times*, E28.

_____, September 15, 1987, "Ozone Treaty Nears, but Obstacles Remain," *The New York Times*, C1.

_____, October 1, 1987, "Antarctica Ozone Loss is Worst Ever Recorded," *The New York Times*, A1.

_____, March 21, 1988, "Industry Acts to Save Ozone," *The New York Times*, A1.

_____, June 24, 1988, "Global Warming Has Begun, Expert Tells Senate," *The New York Times*, A14.

_____, June 28, 1988, "Norway and Canada Call for Pact to Protect Atmosphere," *The New York Times*, C4.

_____, July 1, 1988, "Parley Urges Quick Action to Protect Atmosphere," *The New York Times*, A3.

_____, September 27, 1988, "EPA Chief Asks Total Ban on Ozone-Harming Chemicals," *The New York Times*, A20.

_____, December 17, 1988, "Ozone Pact goes into Effect," *The New York Times*, p. 4.

_____, January 26, 1989, "U.S. Data Since 1895 Fail To Show Warming Trend," *The New York Times*, A1.

_____, March 14, 1989, "E.P.A. Proposes Rules to Curb Warming," *The New York Times*, C7.

_____, May 8, 1989, "Scientist Says Budget Office Altered His Testimony," *The New York Times*, A1.

_____, May 10, 1989, "White House Says Bush Will Call Meeting About Global Warming," *The New York Times*, B6.

_____, May 12, 1989, "U.S., in a Shift, Seeks Treaty on Global Warming," *The New York Times*, A1.

_____, May 13, 1989, "E.P.A. Chief Says Bush will not Rush into a Treaty on Global Warming," *The New York Times*, p. 9.

Sheppard, Nathaniel, Jr., May 9, 1989, "Scientist Defends Warmup Alarm," *Chicago Tribune*, p. 3.

Simons, Matlise, November 8, 1990, "U.S. View Prevails at Climate Parley," *The New York Times*, A9.

Special to The New York Times, December 2, 1986, "Action Urged on Ozone," *The New York Times*, C11.

_____, April 28, 1987, "U.N. Panel Urges Steps For Preserving Ozone," *The New York Times*, A3.

Stall, Bill, January 14, 1981, "Quick Action on Greenhouse Effect Urged," *Los Angeles Times*, B11.

Stevens, William K., September 10, 1991, "At Meeting on Global Warming, U.S. Stands Alone," *The New York Times*, C1.

_____, May 10, 1992, "143 Lands Adopt Treaty to Cut Emission of Gases," *The New York Times*, p. 14.

_____, August 5, 1997, "Industries Revisit Global Warming," *The New York Times*, A1.

Stolberg, Sheryl, June 1, 2007, "Bush Proposes Goal to Reduce Greenhouse Gas," *The New York Times*, A1.

_____, June 7, 2007, "As Group of 8 Starts Meeting, Bush Rebuffs Germany on Cutting Greenhouse Emissions," *The New York Times*, A14.

Sullivan, Walter, September 27, 1974, "Scientists Study Action on Aerosol Gas: Tests by Manufacturers Knowledge of Region," *The New York Times*, p. 82.

_____, November 15, 1975, "A New Satellite Launching Is Set for Further Studies on Ozone," *The New York Times*, p. 6.

_____, May 13, 1976, "Studies are Cited to Show that Effects of Fluorocarbons on Ozone Layer May Be Cut Nearly to Zero," *The New York Times*, p. 24.

_____, October 13, 1976,"Scientists Warn of Expected Rise Of Carbon Dioxide Content in Air," *The New York Times*, p.18.

_____, March 10, 1977, "Little Support Given to U.S. on Action to Protect Ozone," *The New York Times*, p. 16.

_____, June 3, 1977, "Climate Peril May Force Limits On Coal and Oil, Carter Aide Says," *The New York Times*, p. 55.

_____, July 25, 1977, "Scientists Fear Heavy Use of Coal May Bring Adverse Shift in Climate," *The New York Times*, p. 1.

_____, February 14, 1979, "Climatologists Are Warned North Pole Might Melt," *The New York Times*, A21.

_____, February 16, 1979, "Scientists at World Parley Doubt Climate Variations Are Ominous," *The New York Times*, D13.

_____, February 20, 1979, "Disaster Tolls Needlessly High, Conference on Climate Is Told," *The New York Times*, C2.

_____, February 24, 1979, "A Vast Interdisciplinary Effort To Predict Climate Trend Urged," *The New York Times*, p. 44.

_____, November 7, 1985, "Low Ozone Level Found Above Antarctica," *The New York Times*, B21.

The New York Times News Service, May 8, 1989, "White House Agency Alters Scientist's Testimony," *Chicago Tribune*, p. 6.

The New York Times, Septemper 25, 1955, "Why Earth Warms: Scientist Blames Man-Made Changes on Earth's Surface," *The New York Times*, E11.

_____, October 28, 1956, "Warmer Climate on the Earth May Be Due To More Carbon Dioxide in the Air," *The New York Times*, p. 1.

_____, November 2, 1974, "Industry Doubts Threat to Ozone: Aerosol Bureau Quotes an Expert on Lack of Proof," *The New York Times*, p. 59.

_____, June 17, 1975, "Oregon Puts Curb on Aerosol Sprays," *The New York Times*, p. 30.

_____, June 24, 1975, "Aerosol Over Albany," *The New York Times*, p. 32.

_____, April 27, 1977, "F.D.A. to Require Warning Label for Fluorocarbon in Aerosol Cans," *The New York Times*, p. 32.

_____, October 30, 1977, "Some Aerosol Cans Must Display Warnings Beginning Tomorrow," *The New York Times*, p. 46.

_____, March 16, 1978, "Sharp Curb Ordered on Aerosol Products," *The New York Times*, A18.

_____, January 24, 1980, "Technology: Carbon Dioxide in New Aerosol," *The New York Times*, D2.

_____, October 8, 1980, "E.P.A. to Seek a Curb on Fluorocarbon Production," *The New York Times*, A18.

_____, October 29, 1980, "The Dilemma of the Endangered Ozone," *The New York Times*, A30.

_____, September 9, 1987, "U.S. Move to Weaken Plan on Ozone Is Seen," *The New York Times*, A8.

_____, November 13, 1988, "35-Nation Conference Addresses Global Warming," *The New York Times*, p. 11.

_____, June 9, 1990, "Britain Blocks European Move on Pollution," *The New York Times*, p. 5.

_____, September 22, 1991, "U.S. Continues to Resist Mandatory Emissions Cuts," *The New York Times*, p. 19.

_____, October 20, 1993, "Clinton asks Help on Pollution Goal," *The New York Times*, A20.

_____, July 28, 2005, "Bush Administration Unveils Alternative Climate Pact," *The New York Times*, A2.

The Times Staff Reporters, February 18, 1988, "Aerosols to be Made Safe: Ozone Layer Damage," *The Times*, p. 2.

The Times, June 22, 1976, "World's Temperature Likely to Rise," *The Times*, p. 9.

_____, June 21, 1988, "Aerosol move: Tesco to Ban Chlorofluorocarbons," *The Times*, p. 1.

_____, October 19, 1988, "Britain Leads Fight against Pollution," *The Times*, p. 1.

_____, January 11, 1989, "A Greener Giant," *The Times*, p. 2.

_____, March 8, 1989, "Ozone Conference," *The Times*, p. 1.

The Washington Post, May 5, 1953, "Industrial Gases Warming Up Earth, Physicist Notes Here," *The Washington Post*, p. 5.

_____, January 30, 1977, "Changes in Earth's Weather Are Expected to Bring Trouble," *The Washington Post*, p. 6.

_____, January 14, 1981, "Report Warns Of Possible Shift In Climate Zones," *The Washington Post*, A12.

Tickell, Crispin, April 08, 1980, "What Man is Doing to the Climate," *The Times*, p. 12.

Wayne, Leslie, December 4, 1998, "Companies Used to Getting Their Way," *The New York Times*, C1.

Webster, Bayard, December 22, 1975, "Scientist Warns of Great Floods if Earth's Heat Rises," *The New York Times*, p. 47.

Weisskopf, Michael, and William Booth, November 6, 1990, "In West, U.S. Stands Alone on Warming Issue," *The Washington Post*, A5.

Weisskopf, Michael, September 9, 1987, "EPA would Make Ratification of Ozone Pact more Difficult," *The Washington Post*, A5.

_____, September 16, 1987, "45 Nations near Treaty on Ozone," *The Washington Post*, A1.

_____, October 1, 1987, "Ozone Depletion Worsens, Is Linked to Man-Made Gas: Antarctic Data Bolsters Effort against CFCs," *The Washington Post*, A23.

_____, March 15, 1988, "Senate Approves International Ozone Treaty," *The Washington Post*, A14.

_____, May 13, 1989, "U.S. Commits to Talks on Greenhouse," *The Washington Post*, A1.

_____, February 6, 1990, "Bush Pledges Research on Global Warming," *The Washington Post*, A1.

_____, February 5, 1991, "U.S. Gets Mixed Reviews on Global Warming Plan," *The Washington Post*, A3.

Whipple, Tom, December 3, 2012, "Britain Aims to Push EU on Emissions Cuts," *The Times*, p. 7.

Whitney, Craig R., March 3, 1989, "12 Europe Nations to Ban Chemicals that Harm Ozone," *The New York Times*, A1.

_____, March 6, 1989, "London Talks Hear Call for '97 Ban on Anti-Ozone Chemicals," *The New York Times*, B10.

_____, May 6, 1989, "Industrial Countries to Aid Poorer Nations on Ozone," *The New York Times*, p. 6.

Wilford, John Noble, August 23, 1988, "His Bold Statement Transforms the Debate On Greenhouse Effect," *The New York Times*, C4.

Wood, Nicholas, September 28, 1988, "Thatcher gives Support to War on Pollution," *The Times*, p. 2.

Wright, Pearce, Sheila Gunn, and Michael McCarthy, March 6, 1989, "Thatcher at Odds with Ridley on Ozone Stance," *The Times*, p. 3.

Wright, Pearce, November 24, 1988, "Thatcher Calls Conference on Protecting Ozone Layer," *The Times*, p. 2.

_____, November 29, 1988, "Northern Hemisphere Facing Ozone Layer Crisis," *The Times*, p. 2.

_____, March 7, 1989, "Soviet Delegation Rejects CFC Ban," *The Times*, p. 2.

_____, October 10, 1989, "Greenpeace Seeks Ban on Cleaning Chemicals," *The Times*, p. 1.

(IV)　Documents

Canada, October 12-16, 1981, "Ongoing the Planned Activities Relevant to the World Plan of Action on the Ozone Layer: Canada," Coordinating Committee on the Ozone Layer, Fifth Session, Copenhagen.

Chemical Manufacturers Association, October 12-16, 1981, "1980 World Production and Sales of Fluorocarbons FC-11 and FC-12," Coordinating Committee on the Ozone Layer, Fifth Session, Copenhagen.

Council of the European Communities, October 14, 1988, "Council Decision of 14 October 1988 Concerning the Conclusion of the Vienna Convention for the Protection of the Ozone Layer and the Montreal Protocol on Substances that Deplete the Ozone Layer," Luxembourg, 88/540/EEC.

_____, October 14, 1988, "Council Regulation of 14 October 1988 on Certain Chlorofluorocarbons and Halons which Deplete the Ozone Layer," Luxembourg, EEC No 3322/88.

Finland and Sweden, January 20-29, 1982, "Draft of International Convention for the Protection of the Stratospheric Ozone Layer," UNEP Ad Hoc Working Group of Legal and Technical Experts for the Elaboration of a Global Framework Convention for the Protection of the Ozone Layer, Stockholm.

Finland, Noeway and Sweden, October 17-21, 1983, "Draft Annex Concerning Measures to Contral, Limit and Reduce the Use and Emissions of Fully Halogenated CFCs for the Protection of the Ozone Layer," UNEP Ad Hoc Working Group of Legal and Technical Experts for the Elaboration of a Global Framework Convention for the Protection of the Ozone Layer, Geneva.

Tolba, Mustafa, March 18, 1985, "Facing a Distant Threat," The Opening Session of the Conference of Plenipotentiaries on the Protection of the Ozone Layer, Vienna.

UNEP, March 1-9, 1977, "World Plan of Action on the Ozone Layer," adopted by the UNEP Meeting of Experts Designated by Governments, Intergovernmental, and Non-Governmental Organizations on the Ozone Layer, Washington, D.C.

UNEP Secretariat, December 10-17, 1982, "Financial Implications of the Implementation of the Convention for the Protection of the Ozone Layer," UNEP Ad Hoc Working Group of Legal and Technical Experts for the Elaboration of a Global Framework Convention for the Protection of the Ozone Layer, Geneva.

_____, January 20-29, 1982, "Some Observations on the Preparation of a Global Framework Convention for the Protection of the Stratospheric Ozone Layer," UNEP Ad Hoc Working Group of Legal and Technical Experts for the Elaboration of a Global Framework Convention for the Protection of the Ozone Layer, Stockholm.

UNEP, December 1-5, 1986, "Draft Protocol on CFCs or Other Ozone-Modifying Substances Submitted by Canada," Ad Hoc Working Group of Legal and Technical Experts for the Preparation of the Protocol on CFCs to the Vienna Convention for the Protection of the Ozone Layer, Geneva.

_____, December 1-5, 1986, "Draft Report of the Ad Hoc Working Group on the Work of it First Session," Ad Hoc Working Group of Legal and Technical Experts for the Preparation of the Protocol on CFCs to the Vienna Convention for the Protection of the Ozone Layer, Geneva.

_____, December 1-5, 1986, "Ozone Depletion and Climate Change: A Statement on CFCs and Related Compounds by the International Environmental Community," Ad Hoc Working Group of Legal and Technical Experts for the Preparation of the Protocol on CFCs to the Vienna Convention for the Protection of the Ozone Layer, Geneva.

_____, December 1-5, 1986, "Proposal by the European Community," Ad Hoc Working Group of Legal and Technical Experts for the Preparation of the Protocol on CFCs to the Vienna Convention for the Protection of the Ozone Layer, Geneva.

_____, December 1-5, 1986, "Revised Draft Protocol on CFCs Submitted by the US Preamble," Ad Hoc Working Group of Legal and Technical Experts for the Preparation of the Protocol on CFCs to the Vienna Convention for the Protection of the Ozone Layer, Geneva.

_____, December 1-5, 1986, "Statement of David A. Wirth, Nature Resource Council," Ad Hoc Working Group of Legal and Technical Experts for the Preparation of the Protocol on CFCs to the Vienna Convention for the Protection of the Ozone Layer, Geneva.

_____, December 1-5, 1986, "USSR Proposal for Article II," Ad Hoc Working Group of Legal and Technical Experts for the Preparation of the Protocol on CFCs to the Vienna Convention for the Protection of the Ozone Layer, Geneva.

_____, February 23-27, 1987, "Report of the Ad Hoc Working Group on the Work of Its Second Session," Ad Hoc Working Group of Legal and Technical Experts for the Preparation of the Protocol on CFCs to the Vienna Convention for the Protection of the Ozone Layer, Vienna.

_____, April 27-30, 1987, "Report of Ad Hoc Working Group on the Work of Its Third Session," Ad Hoc Working Group of Legal and Technical Experts for the Preparation of the Protocol on CFCs to the Vienna Convention for the Protection of the Ozone Layer, Geneva.

_____, September 16, 1987, "Montreal Protocol on Substances that Deplete the Ozone Layer: Final Act," UNEP Document, Montreal.

_____, June 29, 1990, "Report of the 2nd Meeting of the Parties to the Montreal Protocol," Second Meeting of the Parities to the Montreal Protocol on Substances that Deplete the Ozone Layer, London.

_____, May 2, 1989, "Report of the Parities to the Montreal on the Work of Their First Meeting," First Meeting of the Parities to the Montreal Protocol on Substances that Deplete the Ozone Layer.

_____, November 23, 1992, "Report of the Fourth Meeting of the Parties to the Montreal Protocol," Fourth Meeting of the Parities to the Montreal Protocol on Substances that Deplete the Ozone Layer, Copenhagen.

WMO, October 12-16, 1981, "Ongoing the Planned Activities Relevant to the World Plan of Action on the Ozone Layer: WMO," Coordinating Committee on the Ozone Layer, Fifth Session, Copenhagen.

(V) Internet

AFEAS, 2009, "Annual Fluorocarbon Production Reported," http://www.afeas.org/.

AOSIS, 2012, "Members," http://aosis.org/.

Arizona Department of Environmental Quality, 2012, "Arizona Climate Change Initiatives," http://www.azclimatechange.gov/index.html.

Bush, George W., 2001, "Text of a Letter from the President to Senators Hagel, Helms, Craig, and Roberts," http://georgewbush-whitehouse.archives.gov/news/releases/2001/03/20010314.html.

California Climate Change Legislation, 2012, "Assembly Bill 1493, Chapter 200, July 22, 2002," http://www.climatechange.ca.gov/.

_____, 2012, "Assembly Bill 32, Chapter 488, September 27, 2006," http://www.climatechange.ca.gov/.

_____, 2012, "Senate Bill 107, Chapter 464, September 26, 2006," http://www.climatechange.ca.gov/.

_____, 2012, "Senate Bill 2, Chapter 1, April 12, 2011," http://www.climatechange.ca.gov/.

Center for Climate and Energy Solutions, 2012, "State Legislation from Around the Country," http://www.c2es.org/us-states-regions/key-legislation.

Copenhagen Consensus Center, 2012, "Projects," http://www.copenhagenconsensus.com.

CSIS and CNAS, 2007, "The Age of Consequences: The Foreign Policy and National Security Implications of Global Climate Change," CSIS Website, http://csis.org/.

Environment News Service, 2007, "G8: Bush Proposes Talks on Voluntary Global Goal for Greenhouse Gases," http://www.ens-newswire.com/ens/may2007/2007-05-31-02.asp.

European Commission, 2002, "Kyoto Emission Targets," http://ec.europa.eu/clima/policies/g-gas/kyoto/index_en.htm.

Global Environment Facility, 2012, "Areas of Work," http://www.thegef.org/gef/home.

IPCC Website, 2012, "History," http://www.ipcc.ch.

March, James G., and Johan P. Olsen, 2004, "The Logic of Appropriateness," ARENA Working Papers WP 04/09, Oslo, NO: ARENA and University of Oslo. Download from University of Oslo (UiO) Website, http://www.sv.uio.no/arena/english/research/publications/arena-publications/workingpapers/working-papers2004/wp04_9.pdf.

Multilateral Fund for the Implementation of the Montreal Protocol, 2012, "Meetings Archive," http://www.multilateralfund.org/default.aspx.

_____, 2012, "About Us," http://www.multilateralfund.org/default.aspx.

NASA, 1980, "Ozone Hole Watch," NASA Goddard Space Flight Center Website, http://ozonewatch.gsfc.nasa.gov/SH.html.

_____, 2006, "Ozone Hole Watch," http://ozonewatch.gsfc.nasa.gov/.

NOAA Earth System Research Laboratory, 2012, "Mauna Loa CO2 Monthly Mean Data," http://www.esrl.noaa.gov/gmd/.

_____, 2012, "Recent Global CO2," http://www.esrl.noaa.gov/gmd/.

Resolution Adopted by the General Assembly, 2000, "United Nations Millennium Declaration," A/55/L.2, United Nations, http://www.un.org/millennium/declaration/ares552e.htm/.

Senate of the United States, 1997, "Expressing the Sense of the Senate Regarding the Conditions for the United States becoming a Signatory to Any International Agreement on Greenhouse Gas Emissions under the United Nations Framework Convention on Climate Change," 105th Congress 1st Session, S.RES.98, in U.S. Library of Congress Website, http://thomas.loc.gov/home/thomas.php.

Stern, Nicholas, 2006, "Stern Review: The Economics of Climate Change," http://www.hm-treasury.gov.uk/.

The CNA Corporation, 2007, "National Security and the Threat of Climate Change," in CNA Website, http://www.cna.org/.

The Library of Congress, 1997, "Bill Summary & Status 105th Congress (1997-1998): S.RES.98," http://thomas.loc.gov/home/thomas.php.

_____, 1997, "Bill Text 105th Congress (1997-1998): H.RES.211.IH," http://thomas.loc.gov/home/thomas.php.

The Met Office Education, 2011, "The Great Smog of 1952," http://www.metoffice.gov.uk/education/teens/case-studies/great-smog.

The PIPK and Knowledge Networks Poll, 2004, "Americans on Climate Change," in World Public Opinion Website, http://www.worldpublicopinion.org/.

_____, 2005, "Americans on Climate Change: 2005," in World Public Opinion Website, http://www.worldpublicopinion.org/.

Time Magazine, June 08, 1987, "Environment: Don Hodel's Ray-Ban Plan," http://www.time.com/time/magazine.

U.S. Department of Defense, 2010, "Quadrennial Defense Review Report 2010," in Department of Defense Website, http://www.defense.gov/.

U.S. Department of State, 2012, "Multilateral Economic Assistance," http://www.state.gov/.

UN General Assembly, 1987, "International Co-operation in the Field of the Environment," United Nations, A/RES/42/184, http://www.un.org/documents/ga/res/42/a42r184.htm.

_____, 1988, "Protection of Global Climate for Present and Future Generations of Mankind," United Nations, A/RES/43/53, http://www.un.org/documents/ga/res/43/a43r053.htm.

_____, 1990, "Protection of Global Climate for Present and Future Generations of Mankind," United Nations, A/RES/45/212, http://www.un.org/documents/ga/res/45/a45r212.htm.

UNEP Ozone Secretariat, 2012, "Data Access Center," http://ozone.unep.org/new_site/en/index.php.

_____, 2012, "Meeting Documents," http://ozone.unep.org/Meeting_Documents/.

_____, 2012, "Status of Ratification," http://ozone.unep.org/new_site/en/treaty_ratification_status.php.

UNEP, 2011, "The New SPARC ODS Lifetime Assessment," 8th Meeting of the Ozone Research Managers of the Vienna Convention, Geneva, http://ozone.unep.org/Meeting_Documents/research-mgrs/8orm/Reimann_1_Lifetimes.pdf.

_____, 2012, "Signature Montreal Protocol," in UNEP Website, http://ozone.unep.org/new_site/en/treaty_ratification_status.php.

_____, 2012, "Signature Vienna Convention," in UNEP Website, http://ozone.unep.org/new_site/en/treaty_ratification_status.php.

UNFCC, 2012, "Time Series: Annex I," http://unfccc.int/2860.php.

_____, 2012, "Documents and Decisions," http://unfccc.int/2860.php.

_____, 2012, "Joint Implement (JI)," http://unfccc.int/kyoto_protocol/items/2830.php.

_____, 2012, "Status of Ratification of the Convention," http://unfccc.int/2860.php.

_____, 2012, "Status of Ratification," http://unfccc.int/2860.php.

United Nations, 1992, "United Nations Framework Convention on Climate Change," UNFCCC Website, http://unfccc.int/2860.php.

_____, 1998, "Kyoto Protocol to the United Nations Framework Convention on Climate Change," http://unfccc.int/2860.php.

_____, 2012, "Kyoto Protocol to the United Nations Framework Convention on Climate Change 1998," Annex B, http://unfccc.int/2860.php.

USCAN, 2012, "About Us," USCAN Website, http://usclimatenetwork.org/about-us.

USCAP, 2005, "A Call for Action," http://www.us-cap.org/.

_____, 2009, "A Blueprint for Legislative Action," http://www.us-cap.org/.

Verbist, Bruno, Marieke Vangoidsenhoven, Robert Dewulf, and Bart Muys, 2011, "Reducing Emissions from Deforestation: and Degradation (REDD)," KLIMOS Working Paper 3, Ku Leuven Website, http://www.biw.kuleuven.be.

WCRP, 2012, "History," http://www.wcrp-climate.org/history.shtml.

World Bank, 2012, "Data: CO2 Emissions (kt)," http://data.worldbank.org/.

World Commission on Environment and Development, 1987, "Our Common Future," UN Documents Website, http://www.un-documents.net/wced-ocf.htm.

World Meteorological Organization, 2012, "History," http://www.wmo.int/wcc3/history_en.php.

_____, 2012, "World Climate Programme: Historical Background," http://www.wmo.int/pages/prog/wcp/wcp.html.

附圖

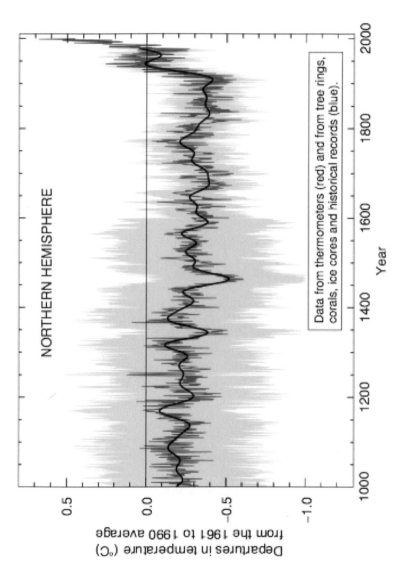

圖 6-2：過去 1000 年北半球的地表溫度變化情況

（參內文頁 167）

285

Do觀點05　PF0133

環境治理
——臭氧層耗損與全球暖化

作　　者／林文謙
責任編輯／鄭伊庭
圖文排版／連婕妘
封面設計／秦禎翊

出版策劃／獨立作家
發 行 人／宋政坤
法律顧問／毛國樑　律師
製作發行／秀威資訊科技股份有限公司
　　　　　　地址：114 台北市內湖區瑞光路76巷65號1樓
　　　　　　電話：+886-2-2796-3638　傳真：+886-2-2796-1377
　　　　　　服務信箱：service@showwe.com.tw
展售門市／國家書店【松江門市】
　　　　　　地址：104 台北市中山區松江路209號1樓
　　　　　　電話：+886-2-2518-0207　傳真：+886-2-2518-0778
網路訂購／秀威網路書店：https://store.showwe.tw
　　　　　　國家網路書店：https://www.govbooks.com.tw

出版日期／2013年11月　BOD一版　定價／390元

|獨立|作家|
Independent Author

寫自己的故事，唱自己的歌

環境治理：臭氧層耗損與全球暖化 / 林文謙著. -- 一版. -
- 臺北市：獨立作家, 2013.11
　　面；　公分. -- (DO觀點；PF0133)
　BOD版
　ISBN　978-986-90062-1-7(平裝)

1. 國際政治　2. 全球暖化　3. 環境保護　4. 文集

578.07　　　　　　　　　　　　　　　102021593

國家圖書館出版品預行編目

讀者回函卡

感謝您購買本書，為提升服務品質，請填妥以下資料，將讀者回函卡直接寄回或傳真本公司，收到您的寶貴意見後，我們會收藏記錄及檢討，謝謝！如您需要了解本公司最新出版書目、購書優惠或企劃活動，歡迎您上網查詢或下載相關資料：http:// www.showwe.com.tw

您購買的書名：＿＿＿＿＿＿＿＿＿＿＿＿＿＿＿＿＿＿＿＿＿＿＿

出生日期：＿＿＿＿＿年＿＿＿＿＿月＿＿＿＿＿日

學歷：□高中 (含) 以下　　□大專　　□研究所 (含) 以上

職業：□製造業　□金融業　□資訊業　□軍警　□傳播業　□自由業
　　　□服務業　□公務員　□教職　　□學生　□家管　□其它＿＿＿＿

購書地點：□網路書店　□實體書店　□書展　□郵購　□贈閱　□其他

您從何得知本書的消息？

　□網路書店　□實體書店　□網路搜尋　□電子報　□書訊　□雜誌

　□傳播媒體　□親友推薦　□網站推薦　□部落格　□其他＿＿＿＿＿＿

您對本書的評價：（請填代號　1.非常滿意　2.滿意　3.尚可　4.再改進）

　封面設計＿＿＿　版面編排＿＿＿　內容＿＿＿　文／譯筆＿＿＿　價格＿＿＿

讀完書後您覺得：

　□很有收穫　□有收穫　□收穫不多　□沒收穫

對我們的建議：＿＿＿＿＿＿＿＿＿＿＿＿＿＿＿＿＿＿＿＿＿＿＿

＿＿＿＿＿＿＿＿＿＿＿＿＿＿＿＿＿＿＿＿＿＿＿＿＿＿＿＿＿＿＿

＿＿＿＿＿＿＿＿＿＿＿＿＿＿＿＿＿＿＿＿＿＿＿＿＿＿＿＿＿＿＿

＿＿＿＿＿＿＿＿＿＿＿＿＿＿＿＿＿＿＿＿＿＿＿＿＿＿＿＿＿＿＿

11466
台北市內湖區瑞光路 76 巷 65 號 1 樓
獨立作家讀者服務部　　　　收

....

（請沿線對折寄回，謝謝！）

姓　　名：＿＿＿＿＿＿＿＿　年齡：＿＿＿＿　性別：□女　□男

郵遞區號：□□□□□

地　　址：＿＿＿＿＿＿＿＿＿＿＿＿＿＿＿＿＿＿＿

聯絡電話：(日) ＿＿＿＿＿＿＿＿＿　(夜) ＿＿＿＿＿＿＿＿＿

E-mail：＿＿＿＿＿＿＿＿＿＿＿＿＿＿＿＿＿＿＿